Die Nebenleistungspflichten bei der GmbH

Europäische Hochschulschriften
Publications Universitaires Européennes
European University Studies

Reihe II

Rechtswissenschaft

Série II Series II
Droit
Law

Bd./Vol. 1853

PETER LANG
Frankfurt am Main · Berlin · Bern · New York · Paris · Wien

Raimund Janke

Die Nebenleistungspflichten bei der GmbH

PETER LANG
Europäischer Verlag der Wissenschaften

Die Deutsche Bibliothek - CIP-Einheitsaufnahme

Janke, Raimund:

Die Nebenleistungspflichten bei der GmbH / Raimund Janke. -
Frankfurt am Main ; Berlin ; Bern ; New York ; Paris ; Wien :
Lang, 1996
(Europäische Hochschulschriften : Reihe 2, Rechts-
wissenschaft ; Bd. 1853)
Zugl.: Stuttgart, Univ., Diss., 1995
ISBN 3-631-49501-3

NE: Europäische Hochschulschriften / 02

D 93
ISSN 0531-7312
ISBN 3-631-49501-3

Meinen Eltern

Gliederung

Abkürzungsverzeichnis

a.A. .... anderer Ansicht
AcP .... Archiv für civilistische Praxis
ADHGB .... Allgemeines Deutsches Handelsgesetzbuch
AG .... Aktiengesellschaft
AGB .... Allgemeine Geschäftsbedingungen
AktG .... Aktiengesetz
Anh. .... Anhang
Art. .... Artikel
BAnz. .... Bundesanzeiger
BB .... Betriebs-Berater
Bd. .... Band
BGB .... Bürgerliches Gesetzbuch
BGH .... Bundesgerichtshof
BGHZ .... Entscheidungen des Bundesgerichtshofes in Zivilsachen
BiRiLiG .... Bilanzrichtliniengesetz
BKartA .... Bundeskartellamt
BT-Drucks. .... Bundestagsdrucksache
BundeswaldG .... Bundeswaldgesetz
bzw. .... beziehungsweise
d.h. .... das heißt
DB .... Der Betrieb
DR .... Deutsches Recht
eG .... eingetragene Genossenschaft
EGKSV .... Vertrag über die Gründung der Europäischen Gemeinschaft für Kohle und Stahl
Einl. .... Einleitung
etc. .... et cetera
EWG .... Europäische Wirtschaftsgemeinschaft
EWGV .... Vertrag zur Gründung der Europäischen Wirtschaftsgemeinschaft
FIW .... Forschungsinstitut für Wirtschaftsverfassung und Wettbewerb
Fn. .... Fußnote(n)
gem. .... gemäß
GenG .... Gesetz betreffend die Erwerbs- und Wirtschaftsgenossenschaften
GG .... Grundgesetz
GmbH .... Gesellschaft mit beschränkter Haftung

GmbHG ....Gesetz betreffend die Gesellschaften mit beschränkter Haftung
GmbHR.....................GmbH-Rundschau
GWB ....Gesetz gegen Wettbewerbsbeschränkungen
h.M. ....herrschende Meinung
Halbs. ....Halbsatz
HRR ....Höchstrichterliche Rechtsprechung
Hrsg. ....Herausgeber
HypBankG................Hypothekenbankgesetz
i.d.R. ....in der Regel
i.S. ....im Sinne
i.V.m. ....in Verbindung mit
JA.............................Juristische Arbeitsblätter
JW............................Juristische Wochenschrift
KartellG ....Kartellgericht
KG ....Kammergericht, Kommanditgesellschaft
KGaA ....Kommanditgesellschaft auf Aktien
KGJ ....Jahrbuch für Entscheidungen des Kammergerichts
KO ....Konkursordnung
lit. ....Buchstabe
m.a.W. ....mit anderen Worten
m.E. ....meines Erachtens
m.w.N. ....mit weiteren Nachweisen
MarktstrukturG.........Marktstrukturgesetz
Nr. ....Nummer
oHG ....offene Handelsgesellschaft
OLGE........................Die Rechtsprechung der Oberlandesgerichte auf dem Gebiete des Zivilrechts
p.a. ....per anno
RFH..........................Reichsfinanzhof
RFHE........................Entscheidungen des Reichsfinanzhofes
RGZ ....Entscheidungen des Reichsgerichts in Zivilsachen
S. ....Satz, Seite
Sp. ....Spalte
str. ....strittig
Tz. ....Textziffer
u. ....und
u.a. ....und andere, unter anderem
v. ....vom, von
Verf. ....Verfasser

vgl. .... vergleiche
Vorb. .... Vorbemerkungen
WM .... Wertpapier-Mitteilungen, Zeitschrift für Wirtschafts- und Bankrecht, Teil IV
WRP .... Wettbewerb in Recht und Praxis
WuW/E .... Wirtschaft und Wettbewerb, Entscheidungssammlung zum Kartellrecht
z.B. .... zum Beispiel
ZHR .... Zeitschrift für das gesamte Handelsrecht und Wirtschaftsrecht
ZPO .... Zivilprozeßordnung
ZZP .... Zeitschrift für Deutschen Zivilprozeß

EINFÜHRUNG

Unter einer Gesellschaft versteht man den auf einem Rechtsgeschäft beruhenden Zusammenschluß von Personen zur Verfolgung eines gemeinsamen Zwecks, wobei jeder Gesellschafter eine Beitragsleistung zu erbringen hat. Gesellschaften im Sinne des privaten Rechts sind die sogenannten Gesellschaften im weiteren Sinne. Diese Gesellschaften werden üblicherweise in Personengesellschaften (Gesellschaften im engeren Sinne) und Körperschaften unterteilt. Zu den Personengesellschaften gehören die Gesellschaft bürgerlichen Rechts, die offene Handelsgesellschaft, die Kommanditgesellschaft, die stille Gesellschaft, die Partenreederei und die Europäische Wirtschaftliche Interessenvereinigung. Zu den Körperschaften gehören die Vereine des bürgerlichen Rechts, der Versicherungsverein auf Gegenseitigkeit, die Genossenschaft und die Kapitalgesellschaften. Zu den Kapitalgesellschaften zählen die Aktiengesellschaft, die Kommanditgesellschaft auf Aktien und die Gesellschaft mit beschränkter Haftung. Dabei ist die GmbH mit Abstand die häufigste Kapitalgesellschaft. Nach den Angaben des Statistischen Bundesamtes lag die Zahl der Kapitalgesellschaften am 31.12.1992 insgesamt bei 552 878, davon hatten 3 189 die Rechtsform der AG, 30 die der KGaA, und 549 659 Gesellschaften hatten die Rechtsform der GmbH.[1]

Was die Verfolgung eines gemeinsamen Zwecks anbelangt, so kann nicht jede Gesellschaft für jeden Zweck errichtet werden, sondern es sind hier die rechtsformspezifischen Zweckbeschränkungen zu beachten. So ist die GmbH eine Vielzweckgesellschaft, d.h. sie darf gemäß § 1 GmbHG "zu jedem gesetzlich zulässigen Zweck" errichtet werden, allerdings ist es ihr nicht erlaubt, eine Hypothekenbank zu betreiben (§ 2 HypBankG). Die AG und die KGaA sind dagegen Allzweckgesellschaften, ihnen ist auch der Betrieb einer Hypothekenbank gestattet (§ 2 HypBankG), während die oHG und KG Einzweckgesellschaften sind, sie dürfen nur zum Betrieb eines vollkaufmännischen Handelsgewerbes errichtet werden (§§ 105 I, 161 I i.V. mit § 4 I HGB).

Auch hinsichtlich der Beitragsleistung der Gesellschafter gibt es rechtsformspezifische Unterschiede, die die Gestaltungsfreiheit der

---

1 Vgl. Statistisches Bundesamt (1994), S. 138 u. 140 f.

Gesellschafter einschränken. Während sich beispielsweise bei der oHG und KG die Beitragspflicht ausschließlich aus dem Gesellschaftsvertrag ergibt und gesetzlich kein Mindestkapital vorgeschrieben ist, so liegt der Sachverhalt bei den Kapitalgesellschaften anders: Hier ist ein Mindestkapital vorgeschrieben, bei der AG und KGaA wird es als Grundkapital bezeichnet und beträgt 100 000 DM (§ 7 AktG), bei der GmbH wird es als Stammkapital bezeichnet und beträgt 50 000 DM (§ 5 I GmbHG). Dieses Mindestkapital wird durch die Beiträge der Gesellschafter aufgebracht, welche das Gesetz in der Regel als "Einlagen" bezeichnet. Auch für sie ist jeweils ein Minimum gesetzlich vorgeschrieben.

Die GmbH, um die es ja in dieser Arbeit geht, beruht auf einem ein- oder mehrseitigem Rechtsgeschäft, welches als Gesellschaftsvertrag oder Satzung bezeichnet wird und der notariellen Beurkundung bedarf. Die GmbH als juristische Person mit eigener Rechtspersönlichkeit entsteht erst mit der Eintragung in das Handelsregister, die somit konstitutive Wirkung hat (§ 11 I GmbHG). Wesentliches Strukturelement der GmbH ist der Ausschluß der persönlichen Haftung der Gesellschafter für die Gesellschaftsschulden. Gemäß § 13 II GmbHG haftet "für die Verbindlichkeiten der Gesellschaft .. den Gläubigern derselben nur das Gesellschaftsvermögen". Die Bezeichnung "Gesellschaft mit beschränkter Haftung" ist also insofern irreführend, denn die Gesellschaft selbst haftet ja unbeschränkt für ihre Verbindlichkeiten. Aufgrund der fehlenden persönlichen Haftung der Gesellschafter für die Gesellschaftsschulden ist das Gesellschaftsvermögen der GmbH für ihre Kreditfähigkeit ausschlaggebend. Von gesetzeswegen ist die GmbH deshalb mit einem Garantiekapital, dem sog. Stammkapital, ausgestattet, das mindestens 50 000 DM betragen muß. Bestimmungen im Recht der GmbH (§§ 30 ff. GmbHG) sichern zum Schutz der Gläubiger die Aufbringung und Erhaltung des Stammkapitals, welches die finanzielle und/oder sachliche Grundausstattung der GmbH darstellt. Es muß von den Gesellschaftern auf- und eingebracht werden, im Regelfall durch eine Geldeinlage, zulässig ist aber auch die Leistung einer Sacheinlage (§ 5 IV GmbHG).

Die Pflicht, die Stammeinlage zu erbringen, stellt eine zwingende Beitragspflicht der Gesellschafter dar, die gesellschaftsvertraglich nicht abbedungen werden kann. Wohl aber kann der Gesellschaftsvertrag der GmbH noch weitere Verpflichtungen der Gesellschafter beinhalten, nämlich sowohl Nachschußpflichten (§§ 26 ff. GmbHG) als auch Nebenleistungspflichten. Die Zulässigkeit letzterer ist in § 3 II GmbHG geregelt: "... sollen den Gesellschaftern außer der Leistung von Kapitaleinlagen noch andere Verpflichtungen gegenüber der Gesellschaft auferlegt werden, so bedürfen auch diese Bestimmungen der Aufnahme in den Gesellschaftsvertrag." Die umfassende Erläuterung und Auslegung dieser Norm und der mit ihr verbundenen Problematik ist Gegenstand dieser Arbeit. Hierfür ist u.a. auch die Entstehungsgeschichte der GmbH von Bedeutung, die nun im ersten Kapitel dargestellt wird.

1. DIE ENTSTEHUNGSGESCHICHTE DER GMBH

Die Gesellschaft mit beschränkter Haftung ist ein "Produkt bewußter Rechtsschöpfung durch den Gesetzgeber"[2], der diese Gesellschaftsform durch das Reichsgesetz vom 20. April 1892 geschaffen hat. Ziel dieses Kapitels ist es nicht, die Entstehung der GmbH ausführlich darzustellen, sondern es soll hier nur ein kurzer Überblick über ihre Entstehungsgeschichte gegeben werden.[3] Besondere Beachtung soll dabei die Bedeutung der Nebenleistungspflichten für die Entstehung der GmbH finden.

1.1 Die Diskussion über die Notwendigkeit einer neuen Gesellschaftsform

Der Reichstagsabgeordnete *Ludolf Parisius* war einer der ersten, der 1876 die damals existierenden Gesellschaftsformen, nämlich die oHG, KG, KGaA, stille Gesellschaft, AG, bergrechtliche Gewerkschaft und die eG, als unzureichend ansah und für die Schaffung einer gänzlich neuen Gesellschaftsform eintrat.[4] Er hielt eine neue Gesellschaftsform für notwendig, die für große und risikoreiche Unternehmen geeignet sein sollte. Sein Vorschlag orientierte sich an der bergrechtlichen Gewerkschaft preußischen Rechts mit ihrem Zubußesystem und dem Abandonrecht der Gewerken, für die Organisation der Gesellschaft sollten jedoch die Regelungen betreffend die Genossenschaft gelten.[5]

Die eigentliche Debatte um die Einführung einer neuen Gesellschaftsform begann aber erst mit der Reform des Aktienrechts durch die Novelle vom 18. Juli 1884. Es war der Reichstagsabgeordnete *Wilhelm von Oechelhäuser*, der im Februar 1884, also noch während den Beratungen zur Reform des Aktienrechts, die Schaffung einer Gesellschaftsform mit beschränkter Haftung der Gesellschafter vorschlug. Er kann deshalb als "geistige[r] Vater des

---

2 Feine (1929), S. 1.
3 Ausführlich ist diese in Koberg (1992) dargestellt.
4 Vgl. Parisius (1876), S. 134 ff.
5 Vgl. Parisius (1876), S. 140.

GmbH-Gesetzes"[6] bezeichnet werden. *Oechelhäuser* trat für eine neue Gesellschaftsform auf der Basis der oHG ein, wobei die "Haftbarkeit" aller Gesellschafter jedoch auf "bestimmte Vermögenseinlagen"[7] beschränkt sein sollte. Er wollte damit "alle Vorzüge der individualistischen offenen Handelsgesellschaft mit den Vorzügen einer Aktiengesellschaft" vereinigen, ohne die Nachteile der beiden Gesellschaftsformen in Kauf nehmen zu müssen.[8] Des weiteren ist bemerkenswert, daß *Oechelhäuser* die Notwendigkeit der Einführung einer neuen Gesellschaftsform nicht unter dem Aspekt eines bestimmten Gesellschaftszwecks sah, sondern daß er die gesamtwirtschaftliche Bedeutung einer neuen Gesellschaftsform in den Vordergrund stellte. Er war der festen Überzeugung, "daß dasjenige Land, welches die sichersten, einfachsten und mannigfaltigsten Rechtsformen für die Vereinigung von Kapital und Personen bietet, vor anderen Nationen, die hierin zurückbleiben, einen wirtschaftlichen Vorsprung gewinnen muß."[9]

Eine nicht unbedeutende Rolle in der Diskussion um eine neue Gesellschaftsform spielten auch die Probleme, die sich durch das Aktiengesetz von 1884 ergaben.[10] Die Vorschriften über das Grundkapital und dessen Erhöhung oder Herabsetzung, die Bilanzierungsgrundsätze, die Organisationsverfassung sowie die Haftungsbestimmungen für Vorstand und Aufsichtsrat waren für "Kolonialgesellschaften"[11], deren Kapitalbedarf und Risiko kaum im voraus berechenbar waren, ungeeignet.[12] Ein weiteres Problem ergab sich durch die Rechtsprechung des *Reichsgerichts* bezüglich der rechtlichen Natur der statutarischen Rübenlieferungspflicht der Aktionäre einer Aktiengesellschaft für Rübenzuckerfabrikation. In der Entscheidung vom 26. November 1886[13] hat das *RG* eine derartige Bestimmung nicht als mitgliedschaftliche Pflicht anerkannt. Das *RG* erklär-

---

6 Schubert (1982/83), S. 594.

7 § 1 des acht Paragraphen umfassenden Gesetzentwurfes, der in das ADHGB im Anschluß an die Vorschriften über die oHG eingefügt werden sollte. Er ist abgedruckt u.a. in Schubert (1982/83), S. 595-597.

8 Vgl. Stenographische Berichte (1884), S. 220.

9 Stenographische Berichte (1884), S. 221.

10 Vgl. Koberg (1992), S. 18.

11 D.h. Gesellschaften zur Erschließung der deutschen Kolonien.

12 Vgl. Reichsjustizamt (1891), S. 124.

13 Vgl. RG (26.11.1886), RGZ 17, 5. Diese Auffassung wurde durch weitere Entscheidungen bestätigt. Vgl. RG (21.6.1887), RGZ 19, 108; RG (27.6.1888), RGZ 21, 148; RG (5.2.1890), RGZ 26, 85.

te diese Bestimmung jedoch nicht für unwirksam, sondern interpretierte sie als "Nebenvertrag"[14] zwischen Aktiengesellschaft und Aktionär. Somit wurde diese Art von Verpflichtung ausschließlich dem Schuldrecht unterstellt. Dies hatte zur Folge, daß die Freiheit der Aktiengesellschaft bezüglich der Regelung des Verhältnisses zwischen der Gesellschaft und ihren Mitgliedern sehr eingeschränkt wurde, da nun die damaligen schuldrechtlichen Bestimmungen über den Konsensualvertrag (Bestimmtheit oder Bestimmbarkeit von Leistung und Gegenleistung, Dauer, Aufhebungsmöglichkeit etc.) zur Anwendung kamen. Eine statutarische Bestimmung, wodurch die "Generalversammlung" durch Mehrheitsbeschluß die Preise für die jährlichen Rübenlieferungen bestimmt, war deshalb nicht mehr möglich.[15] Die Eignung der Aktiengesellschaft für Rübenzuckerfabriken wurde somit erheblich eingeschränkt.

1886 veröffentlichte *Robert Esser* einen "Entwurf zu einem Gesetze betreffend die Gesellschaft mit beschränkter Haftbarkeit".[16] In der Einleitung zu seiner gesetzgeberischen Studie wies er darauf hin, daß es für Kolonialgesellschaften keine geeignete Gesellschaftsform gäbe. Des weiteren würden bestehende Gesellschaftsformen mißbraucht, weil es an einer geeigneten Gesellschaftsform fehle.[17] Sein 30 Artikel umfassender Entwurf resultierte aus einer "Verschmelzung der für die Gewerkschaft und die Aktiengesellschaft geltenden Grundsätze mit den für die offene Handelsgesellschaft bestehenden gesetzlichen Vorschriften"[18]. Dabei sollte der Grundsatz der "beschränkten Haftbarkeit" aller Gesellschafter gelten.[19]

1887 veröffentlichte *Viktor Ring* seine Vorschläge für eine neue Rechtsform. Er empfahl eine Gesellschaftsform für koloniale und "ähnliche Unternehmungen"[20] auf der Basis der Bestimmungen über die Gewerkschaft und die Aktiengesellschaft. Der von *Herman Veit Simon* 1888 veröffentlichte Vorschlag[21] beschränkte sich dagegen auf Kolonialunternehmungen. Für seine neue Gesellschaftsform,

---

14 RG (26.11.1886), RGZ 17, 5, 15.
15 Vgl. Hahn/Mugdan (Hrsg., 1897), S. 588; Kulenkampff (1927), S. 7 f.
16 Esser II (1886), S. 33-47.
17 Vgl. Esser II (1886), S. 7-9.
18 Esser II (1886), S. 9.
19 Vgl. Esser II (1886), S. 9.
20 Vgl. Ring (1887), S. 57.
21 Vgl. Simon (1888), S. 143 ff.

nämlich die "Überseeische Aktiengesellschaft"[22], sollte das Konzessionsprinzip gelten.

Aufgrund der vorangegangenen Diskussion richtete der preußische Minister für Handel und Gewerbe am 3. April 1888 eine Anfrage an die preußischen Handelskammern und an den "bleibenden Ausschuß" des Deutschen Handelstages, um ein Urteil darüber zu gewinnen, ob die Einführung einer Gesellschaftsform, bei der die Haftung sämtlicher Gesellschafter auf eine bestimmte Summe beschränkt ist, notwendig sei. Beide Gutachten bestätigten ausdrücklich die Notwendigkeit einer neuen Gesellschaftsform mit beschränkter Haftung. Als Unternehmungen, für die ein konkretes Bedürfnis nach einer neuen Gesellschaftsform bestünde, wurden, abgesehen vom "gewöhnlichen Handelsgewerbe", folgende Beispiele genannt: Landwirtschaftliche Fabriken, namentlich Zuckerfabriken, Kolonialgesellschaften, Familiengesellschaften, Gesellschaften zur Ausnutzung von Erfindungen und Patenten oder zum Ankauf von Grundstücken zwecks ihrer Parzellierung oder Bebauung.[23]

1889 veröffentlichte *Jacob Rießer* seinen "Entwurf eines Gesetzes betreffend die Gesellschaft mit beschränkter Haftbarkeit (Antheil-Gesellschaft)".[24] Sein 29 Paragraphen umfassender Entwurf orientierte sich teilweise an den Bestimmungen über die Aktiengesellschaft, er verwies aber auch des öfteren auf die Bestimmungen über die oHG. Zahlreiche Vorschriften waren zudem dispositiver Natur, der Vertragsfreiheit wurde somit ein breiter Spielraum eingeräumt. Seine Gliederung ("Allgemeine Bestimmungen. - Von dem Rechtsverhältnis der Gesellschafter unter einander. - Von dem Rechtsverhältnis der Gesellschaft Dritten gegenüber. - Von der Auflösung der Gesellschaft. - Von der Liquidation der Gesellschaft.") hatte wohl Einfluß auf den Gesetzentwurf der Regierung von 1891 betreffend die Gesellschaften mit beschränkter Haftung.[25]

---

22 Simon (1888), S. 143.
23 Vgl. Reichsjustizamt (1891), S. 129 u. 139.
24 Vgl. Rießer (1889), S. 328-344.
25 Vgl. Schubert (1992), S. 21.

1.2 Der Gesetzentwurf der Regierung von 1891 betreffend die Gesellschaften mit beschränkter Haftung

In seiner amtlichen Begründung zum Gesetzentwurf betreffend die Gesellschaften mit beschränkter Haftung wies der Gesetzgeber der geplanten GmbH eine "Mittelstellung zwischen den streng individualistischen Gesellschaftsformen des geltenden Rechts und der als äußerste Konsequenz des kapitalistischen Prinzips sich darstellenden Aktiengesellschaft"[26] zu. Ferner sei es die Aufgabe des Gesetzes, "die Grenzen nach beiden Seiten durch bindende Vorschriften sicherzustellen"[27]. Innerhalb des hieraus sich ergebenden Rahmens könne dagegen der freien Selbstbestimmung der Gesellschaften ein weitgehender Spielraum verbleiben.[28] Einen nicht unbedeutenden Beitrag dazu leiste die - bis heute unveränderte - Vorschrift des § 3 II des Gesetzentwurfs betreffend die Gesellschaften mit beschränkter Haftung, wodurch Mitgliederpflichten auch auf andere Leistungen als Kapitaleinlagen ausgedehnt werden können. Mittels dieser Mitgliederpflichten ließen sich "theils kapitalistische, theils personale Elemente der Mitgliederbetheiligung zu einem einheithlichen Ganzen"[29] verbinden. Auslöser für diese Vorschrift waren vermutlich die Probleme mit der statutarischen Rübenlieferungspflicht bei den Rübenzuckerfabriken, die in der Rechtsform der Aktiengesellschaft betrieben wurden.[30] Die GmbH sollte auch für die Rübenzuckerfabriken eine geeignete Rechtsform sein. Um die diesbezügliche Problematik des Aktienrechts zu vermeiden, wollte man die rechtliche Zulässigkeit derartiger Mitgliederpflichten ausdrücklich anerkennen.[31] Zugleich wurde aber in der Begründung darauf hingewiesen, daß auch in manchen anderen Fällen, also nicht nur bei Rübenzuckerfabriken, Veranlassung vorhanden sein könnte, "den Kreis der Mitgliederpflichten über die Leistung bloßer Kapitaleinlagen hinaus zu erweitern."[32]

---

26 Reichsjustizamt (1891), S. 35.
27 Reichsjustizamt (1891), S. 35.
28 Vgl. Reichsjustizamt (1891), S. 35.
29 Reichsjustizamt (1891), S. 44.
30 Diese Problematik wurde schon oben auf S. 5 erwähnt.
31 Vgl. Reichsjustizamt (1891), S. 49.
32 Reichsjustizamt (1891), S. 43.

Der vom zuständigen Referenten des Reichsjustizamtes, *Eduard Hoffmann*, ausgearbeitete Entwurf stimmt, abgesehen von einigen Änderungen, die aber die Grundkonstruktion der neuen Gesellschaftsform nicht betrafen, mit dem am 20. April 1892 in Kraft getretenen GmbHG überein.[33]

Zusammenfassend läßt sich sagen, daß die sogenannten "Nebenleistungspflichten" - insbesondere ihr "Urbeispiel", nämlich die statutarische Rübenlieferungspflicht der Mitglieder einer Zuckerrübenfabrik - für die Entstehung der GmbH von Bedeutung waren, denn der zu dieser Zeit bedeutenden Zuckerindustrie[34] fehlte eine geeignete Gesellschaftsform.[35] Des weiteren wurden die Nebenleistungspflichten als ein wesentliches Kennzeichen des individualistischen Prinzips angesehen, dessen Verbindung mit der "beschränkten Haftbarkeit" der Mitglieder in der oben kurz geschilderten Diskussion um die Einführung einer neuen Gesellschaftsform gefordert wurde.

1.3 Reformbestrebungen bezüglich der Nebenleistungspflichten

Von Interesse sollen hier nur Reformbestrebungen sein, die Änderungen bezüglich der Nebenleistungspflichten vorsahen.

In dem Entwurf des Reichsjustizministeriums zu einem Gesetz über Gesellschaften mit beschränkter Haftung von 1939[36] waren die Nebenleistungspflichten[37] in § 31 geregelt: "Ist die Abtretung der Stammanteile an die Zustimmung der Gesellschaft gebunden, so kann der Gesellschaftsvertrag den Gesellschaftern die Verpflichtung auferlegen, neben den Einlagen auf das Stammkapital andere Leistungen zu erbringen (Nebenleistungen). Dabei muß der Gesellschaftsvertrag Inhalt und Umfang der Nebenleistungen bestimmen." Im Entwurf einer amtlichen Begründung hieß es dazu, daß die Ein-

---

33 Zu den Beratungen über den Entwurf im Bundesrat und Reichstag und den daraus resultierenden Änderungen vgl. Schubert (1992), S. 27 ff.; Koberg (1991), S. 160 ff.

34 Zur Bedeutung der damaligen Rübenzuckerindustrie in Deutschland vgl. Paasche (1911), S. 1068 ff.

35 So auch Ochsenfarth (1931), S. 61.

36 Vgl. Schubert (Hrsg., 1985).

37 Der Entwurf bezeichnet diese als "Nebenleistungen".

schränkung, wonach Nebenleistungspflichten nur vorgesehen werden könnten, wenn die Abtretung der Anteile an die Zustimmung der Gesellschaft gebunden sei, auf der Erwägung beruhe, "daß anderenfalls die Erfüllung der Nebenverpflichtungen jederzeit durch Abtretung von Stammanteilen an zahlungsunfähige Personen in Frage gestellt werden könnte."[38] Des weiteren müßten Inhalt und der Umfang, "also namentlich auch die Höchstgrenze der Nebenleistungen"[39], im Gesellschaftsvertrag festgesetzt werden. Der Entwurf wurde jedoch aufgrund der anschließenden Kriegsereignisse nicht Gesetz.[40]

Im ebenfalls gescheiterten Referentenentwurf von 1969[41] waren die Nebenleistungspflichten in § 41 geregelt. Abweichend vom geltenden Recht sah der Entwurf vor, daß der Umfang der Verpflichtungen im Gesellschaftsvertrag festgesetzt werden müsse. Ferner sei im Gesellschaftsvertrag zu bestimmen, ob die Verpflichtungen entgeltlich oder unentgeltlich zu erbringen seien.[42]

Daß der Referentenentwurf (1969) und der auf ihm basierende Regierungsentwurf (1971/73) scheiterten, beruhte auf dem Bestreben der SPD/FDP-Koalition, angesichts der bis 1976 offenen Mitbestimmungsdiskussion keine organisationsrechtlichen Vorentscheidungen in dieser politisch sensiblen Materie zu treffen.[43] Außerdem stießen die Entwürfe aufgrund ihrer stärkeren Orientierung am AktG und ihres den Besonderheiten der GmbH nur beschränkt Rechnung tragenden Regelungsperfektionismus' auf Bedenken. Diese beiden Gründe führten letztendlich zum Scheitern der sogenannten großen GmbH-Reform.[44] Somit blieb § 3 II GmbHG bis heute unverändert.

---

38 Schubert (Hrsg., 1985), S. 160.
39 Schubert (Hrsg., 1985), S. 160.
40 Vgl. Schubert (Hrsg., 1985), S. 90.
41 Vgl. Bundesministerium der Justiz (Hrsg., 1969).
42 Vgl. Bundesministerium der Justiz (Hrsg., 1969), S. 16.
43 Vgl. Hachenburg-P. Ulmer (1990), Einl., Rdnr. 57.
44 Vgl. Hachenburg-P. Ulmer (1990), Einl., Rdnr. 57.

2. DIE GRUNDLAGEN

2.1 Der Begriff der Nebenleistungspflichten

Gemäß § 3 II GmbHG können im Gesellschaftsvertrag "den Gesellschaftern außer der Leistung von Kapitaleinlagen noch andere Verpflichtungen gegenüber der Gesellschaft auferlegt werden". Ansonsten macht das GmbH-Gesetz über diese Art von Verpflichtungen keine weiteren Aussagen. Im Schrifttum werden diese Verpflichtungen überwiegend als "Nebenpflichten"[45] oder "Nebenleistungspflichten"[46] bezeichnet. Diese Begriffe haben ihren Ursprung im Aktienrecht. Für derartige Pflichten der Aktionäre wurde auch dort das Wort "Neben" bei der Bezeichnung vorangestellt. So z.B. in einem Reichsgerichtsurteil aus dem Jahre 1886, in dem solche Pflichten als "Nebenverpflichtungen" bezeichnet wurden.[47] Diese Bezeichnung mag angesichts der möglichen wirtschaftlichen Bedeutung dieser Pflichten im Verhältnis zur Stammeinlagepflicht irreführen, denn aufgrund einer fehlenden Beschränkung im GmbH-Gesetz besteht Gestaltungsfreiheit wie im Schuldrecht[48], so daß grundsätzlich Pflichten beliebiger Art festgelegt werden können, die dann die Stammeinlagepflicht hinsichtlich ihrer wirtschaftlichen Bedeutung bei weitem übertreffen und somit die eigentlichen Hauptpflichten der Gesellschafter darstellen können.[49]

Deshalb machte *Kaufmann* den Vorschlag, diese Pflichten als "Sonderleistungspflichten" zu bezeichnen.[50] Diese Bezeichnung aber könnte wiederum mit dem Begriff des Sonderrechts zu falschen Schlußfolgerungen führen, denn im Schrifttum wird überwiegend die Meinung vertreten, daß Sonderrechte nur Rechte sind, die einzelnen Gesellschaftern oder Gesellschaftergruppen, nicht aber allen Gesellschaftern, zustehen.[51] Insofern erscheint die differen-

---

45 Vgl. z.B. Scholz-Emmerich (1993), § 3, Rdnr. 42.

46 Vgl. z.B. Hachenburg-P. Ulmer (1990), § 3, Rdnr. 65.

47 Vgl. RG (22.6.1886), RGZ 17, 3, 5.

48 Vgl. Baumbach/Hueck (1988), § 3, Rdnr. 40.

49 Diese Praxis wurde vom Reichsgericht nicht beanstandet; vgl. RG (7.6.1910), RGZ 73, 429, 433.

50 Vgl. Kaufmann (1912), S. 411.

51 Vgl. z.B. Münchener Kommentar-Reuter (1993), § 35, Rdnr. 2; Alternativkommentar-Ott (1987), § 35, Rdnrn. 2 f.; Staudinger-Coing (1980),

zierte Bezeichnung von *G. Hueck* sachgerechter. Er bezeichnet diese Pflichten, sofern sie allen Gesellschaftern auferlegt werden, als "Nebenleistungspflichten", werden sie dagegen nur einzelnen Gesellschaftern auferlegt, so nennt er sie "Sonderpflichten".[52] Diese differenzierte Bezeichnung ist jedoch für eine allgemeine Darstellung derartiger Pflichten praktisch nicht geeignet, denn es erfolgt ja keine Differenzierung hinsichtlich dieses Kriteriums. So müßte man beide Begriffe gleichzeitig verwenden, was jedoch zu umständlich wäre.

Betrachtet man die rechtliche Bedeutung der Nebenleistungspflichten und der Stammeinlagepflicht, so erweist sich der Begriff der Nebenleistungspflichten durchaus als sachgerecht, denn im Gegensatz zur Nebenleistungspflicht ist die Stammeinlagepflicht zwingender Inhalt der Mitgliedschaft.[53] Die Nebenleistungspflicht ist dagegen fakultativer Bestandteil des Gesellschaftsvertrages der GmbH.[54] Bei den Nebenleistungspflichten handelt es sich um Leistungen neben und nicht anstatt der Stammeinlage.[55]

Angesichts der soeben beschriebenen Gründe und der Tatsache, daß im Schrifttum, auch in dem des Aktienrechts, überwiegend der Begriff der Nebenleistungspflichten verwendet wird, soll diese Bezeichnung auch in dieser Arbeit beibehalten werden.

2.2 Die Arten und Funktionen der Nebenleistungspflichten

In diesem Abschnitt werden die theoretisch möglichen Arten der Nebenleistungspflichten beschrieben. Aufgrund der oben schon erwähnten Gestaltungsfreiheit ist eine vollständige Aufzählung allerdings praktisch nicht möglich. Es soll hier deswegen nur eine ausführliche Übersicht über die wichtigsten der vielfältigen Gestaltungsmöglichkeiten hinsichtlich der Nebenleistungspflichten und ihre Bedeutung für die GmbH dargestellt werden.

---

§ 35, Rdnr. 5; Soergel-Hadding (1988), § 35, Rdnr. 6; RGRK-Steffen (1982), § 35, Rdnr. 1.

52 Baumbach/Hueck (1988), § 3, Rdnr. 32.

53 Vgl. Burkert (1981), S. 85 f.

54 Vgl. Hachenburg-P. Ulmer (1990), § 3, Rdnr. 2.

55 Vgl. Kaufmann (1912), S. 411.

Manch einem Leser mag das eine oder andere der folgenden Beispiele für Nebenleistungspflichten zu theoretisch und zu wenig praxisrelevant erscheinen. Auf diese Beispiele wird jedoch bewußt nicht verzichtet, denn sie verdeutlichen m.E. in besonderem Maße die vielfältigen Gestaltungsmöglichkeiten, die sich durch die Statuierung von Nebenleistungspflichten ergeben.

Der Begriff der "Leistung" stammt aus dem Schuldrecht. Nach § 241 S. 1 BGB ist der Gläubiger kraft Schuldverhältnis berechtigt, von dem Schuldner eine "Leistung" zu fordern. S. 2 dieser Norm stellt klar, daß die "Leistung" auch in einem "Unterlassen" bestehen kann. Nichts anderes gilt für den Begriff der "Leistung" im Gesellschaftsrecht. Die Gesellschafter einer GmbH können somit nicht nur zu positiven Leistungen verpflichtet werden, sondern auch zu (negativen) Unterlassungspflichten.[56] An sich böte es sich deshalb an, die Arten der Nebenleistungspflichten in positive Leistungs- und (negative) Unterlassungspflichten zu gliedern. Die weitere Strukturierung könnte dann anhand des Gegenstandes der Nebenleistungspflichten erfolgen. So ließen sich die positiven Leistungspflichten in Geldleistungs-, Sachleistungs- und Dienstleistungspflichten sowie in Pflichten zur Übertragung von Rechten und sonstige Nebenleistungspflichten aufteilen. Diese Art der Gliederung ist auch überwiegend im Schrifttum verwendet worden.[57] In dieser Arbeit soll jedoch ein anderer Weg gegangen werden. Um den Bedürfnissen der Vertragsgestaltungspraxis besser Rechnung zu tragen, werden hier die Nebenleistungspflichten entsprechend den (betriebswirtschaftlichen) Funktionen gegliedert. Freilich ist eine Zuordnung im Einzelfall nicht immer eindeutig möglich. Diese Unschärfen erscheinen jedoch als hinnehmbar.

2.2.1 Finanzierung

Ihre finanzielle Grundausstattung erhält die GmbH zunächst durch die Einzahlung der Stammeinlagen, soweit nicht ausdrücklich Sacheinlagen gemäß § 5 IV GmbHG im Gesellschaftsvertrag vereinbart sind. Daneben kann die finanzielle Basis der GmbH durch die Verein-

---

56 Vgl. Feine (1929), S. 125.

57 Vgl. z.B. Achterrath (1937), S. 6 ff.; Heider (1933), S. 8 ff.; Finke (1931), S. 16 ff.

barung von Nebenleistungspflichten mit dem Zweck der unmittelbaren oder mittelbaren Beschaffung finanzieller Mittel erweitert werden. Unmittelbar der Beschaffung finanzieller Mittel dienen Geldleistungs- und Darlehenspflichten, während Kreditsicherungspflichten nur mittelbar der Beschaffung finanzieller Mittel dienen.

Anfangs bestand Uneinigkeit darüber, ob Geldleistungspflichten im Sinne von § 3 II GmbHG als Nebenleistungspflichten begründet werden können.[58] Der Grund dafür liegt in der Formulierung dieser Norm, die die Nebenleistungspflichten den "Kapitaleinlagen" gegenüberstellt.[59] Daraus ergab sich für *Neukamp* die Unzulässigkeit der Geldleistungspflichten als Nebenleistungspflichten.[60] Das *RG* schloß sich dieser Meinung jedoch nicht an, sondern erklärte die Statuierung von Geldleistungspflichten als Nebenleistungspflichten für zulässig, weil mit der in § 3 II GmbHG genannten "Kapitaleinlage" nur die "Stammeinlage" gemeint sei.[61] Die Zulässigkeit der entsprechenden Festsetzung von Geldleistungspflichten ist heute unbestritten.[62]

Mittels der Vereinbarung von Geldleistungs- und Darlehenspflichten kann sichergestellt werden, daß die Gesellschafter die finanziellen Mittel der GmbH vorübergehend oder dauernd stärken bzw. die GmbH vor Liquiditätsschwierigkeiten schützen. Die Geldleistungs- und Darlehenspflichten können sowohl als einmalige als auch als wiederkehrende Pflichten ausgestaltet werden.[63]

Zu den einmaligen Geldleistungspflichten zählt das Aufgeld (Agio) bei der Ausgabe von Geschäftsanteilen. Im Gegensatz zum Aktiengesetz, das eine Überpariemission der Aktien in § 9 II AktG ausdrücklich zuläßt, schweigt das GmbHG dazu; es ist aber im Schrifttum und in der Rechtsprechung allgemein anerkannt, daß das Aufgeld als Nebenleistungspflicht vereinbart werden kann.[64] Ein

---

58 Vgl. Neukamp (1907), § 3, Rdnr. 4.
59 Vgl. § 3 II GmbHG:"...außer der Leistung von Kapitaleinlagen noch andere Verpflichtungen...".
60 Vgl. Neukamp (1907), § 3, Rdnr. 4.
61 Vgl. RG (24.10.1913), RGZ 83, 216, 218.
62 Vgl. z.B. Rowedder-Rittner (1990), § 3, Rdnr. 36.
63 Vgl. Finke (1931), S. 21.
64 Vgl. Hachenburg-P. Ulmer (1990), § 3, Rdnr. 78; Scholz-Emmerich (1993), § 3, Rdnr. 47; Lutter/Hommelhoff (1995), § 3, Rdnr. 38; Baumbach/Hueck (1988), § 3, Rdnr. 40; RG (9.12.1919), JW 1920, S. 776 f.

Aufgeld kann nicht nur bei Gründung der GmbH festgelegt werden, sondern auch für spätere Stammkapitalerhöhungen. Letzteres eröffnet die Möglichkeit, für die im Wege einer Stammkapitalerhöhung neu eintretenden Gesellschafter eine Ausgleichszahlung zu bestimmen, denn die neuen Gesellschafter profitieren von der auf der Initiative der Gründungsgesellschafter beruhenden, vielleicht sehr profitablen GmbH, deren wahrer Wert den des (erhöhten) nominellen Stammkapitals womöglich um ein Vielfaches übersteigt.[65]

Des weiteren kann auch bestimmt werden, daß die Gesellschafter zu Zuschüssen verpflichtet sind.[66] So kann beispielsweise vereinbart werden, daß die Gesellschafter zur Abwendung von Liquiditätsengpässen flüssige Mittel bis zur Höhe eines absoluten Betrags oder ihrer Stammeinlage an die GmbH leisten müssen. Aber auch regelmäßig wiederkehrende Zuschußpflichten sind möglich, so unter anderem bei einer GmbH, die Vereinszwecken dient und deren Gesellschafter zu jährlichen Beitragszahlungen verpflichtet sind.[67]

Die Höhe der Zuschüsse kann sich aber auch in Abhängigkeit von anderen Größen, wie z.B. dem Jahresumsatz der GmbH, bemessen. Einen Sonderfall hierzu stellt die Verlustausgleichspflicht oder die Pflicht zur Deckung einer Unterbilanz dar, bei der die Gesellschafter Verluste der GmbH bzw. eine Unterbilanz durch Zuschüsse, beispielsweise entsprechend ihrer Stammeinlage, ausgleichen müssen.[68] Dies kann beispielsweise eine geeignete Gestaltungsform für Ein- und Verkaufsgesellschaften mit genossenschaftlicher Funktion sein.[69] Aber auch wenn der mögliche Verlust der GmbH den einzelnen Gesellschaftern nach objektiven Gesichtspunkten zugeordnet werden kann und verhindert werden soll, daß dieser Verlust das Vermögen der GmbH mindert und die an diesem Verlust unbeteiligten Gesellschafter mittelbar schädigt, ist eine Verlustbeteiligung sinnvoll. Ein praktisches Beispiel hierfür wäre ein nach Geschäftszweigen organisiertes Gemeinschaftsunternehmen, bei dem die einzelnen Geschäftszweige direkt den Gesellschaftern zugeordnet

---

65 Vgl. Finke (1931), S. 23.

66 Vgl. Hachenburg-P. Ulmer (1990), § 3, Rdnr. 77.

67 Vgl. Feine (1929), S. 123.

68 Vgl. Hachenburg-P. Ulmer (1990), § 3, Rdnr. 77; Scholz-Emmerich (1993), § 3, Rdnr. 47; Baumbach/Hueck (1988), § 3, Rdnr. 40; Lutter/Hommelhoff (1995), § 3, Rdnr. 38 u. Gasteyer (1983), S. 934.

69 Vgl. Hachenburg-Goerdeler/Müller (1992), § 29, Rdnr. 13.

werden können.[70] Die Verlustausgleichspflicht kann dann so gestaltet werden, daß nur derjenige Gesellschafter die Verluste ausgleichen muß, dessen Geschäftszweig sie verursacht hat.

Damit gewährleistet ist, daß bei einer Kapitalerhöhung die bisherigen Gesellschafter die neuen Stammeinlagen übernehmen und somit keine neuen Gesellschafter aufgenommen werden müssen, um die finanzielle Basis der GmbH zu stärken, können die Gesellschafter qua Nebenleistung dazu verpflichtet werden, künftige Stammeinlagen bei einer Kapitalerhöhung zu übernehmen.[71]

Ein weiteres Instrument zur Beschaffung finanzieller Mittel sind Gesellschafterdarlehen. Statutarisch kann festgelegt werden, daß die Gesellschafter zur Hingabe von Darlehen an die Gesellschaft verpflichtet sind.[72] Hierbei ist jedoch die Problematik der kapitalersetzenden Gesellschafterdarlehen, insbesondere die der §§ 32a und 32b GmbHG, zu beachten.[73] Auch hier wiederum haben die Gesellschafter vielfältige Gestaltungsmöglichkeiten. Die Höhe des Darlehens kann konkret im Gesellschaftsvertrag vorgegeben werden, sie kann sich aber auch aus anderen Bezugsgrößen ergeben. Beispielsweise kann die maximale Darlehenshöhe in Prozenten des Stammkapitals ausgedrückt werden. Auch die Pflicht zur Einrichtung eines Kontokorrentverhältnisses mit Kreditgewährung durch die Gesellschafter ist möglich.[74] Für das Darlehen kann ein bestimmter Zinssatz vereinbart werden, es kann aber auch als zinsloses Darlehen im Gesellschaftsvertrag verankert sein. Die Pflicht zur Hingabe von Darlehen kann als einmalige oder als wiederkehrende, als regelmäßige oder unregelmäßige Pflicht ausgestaltet werden.

Einen besonderen Fall der wiederkehrenden Darlehenspflicht stellt das "Schütt-aus-hol-zurück"-Verfahren dar. Hierbei sind die Gesellschafter verpflichtet, den durch die GmbH an sie ausgeschütteten Gewinn teilweise oder vollständig an die GmbH in Form von zinslosen Darlehen zurückzugewähren. Für die Pflicht zur Rückgewähr des ausgeschütteten Gewinns stehen aber noch andere Möglichkeiten zur Verfügung: Die Pflicht zur Gewährung einer stillen Einlage

---

70 Vgl. Gasteyer (1983), S. 934.

71 Vgl. Lutter/Hommelhoff (1995), § 3, Rdnr. 38.

72 Vgl. Hachenburg-P. Ulmer (1990), § 3, Rdnr. 77.

73 Vgl. Hachenburg-P. Ulmer (1990), § 3, Rdnr. 77; Baumbach/Hueck (1988), § 3, Rdnr. 40.

74 Vgl. RFH (5.7.1921), RFHE 6, 156, 160.

(§ 230 HGB) an die GmbH, die Pflicht zur Übernahme einer Stammeinlage im Rahmen einer Kapitalerhöhung oder die Pflicht des Gesellschafters, den an ihn ausgeschütteten Gewinn in die Rücklagen der GmbH einzustellen.[75] Der Vorteil des "Schütt-aus-hol-zurück"-Verfahrens liegt darin, daß sich damit die körperschaftsteuerliche Belastung der Gewinne unter gewissen Umständen vermindern läßt.[76] Thesaurierte Gewinne werden nach dem geltenden Körperschaftsteuergesetz[77] mit 45 % belastet, während ausgeschüttete Gewinne nur einer Körperschaftsteuer von 30 % unterliegen. Dadurch, daß die ausgeschütteten Gewinne beim Anteilseigner mit dessen persönlichem Einkommensteuersatz belastet werden und die von der GmbH bezahlte Körperschaftsteuer angerechnet wird, verbleibt ein höherer Gewinn, sofern der persönliche Einkommensteuersatz des Gesellschafters etwas geringer ist als der Körperschaftsteuersatz für thesaurierte Gewinne.[78] Wird dieser versteuerte Gewinn vom Gesellschafter, wie oben erläutert, an die GmbH zurückgeführt, so ist der Finanzierungseffekt für die GmbH aus ihrem Gewinn höher, als wenn die GmbH den Gewinn thesauriert hätte.[79]

Eine mittelbare Finanzierungsfunktion haben die Kreditsicherungspflichten. Der Gesellschafter stellt hierbei der GmbH zwar keine finanziellen Mittel zur Verfügung, jedoch trägt er durch seine Sicherheitsleistung gegenüber dem Gläubiger der GmbH, beispielsweise einer Bank, dazu bei, daß die Kreditfähigkeit der GmbH erhöht wird und der GmbH finanzielle Mittel in Form von Krediten zufließen. Als Kreditsicherungspflichten kommen beispielsweise die Pflicht zur Bürgschaftsübernahme,[80] Sicherungsübereignung oder Bestellung einer Grundschuld in Betracht.

---

75 Vgl. Lutter/Hommelhoff (1995), § 29, Rdnr. 47; Esch (1978), S. 2531.

76 Vgl. Lutter/Hommelhoff (1995), § 29, Rdnr. 47.

77 Stand Februar 1995.

78 Zur exakten Berechnung der Vorteilhaftigkeit des "Schütt-aus-hol-zurück"-Verfahrens vgl. Kruschwitz (1983), S. 683 ff.

79 Vgl. Crezelius (1991), S. 499.

80 Vgl. Achterrath (1937), S. 7; Lutter/Hommelhoff (1995), § 3, Rdnr. 41.

2.2.2 Beschaffung

Nebenleistungspflichten können für die betriebswirtschaftliche Funktion "Beschaffung" von wesentlicher Bedeutung sein, denn durch sie können die Beschaffungswege bereits im Gesellschaftsvertrag bestimmt und gesichert werden, so daß die Geschäftsführung der GmbH darüber nicht bzw. nur in engen Grenzen selbst entscheiden kann.

Durch Nebenleistungspflichten kann die Beschaffung des Anlagevermögens gesteuert werden. So kann gesellschaftsvertraglich bestimmt werden, daß die Gesellschafter bestimmte Sachen an die GmbH zu leisten haben, die diese beispielsweise zur Produktion benötigt.[81] Im Regelfall wird es sich bei Sachleistungen, die dann zum Anlagevermögen der GmbH gehören sollen, um einmalige Sachleistungspflichten handeln. Derartige Sachleistungspflichten gleichen hinsichtlich ihrer Funktion einer Sacheinlage. Gesellschaftsvertraglich kann jedoch nicht nur bestimmt werden, daß die Sache in das Eigentum der GmbH übergeht, sondern auch, daß sie der GmbH nur zum Gebrauch überlassen wird.[82] In beiden Fällen kann ein Entgelt vereinbart werden. Der Gesellschafter ist dann verpflichtet, die Sache der GmbH zu vermieten bzw. zu verkaufen. Wurde bestimmt, daß die Sache unentgeltlich zu leisten ist, so muß der Gesellschafter der GmbH die Sache leihen bzw. der GmbH das Eigentum an der Sache unentgeltlich übertragen.

Zu den einmaligen Sachleistungen zählt die Überlassung von Immobilien. Dies kann für die GmbH von großer wirtschaftlicher Bedeutung, sogar existenznotwendig sein, wenn sie zwingend auf bestimmte Immobilien, wie z.B. Fabrikgebäude, Verkaufsräume, Grundstücke oder sonstige Räumlichkeiten, angewiesen ist.[83] Zu den einmaligen Sachleistungspflichten gehört auch die Pflicht zur Überlassung von Maschinen, Produktionskapazitäten, Fahrzeugen,

---

81 Vgl. Finke (1931), S. 16.
82 Vgl. Amend (1936), S. 16.
83 Vgl. Rohrer (1991), S. 36.

sonstigem Geschäftsinventar[84] etc. Des weiteren kommt hier die Einbringung eines Handelsgeschäfts[85] in Betracht.[86]

Neben Sachleistungen des Anlagevermögens kann als Nebenleistungspflicht gemäß § 3 II GmbHG den Gesellschaftern auch die Pflicht auferlegt werden, bestimmte Rechte, also unkörperliche Vermögensgegenstände, an die Gesellschaft zu übertragen. Zu denken ist hierbei an gewerbliche Schutzrechte wie Patente, Gebrauchsmuster, Geschmacksmuster und Warenzeichen.[87] Ferner gehört hierher die Pflicht zur Übertragung von Lizenzen und Konzessionen.[88]

Als letztes sei hier die Beschaffung von Finanzanlagen erwähnt. Die Gesellschafter können verpflichtet werden, Aktien, Geschäftsanteile, sonstige Beteiligungen an dritten Unternehmen oder Wertpapiere der GmbH zu übertragen. Diese Pflichten können auch einen Finanzierungseffekt haben, beispielsweise wenn festverzinsliche Wertpapiere der GmbH zu übertragen sind, die dann in den Genuß der Zinsen kommt, oder wenn die Finanzanlagen zur Veräußerung durch die GmbH bestimmt sind und dieser somit liquide Mittel zufließen. Man hätte also diese Art von Nebenleistungspflicht auch den Nebenleistungspflichten mit Finanzierungsfunktion zuordnen können.

Durch die Statuierung von Nebenleistungspflichten kann ferner die laufende Beschaffung der Rohstoffe und Vorprodukte geregelt werden. Somit werden die Gesellschafter aufgrund des Gesellschaftsvertrages zu Lieferanten der GmbH mit Lieferverpflichtung. Es handelt sich dabei um wiederkehrende Sachleistungspflichten.[89] So können sich beispielsweise Landwirte zusammenschließen, um eine GmbH zu gründen, die dann ihre landwirtschaftlichen Rohprodukte weiterverarbeitet.[90] Zur Sicherung der Produktion verpflichten sich die Gesellschafter dann, eine bestimmte Menge dieser Rohprodukte,

---

84 Vgl. Amend (1936), S. 16.

85 Dies ist keine "reine" Sachleistung, denn ein Handelsgeschäft ist vielmehr ein "Inbegriff" von Sachen und Rechten.

86 Vgl. Heider (1933), S. 8.

87 Vgl. z.B. Baumbach/Hueck (1988), § 3, Rdnr. 41; Rowedder-Rittner (1990), § 3, Rdnr. 37.

88 Vgl. Meyer-Landrut (1987), § 3, Rdnr. 31.

89 Vgl. Finke (1931), S. 16.

90 Vgl. Feine (1929), S. 124.

z.B. die Menge, die sich aus dem Anbau einer bestimmten Ackerfläche ergibt, oder sogar ihre gesamte Produktion, an die GmbH in regel- oder unregelmäßigen Zeitabständen zu liefern. Das wohl bekannteste Beispiel hierzu ist die Zuckerrübenlieferungspflicht der GmbH-Gesellschafter einer Zuckerfabrik, die *Buchholz* aufgrund der oben skizzierten Entstehungsgeschichte als "historische Wurzel"[91] des § 3 II GmbHG bezeichnet hat. Weitere Beispiele sind Käsereien, deren Gesellschafter zu bestimmten Milchlieferungen verpflichtet sind, Saftfabriken, deren Gesellschafter die entsprechenden Früchte liefern müssen, Sägewerke, deren Gesellschafter Holzstämme anliefern müssen etc.

Die GmbH eignet sich nicht nur zum Zwecke der Weiterverarbeitung von Roh- bzw. Zwischenprodukten, sondern auch als reine Vertriebsgesellschaft. Die Gesellschafter verpflichten sich dann, bestimmte Kontingente oder ihre gesamte Produktion der GmbH zum Weiterverkauf zu liefern.[92] Beispielsweise können Obstbauern eine GmbH gründen, um ihr Obst gemeinsam zu vermarkten.

Man denke aber etwa auch an eine GmbH, deren Gesellschafter selbständige Handwerksunternehmen sind. Die GmbH betätigt sich als Bauträger, akquiriert aber auch sonstige Aufträge für ihre Gesellschafter. Diese sind gemäß einer Nebenleistungspflicht dazu verpflichtet, innerhalb einer bestimmten Zeit für die ihnen von der GmbH zugesandten Ausschreibungen ein Angebot abzugeben und den entsprechenden Auftrag gegebenenfalls durchzuführen.

Bei den soeben genannten Lieferpflichten kann es sinnvoll sein, sie mit weiteren Nebenleistungspflichten zu kombinieren. Mittels Nebenleistungspflichten kann vereinbart werden, daß die Gesellschafter der GmbH die Einsichtnahme in ihre Geschäftsbücher[93], die Besichtigung ihrer Betriebe oder die Vornahme von Qualitätskontrollen durch die GmbH zu dulden haben[94] oder daß die Gesellschafter regelmäßig oder nach Aufforderung durch die GmbH dieser bestimmte Auskünfte erteilen müssen.[95] Eine solche Nebenleistungspflicht kann beispielsweise bei einer Zuckerfabrik geboten sein. Die Zuckerrübenbauern könnten dazu verpflichtet werden, der GmbH Auskunft

---

91 Buchholz (1924), S. 289.
92 Vgl. Finke (1931), S. 16.
93 Vgl. Flechtheim (1923), S. 74.
94 Vgl. Feine (1929), S. 128.
95 Vgl. Finke (1931), S. 29.

über ihre Zuckerrübenanbauflächen, ihre Gesamtproduktion und die Zahl ihrer Mitarbeiter zu geben. Des weiteren könnte ihnen die Pflicht auferlegt werden, eine Aufstellung ihrer gesamten Kosten der GmbH vorzulegen.

Die Pflicht zur Unterlassung einer Kapazitätserweiterung oder -verringerung kann den Gesellschaftern ebenfalls gesellschaftsvertraglich auferlegt werden.[96] Um beispielsweise zu verhindern, daß der nebenleistungspflichtige Gesellschafter notwendige Produktionsanlagen oder Anbauflächen verpachtet oder verkauft und somit nicht mehr in der Lage ist, seine Lieferpflicht selbst zu erfüllen, kann eine diesbezügliche Unterlassungspflicht in den Gesellschaftsvertrag aufgenommen werden.

Die Möglichkeit, den Gesellschaftern Lieferpflichten aufzuerlegen, insbesondere auf Ausschließlichkeitsbasis[97], machte früher die GmbH zur geeigneten Gesellschaftsform für Kartelle bzw. Syndikate.[98] Aufgrund des geltenden Kartellrechts ist jedoch die Gestaltungsmöglichkeit diesbezüglicher Pflichten sehr begrenzt. Die sich durch das Kartellrecht ergebenden Gestaltungsgrenzen bei der Vereinbarung von Nebenleistungspflichten werden deshalb gesondert im späteren Abschnitt 3.2.3 dargestellt.

2.2.3 Vertrieb

Ebenso wie gesellschaftsvertraglich die Beschaffungswege der GmbH festgelegt werden können, ist es auch möglich, die Absatz- bzw. Vertriebswege der GmbH gesellschaftsvertraglich zu fixieren. Beispielsweise können die Gesellschafter verpflichtet werden, von der GmbH Produkte abzunehmen. Zweck einer solchen Gestaltung kann beispielsweise der gemeinsame Einkauf der Gesellschafter durch die GmbH sein. Diese kauft die Rohstoffe, Halb- oder Fertig-

---

96 Vgl. Buchholz (1924), S. 303.

97 Ergänzend sei hier gesagt, daß eine Lieferpflicht auf Ausschließlichkeitsbasis nicht nur eine positive Leistungspflicht beinhaltet, sondern zugleich die Unterlassungspflicht der Gesellschafter, ihre Produkte an keinen anderen als die (Kartell-)GmbH zu liefern. Entsprechendes gilt selbstverständlich auch für die weiter unten im Text dargestellte Abnahmepflicht der Gesellschafter. Vgl. Amend (1936), S. 22.

98 Vgl. Fränkel (1915), S. 96 f.

waren in großen Mengen ein, um sie dann an ihre einzelnen Gesellschafter (ohne Gewinnzuschlag) weiterzuverkaufen. Dieser Weiterverkauf ist durch Abnahmepflichten der Gesellschafter gesichert. Die Gesellschafter können durch diese Gestaltung Preisvorteile aufgrund des größeren Einkaufsvolumens erzielen. Man denke hier beispielsweise an den Einzelhandel oder das verarbeitende Gewerbe. Wie bei den Lieferpflichten so sind auch bei der Statuierung von Abnahmepflichten die sich durch das Kartellrecht ergebenden Gestaltungsgrenzen zu beachten. Hierauf wird gleichfalls im späteren Abschnitt 3.2.3 eingegangen.

Nicht nur Sachleistungen, sondern auch Dienstleistungen können Gegenstand von Nebenleistungspflichten mit Absatzfunktion sein. Ebenso wie im produzierenden Gewerbe so kann auch im Dienstleistungssektor der Absatz des "Produktes", also der Dienstleistung, gesellschaftsvertraglich festgelegt werden.

Beispielsweise können mehrere Handelsunternehmen eine Spedition gründen und sich als Gesellschafter dazu verpflichten, für ihre Gütertransporte nur diese Spedition in Anspruch zu nehmen. Des weiteren denke man an Banken, die eine GmbH gründen, die ein Rechenzentrum betreibt und den Banken sämtliche Dienstleistungen bezüglich der Datenverarbeitung zur Verfügung stellt, wobei die Banken ihrerseits als Gesellschafter verpflichtet sind, die entsprechenden Dienstleistungen von dieser GmbH abzunehmen. Als letztes Beispiel hierzu sei eine GmbH erwähnt, deren Gesellschafter kleinere Unternehmen sind und die den Zweck hat, die Buchhaltung der Gesellschafter zu bewerkstelligen; die Gesellschafter sind dann ihrerseits dazu verpflichtet, ihre Bücher durch die GmbH führen zu lassen.

Die Abnahmeverpflichtung der Gesellschafter muß sich jedoch nicht nur auf die Produkte der GmbH beziehen, sondern kann sich auch auf deren Anlagevermögen erstrecken. So können die Gesellschafter beispielsweise verpflichtet werden, nicht mehr benötigte Maschinen der GmbH zum Buch- oder Schrottwert abzukaufen. Als weiteres Beispiel sei eine GmbH genannt, die im Anfangsstadium ein Bürogebäude kauft, dessen Fläche sie aber nur zum Teil selbst nutzt. Die unternehmerisch tätigen Gesellschafter dieser GmbH verpflichten sich gemäß § 3 II GmbHG, z.B. die restlichen Flächen zu marktüblichen Preisen von der GmbH zu mieten.

2.2.4 Personal

Durch Nebenleistungspflichten kann des weiteren die Besetzung von Positionen im Unternehmen sichergestellt werden, denn den Gesellschaftern können beliebige Mitarbeitspflichten auferlegt werden.[99] Zu nennen ist hierbei die Pflicht, als Geschäftsführer für die GmbH tätig zu sein. Diese Pflicht muß nicht allen Gesellschaftern gleichmäßig auferlegt werden, vielmehr kann die Auferlegung der Geschäftsführungs- und Vertretungspflicht je nach den Fähigkeiten der Gesellschafter erfolgen,[100] so daß z.B. ein Gesellschafter für die kaufmännische Geschäftsführung und der andere für die technische Geschäftsführung zuständig ist. Es kann aber auch nur einem Gesellschafter die Geschäftsführungspflicht auferlegt werden, während die anderen Gesellschafter an der Geschäftsführung nicht teilnehmen.[101] Dies kann insbesondere bei einer Familiengesellschaft, an der mehrere Stämme beteiligt sind, der geeignete Weg sein, um sicherzustellen, daß die Geschäftsführung stets von einem bestimmten Stamm ausgeübt wird.[102] Bei der oHG sind grundsätzlich alle Gesellschafter zur Geschäftsführung und Vertretung berechtigt und verpflichtet. Dies kann jedoch im Gesellschaftsvertrag dahingehend abbedungen werden, daß bestimmte Gesellschafter davon ausgeschlossen werden. Um diese Selbstorganschaft auch bei der GmbH zu erreichen, können einzelne oder alle Gesellschafter zur Geschäftsführung verpflichtet werden.[103] Möglich ist auch, daß die Pflicht zur Geschäftsführung zeitlich begrenzt wird, beispielsweise so, daß diese Pflicht mit dem Erreichen einer bestimmten Altersgrenze erlischt, um danach Spielraum für eine sachgerechte Besetzung der Geschäftsführerposition zu haben.

Die Gesellschafter können aber auch verpflichtet werden, als Angestellter, Arbeiter oder Erfinder[104] für die GmbH tätig zu sein. Mit einem solchen Fall hatte sich das Königlich Preußische Oberverwal-

---

99 Vgl. Finke (1931), S. 25.

100 Vgl. Hachenburg-P. Ulmer (1990), § 3, Rdnr. 86.

101 Inwieweit sich eine solche Differenzierung mit dem Gleichbehandlungsgebot vereinbaren läßt, wird unten in Abschnitt 3.2.2 noch erörtert.

102 Vgl. Rohrer (1991), S. 40.

103 Vgl. Feine (1929), S. 125.

104 Vgl. Buchholz (1924), S. 296.

tungsgericht[105] zu befassen. Hierbei hatte sich ein Orchesterverein der Rechtsform der GmbH bedient. Die Orchestermusiker, die zugleich Gesellschafter dieser GmbH waren, mußten aufgrund der gesellschaftsvertraglichen Nebenleistungspflichten bei den Proben und Aufführungen des Orchesters mitwirken und die übernommenen Instrumente spielen.

2.2.5 Nebenleistungspflichten zur Steuerung der Zusammensetzung des Gesellschafterkreises

Beinahe jede GmbH ist auf einen bestimmten Kreis von Gesellschaftern zugeschnitten. In der Regel ist dies zudem ein kleiner Gesellschafterkreis; rechtstatsächliche Untersuchungen ergaben, daß die GmbH durchschnittlich etwa 2,0 bis 2,4 Gesellschafter hat.[106] Daraus resultiert nicht zuletzt ein bedeutsamer Teil des Wesens der GmbH. In vielen GmbHs, so zumindest aus der Sicht der Gründungsgesellschafter, soll dieser Kreis von Gesellschaftern auch beibehalten werden und vor unerwünschten "Eindringlingen" geschützt werden. Dies ist beispielsweise bei einer Familien-GmbH der Fall. Man will hier verhindern, daß familienfremde Personen Gesellschafter der Familien-GmbH werden, und trifft deshalb vorsorgliche Regelungen im Gesellschaftsvertrag. Von besonderer Bedeutung sind dabei die sogenannten Erwerbsvorrechte, die zu den Nebenleistungspflichten zählen.[107] Hierzu gehört die bedingte Übertragungspflicht des Geschäftsanteils, bei der der Gesellschafter verpflichtet ist, wenn bestimmte Ereignisse eintreten, seinen Geschäftsanteil z.B. an die GmbH, Mitgesellschafter oder an einen noch von der GmbH zu bestimmenden Dritten abzutreten, was zum

---

105 Vgl. Königlich Preußisches Oberverwaltungsgericht (7.11.1908), Entscheidungen des Königlich Preußischen Oberverwaltungsgerichts, Band 13, 322.

106 Vgl. Kornblum (1994 a), S. 44 f.; Kornblum (1994 b), S. 510 f.; Kornblum (1985), S. 46.

107 Vgl. G. Hueck (1973), S. 756 f. Erwerbsvorrechte beinhalten nicht nur ein Recht, wie der Begriff selbst vielleicht vermuten läßt, sondern zugleich auch die Pflicht, beispielsweise den Geschäftsanteil dem Erwerbsbevorrechtigten anzubieten, zu übertragen oder das eigene Verkaufsinteresse dem oder den Bevorrechtigten anzuzeigen.

Ausscheiden des betreffenden Gesellschafters aus der GmbH führt.[108]

Die Funktion der bedingten Übertragungspflicht des Geschäftsanteils ähnelt der der Vinkulierung des Geschäftsanteils gemäß § 15 V GmbHG. Die Gesellschaft bzw. die Gesellschafter wollen verhindern, daß unerwünschte Personen die Nachfolge des ausscheidenden Gesellschafters antreten, um so beispielsweise den Familiencharakter der GmbH zu erhalten und sie vor Überfremdung zu schützen. Es darf jedoch nicht verkannt werden, daß die Wirkung der beiden Instrumente verschieden ist. Die Vinkulierung wirkt nur auf das dingliche Abtretungsgeschäft, während die Übertragungsverpflichtung keine dingliche Wirkung hat, d.h. eine nicht der Übertragungsverpflichtung gemäß vorgenommene Abtretung des Geschäftsanteils ist trotzdem wirksam, allerdings können daraus Schadensersatzansprüche resultieren.[109] Eine bedingte Übertragungsverpflichtung ersetzt also nicht die Vinkulierungsklausel gemäß § 15 V GmbHG.

Ein wichtiger Anwendungsfall der bedingten Übertragungspflicht ist der Erbfall: Für den Fall des Todes eines der Gesellschafter ist es wichtig, die personelle Grundlage der Gesellschaft zu sichern, denn das Vermögen des verstorbenen Gesellschafters, zu dem auch sein Geschäftsanteil gehört, geht gemäß § 1922 I BGB auf die Erben über. Die Vererblichkeit des Geschäftsanteils ist gesellschaftsvertraglich nicht abdingbar.[110] Bei den Erben kann es sich um Personen handeln, die beispielsweise nicht der Familie angehören, nicht die notwendige Qualifikation haben oder nicht in der Lage sind, die Nebenleistungspflichten zu erfüllen. Um für diesen Fall die gewünschte Nachfolge zu sichern, kann gesellschaftsvertraglich die Pflicht vereinbart werden, daß im Todesfall die Erben, die ja dann zunächst Gesellschafter sind, den Geschäftsanteil den Mitgesellschaftern, der Gesellschaft oder einem von der Gesellschaft zu benennenden Dritten abzutreten haben.[111]

---

108 Vgl. G. Hueck (1973), S. 756.
109 Vgl. Gottschling (1953), S. 20.
110 Vgl. Hachenburg-Zutt (1990), § 15, Rdnr. 5 m.w.N.
111 Vgl. Gottschling (1953), S. 22; Wolany (1964), S. 83 f.

Eine weitere Bedingung für den Eintritt der Übertragungsverpflichtung des Geschäftsanteils kann die Kündigung des Gesellschafters sein.[112]

Das GmbH-Gesetz sieht zwar kein Kündigungsrecht des Gesellschafters vor, in Verbindung mit einer Einziehungsklausel oder mit der soeben erwähnten bedingten Übertragungspflicht kann jedoch im Statut der GmbH ein solches Kündigungsrecht verankert werden, d.h. der Gesellschafter ist dann bei Kündigung verpflichtet, seinen Geschäftsanteil entsprechend den Bestimmungen des Gesellschaftsvertrags abzutreten. Für den Fall, daß der Anteilseigner durch Veräußerung seines Geschäftsanteils aus der Gesellschaft ausscheiden will, kann im Gesellschaftsvertrag der Wille zur Anteilsveräußerung als Bedingung für den Eintritt der Übertragungsverpflichtung festgelegt werden.

Die Übertragungspflicht kann auch vom Vorliegen eines gesellschaftswidrigen Verhaltens des Anteilsinhabers, z.B. der Nichterfüllung fälliger Nebenleistungspflichten, abhängig gemacht werden.[113] Dies ermöglicht die Ausschließung des betreffenden Gesellschafters, ohne daß eine Einziehung des Geschäftsanteils notwendig ist, und erspart die damit verbundenen Folgen.[114] Will man den rechtzeitigen Generationswechsel im Gesellschaftsvertrag verankern, so kann den Gesellschaftern die Verpflichtung gegenüber der GmbH auferlegt werden, bei Erreichung einer bestimmten Altersgrenze den Geschäftsanteil an einen geeigneten Nachfolger zu übertragen.

Nicht nur die Pflicht zur Über**tragung** des Geschäftsanteils, sondern auch die Pflicht zur Über**nahme** des Geschäftsanteils des ausscheidenden Gesellschafters kann als Nebenleistungspflicht vereinbart werden.[115] Beide Pflichten, Übertragungspflicht und Übernahmepflicht, können miteinander kombiniert werden. So können die Gesellschafter beispielsweise für den Fall, daß ein Gesellschafter stirbt und seinen Geschäftsanteil einer familienfremden Person vermacht hat, im Gesellschaftsvertrag dem Erben die Pflicht auferlegen, seinen Geschäftsanteil den Mitgesellschaftern zu übertragen. Die Mit-

---

112 Vgl. Achterrath (1937), S. 9; BGH (30.6.1969), NJW 1969, S. 2049 f.

113 Vgl. Hachenburg-Zutt (1990), Anh. § 15, Rdnr. 29.

114 Vgl. hierzu Hachenburg-P. Ulmer (1991), § 34, Rdnrn. 57 ff.

115 Vgl. Hachenburg-Zutt (1990), Anh. § 15, Rdnr. 29.

gesellschafter können dann ihrerseits statutarisch dazu verpflichtet werden, diesen Anteil entsprechend ihrer Beteiligungsquote zu übernehmen.[116] Somit ist nicht nur sichergestellt, daß unerwünschte Personen nicht Gesellschafter der GmbH werden, sondern auch geregelt, wer diesen Geschäftsanteil zu übernehmen und die dazu erforderlichen Mittel aufzubringen hat.

Mittels der Kombination von Übertragungs- und Übernahmepflicht des Geschäftsanteils läßt sich ferner die Beteiligungsquote der einzelnen Gesellschafter steuern. Ein exotisches Beispiel hierzu nennt *H. Westermann*[117]: Bei einem Wasserwerk in der Rechtsform der GmbH war im Gesellschaftsvertrag vorgesehen, daß alle drei Jahre die durch die Gesellschafter abgenommene Wassermenge verglichen wird. Die Beteiligung der einzelnen Gesellschafter wurde dann der Inanspruchnahme des Wasserwerks durch die Pflicht zur Übertragung und zur Übernahme der Geschäftsanteile angepaßt. Ein weiteres Beispiel für die Kombination von Übertragungspflicht und Übernahmepflicht des Geschäftsanteils ist die Verpflichtung zur Wahrung der Beteiligungsidentität[118] bei der Komplementär-GmbH einer GmbH & Co. KG, d.h. die Gesellschafter der GmbH sind hier verpflichtet, ihre Beteiligungsquote bei der GmbH durch Übertragung oder Übernahme von Geschäftsanteilen ihrer Beteiligungsquote bei der GmbH & Co. KG anzugleichen, sofern die Beteiligungsquote unterschiedlich ist. Eine entsprechende Verpflichtung muß im Gesellschaftsvertrag der GmbH & Co. KG ebenfalls verankert werden, damit die Beteiligungsidentität in beide "Richtungen" sichergestellt ist.[119]

Die bedingte Übertragungspflicht kann nicht nur zur Begrenzung des Gesellschafterkreises verwendet werden, sondern sie kann auch dazu dienen, den Wechsel bzw. die Aufnahme neuer Gesellschafter zu erleichtern. Die GmbH ist aufgrund des konstanten Stammkapitals bzw. des relativ aufwendigen Verfahrens der Kapitalerhöhung für eine Unternehmensart mit schwankendem Mitgliederbestand ungeeignet. Die bedingten Übertragungspflichten des Geschäftsanteils ermöglichen jedoch die Schaffung von "mittelbare[n] Vor-

---

116 Vgl. Gottschling (1953), S. 20.

117 Vgl. H. Westermann (1960), S. 67.

118 Zur Bedeutung der Beteiligungsidentität von Komplementär-GmbH und GmbH & Co. KG vgl. Binz (1992), S. 50.

119 Vgl. G. Hueck (1973), S. 754.

ratsanteilen"[120], um so die Aufnahme neuer Gesellschafter unkompliziert zu bewerkstelligen. Alle oder einzelne Gesellschafter werden dabei gemäß § 3 II GmbHG verpflichtet, nach Aufforderung der GmbH bestimmte Teile ihres ursprünglichen Geschäftsanteils an die von der GmbH bestimmten Erwerber abzutreten.[121] Zwar kann bei Gründung der GmbH jeder Gründer gemäß § 5 II GmbHG nur eine Stammeinlage übernehmen, jedoch ist dadurch eine spätere Teilveräußerung eines Geschäftsanteils nicht ausgeschlossen.[122] Allerdings ist nach § 17 I GmbHG für eine Teilveräußerung des Geschäftsanteils die "Genehmigung der Gesellschaft" erforderlich.

Die gleiche Funktion wie die bedingten Übertragungspflichten haben die bedingten Anbietungspflichten, d.h. die Gesellschafter sind dann, wenn bestimmte Ereignisse eintreten, verpflichtet, ihren Geschäftsanteil z.B. der GmbH, einem von ihr zu bestimmenden Dritten oder den Mitgesellschaftern anzubieten. Ist als Bedingung für die Anbietungspflicht die Veräußerungsabsicht des Gesellschafters vereinbart, so handelt es sich um eine sogenannte Vorhand.[123]

Zu den Erwerbsvorrechten zählt auch das Vorkaufsrecht gemäß §§ 504 ff. BGB. Nach § 510 I BGB muß der Vorkaufsverpflichtete dem Vorkaufsberechtigten den Inhalt des Kaufvertrages mitteilen. Es setzt also bereits einen rechtswirksamen Kaufvertrag über den Geschäftsanteil voraus (§ 504 BGB), seine Wirkung, nämlich der Schutz vor Überfremdung, erstreckt sich daher nur auf den Fall, daß der Geschäftsanteil verkauft wird.

Von besonderer Bedeutung ist die Frage, ob Erwerbsvorrechte geeignet sind, die GmbH gegen das mit der Insolvenz eines Gesellschafters verbundene Überfremdungsrisiko zu sichern, denn in diesen Fällen ist nach der h.M. eine Vinkulierungsklausel i.S. von § 15 V GmbHG wirkungslos,[124] lediglich die Einziehungsklausel wird unstrittig als konkursfest angesehen.[125] Bei der Einziehung ist

---

120 Westermann (1960), S. 69; zu den unmittelbaren Vorratsanteilen vgl. S. 68.

121 Vgl. Westermann (1960), S. 68.

122 Vgl. Hachenburg-Ulmer (1990), § 5, Rdnr. 15.

123 Vgl. Larenz (1955), S. 210; Henrich (1965), S. 296 f.

124 Vgl. RG (27.11.1908), RGZ 70, 64, 66; RG (8.12.1933), RGZ 142, 373, 375 f.; BGH (7.4.1960), BGHZ 32, 151, 155; BGH (12.6.1975), BGHZ 65, 22, 24.

125 Vgl. P. Ulmer (1985), S. 29.

jedoch § 30 GmbHG zu beachten, d.h. das zur Erhaltung des Stammkapitals erforderliche Vermögen darf nicht vermindert werden. Unter Umständen wird dadurch die Einziehung unmöglich.

Bei Verkauf des Geschäftsanteils im Wege der Zwangsvollstreckung oder durch den Konkursverwalter wird das Vorkaufsrecht der GmbH oder der Mitgesellschafter mit dem Hinweis auf § 512 BGB vom Schrifttum überwiegend ausgeschlossen.[126] Im Gegensatz dazu steht *P. Ulmer* auf dem Standpunkt, daß die Sondervorschrift des § 1098 BGB über das dingliche Vorkaufsrecht an Grundstücken analog auf das im Gesellschaftsvertrag der GmbH verankerte Vorkaufsrecht anzuwenden sei, denn aufgrund der "quasidinglichen, jedem Anteilsberechtigten gegenüber eingreifenden Wirkung von Satzungsregelungen sprechen gute Gründe dafür, die Vergleichbarkeit eines dinglichen, im Grundbuch publizierten Vorkaufsrechts am Grundstück mit einem in der GmbH-Satzung verankerten und dadurch nach §§ 8 Abs. 1 Nr. 1, 10 GmbHG i.V.m. § 9 HGB der Handelsregisterpublizität unterliegenden Vorkaufs- oder Vorerwerbsrechts bezüglich des GmbH-Anteils zu bejahen. Der Umstand, daß der Gesetzgeber derartige Gestaltungen nicht besonders im Rahmen der §§ 1094 ff. BGB berücksichtigt hat, erklärt sich unschwer aus dem Sonderrechtscharakter des GmbHG und kann nicht als Ausdruck einer abschließend gewollten Regelung in § 1098 BGB verstanden werden. Einer Analogie zu § 1098 BGB stehen daher für Vorkaufs- und Vorerwerbsrechte in GmbH-Satzungen keine grundsätzlichen Bedenken entgegen."[127] Die Ausführungen von *P. Ulmer* verdienen m.E. Zustimmung, denn wie seinen Ausführungen zu entnehmen ist, gibt es keine Gründe, die gegen eine Analogie zu § 1098 BGB sprechen.

Die übrigen Erwerbsvorrechte müssen sowohl der Pfändungsgläubiger als auch der Konkursverwalter gegen sich gelten lassen.[128] Somit kann auch hier durch eine bedingte Übertragungs- oder Anbietungspflicht verhindert werden, daß unerwünschte Personen, bei-

---

126 Vgl. z.B. Feine (1929), S. 408; Scholz-Winter (1993), § 15, Rdnr. 180; Hachenburg-Zutt (1990), Anh. § 15, Rdnr. 89.

127 P. Ulmer (1985), S. 40.

128 Vgl. Hachenburg-Zutt (1990), Anh. § 15, Rdnrn. 89 u. 94; P. Ulmer (1985), S. 35 ff.; Wiedemann (1965), S. 439; a.A. Reichert (1984), S. 85 f.

spielsweise die Gläubigerbank, aufgrund der Insolvenz eines Gesellschafters in die GmbH eintreten.

Um das Risiko der Insolvenz eines Gesellschafters möglichst gering zu halten, können den Gesellschaftern vorsorglich insolvenzrisikomindernde Pflichten auferlegt werden. So kann es den Gesellschaftern beispielsweise untersagt werden, ihren Geschäftsanteil zu beleihen. Als weiteres Beispiel sei die Pflicht des Gesellschafters genannt, für bestimmte Risiken eine Versicherung abzuschließen, damit der Gesellschafter aufgrund des Eintritts des Risikofalles nicht zahlungsunfähig wird und somit eine Zwangsvollstreckung in den Geschäftsanteil oder die Eröffnung des Konkursverfahrens droht.

Bei den Erwerbsvorrechten, das Vorkaufsrecht ausgenommen, stellt sich die Frage, welches Entgelt für den Geschäftsanteil zu zahlen ist. Um Streitigkeiten auszuschließen, sind Regelungen über die Entgelthöhe bzw. das Verfahren zu dessen Ermittlung und die Zahlungsmodalitäten im Gesellschaftsvertrag festzuhalten. Enthält der Gesellschaftsvertrag über den Übernahmepreis keine Regelung, so ist regelmäßig der Verkehrswert des Geschäftsanteils zu zahlen.[129]

Nicht zu unterschätzen sind auch die Folgen einer Eheschließung und -scheidung eines Gesellschafters für die GmbH. Man denke beispielsweise an die Verfügungsbeschränkungen der §§ 1365 ff. BGB und an den im Falle einer Scheidung sofort fälligen Zugewinnausgleich, der bei fehlendem sonstigen Vermögen des ausgleichspflichtigen Gesellschafters zur Pfändung des Geschäftsanteils, Zwangseinziehung und Abfindungszahlungen der GmbH führen und somit den Bestand der GmbH gefährden kann.[130] Gegen diese Gefahren kann jedoch durch die Statuierung einer Güterstandsklausel Vorsorge getroffen werden. Die Gesellschafter werden durch sie (für den Fall ihrer Eheschließung) gesellschaftsvertraglich verpflichtet, mit ihrem Ehepartner einen bestimmten Ehevertrag abzuschließen, um die Folgen einer Eheschließung und -scheidung für die GmbH gering zu halten.

---

129 Vgl. Hachenburg-Zutt (1990), Anh. § 15, Rdnr. 29.
130 Vgl. Sudhoff (1992), S. 90 f.

2.2.6 Nebenleistungspflichten zum Schutz der GmbH vor geschäftsschädigendem Verhalten der Gesellschafter

Von Bedeutung ist hier vor allem das Wettbewerbsverbot, das auch Konkurrenzverbot genannt wird.[131] Während bei der oHG und der KG die persönlich haftenden Gesellschafter gemäß § 112 HGB bzw. i.V.m. §§ 161 II und 165 HGB gesetzlich einem Wettbewerbsverbot unterworfen sind, schweigt das GmbH-Gesetz darüber. Um der Gefahr zu begegnen, daß einzelne Gesellschafter ihre Gesellschafterstellung zum Vorteil eines Konkurrenzunternehmens und somit zum Nachteil der GmbH mißbrauchen, ist die gesellschaftsvertragliche Verankerung des Wettbewerbsverbots notwendig. Es sind jedoch auch Fälle denkbar, bei denen eine zur GmbH konkurrierende Tätigkeit einzelner Gesellschafter bewußt in Kauf genommen wird.

An dieser Stelle sei auch erwähnt, daß die h.M. den geschäftsführenden Gesellschafter der GmbH, unter bestimmten Voraussetzungen auch einen nichtgeschäftsführenden Gesellschafter, aufgrund der Treuepflicht einem Wettbewerbsverbot unterstellt, auch wenn der Gesellschaftsvertrag kein Wettbewerbsverbot enthält. Diese Problematik soll hier aber nicht näher erläutert werden.[132]

Der Geltungsbereich des Wettbewerbsverbots kann sehr unterschiedlich im Gesellschaftsvertrag festgelegt werden. Er läßt sich in einen persönlichen, sachlichen und zeitlichen Geltungsbereich aufteilen.[133] Das Wettbewerbsverbot kann alle Gesellschafter betreffen, es kann aber auch nur für geschäftsführende Gesellschafter statutarisch verankert werden. Des weiteren ist es auch möglich, einzelne Gesellschafter, beispielsweise den oder die Gründungsgesellschafter, vom Wettbewerbsverbot auszunehmen.[134]

In sachlicher Hinsicht bestehen ebenfalls die vielfältigsten Gestaltungsmöglichkeiten. Den Gesellschaftern können die unmittelbare oder mittelbare Leitung eines Konkurrenzunternehmens, die unmittelbare oder mittelbare Gesellschaftsbeteiligung an einem Konkurrenzunternehmen, die Tätigkeit als Handelsvertreter eines Kon-

---

131 Vgl. Ivens (1987), S. 22, Fn. 5.

132 Vgl. hierzu Ivens (1987), S. 124 ff. m.w.N.

133 Vgl. Ivens (1987), S. 57.

134 Zur Verträglichkeit mit dem Gleichbehandlungsgebot vgl. Abschnitt 3.2.2.

kurrenzunternehmens, die Kreditgewährung an ein Konkurrenzunternehmen, die Beratung eines Konkurrenzunternehmens, die Mitgliedschaft im Aufsichts- oder Beirat eines Konkurrenzunternehmens etc. untersagt werden.[135] Ferner kann sich das Wettbewerbsverbot auf einzelne Geschäftszweige der GmbH oder auf bestimmte Absatzgebiete, wie z.B. bestimmte Städte, Regionen oder Länder, beschränken. Umgekehrt ist es aber auch möglich, den Gesellschaftern ein allgemeines Wettbewerbsverbot aufzuerlegen. Eine allgemein gehaltene Wettbewerbsverbotsklausel könnte z.B. wie folgt lauten: "Die Gesellschafter sind verpflichtet, sich ... jeglichen Wettbewerbs gegenüber der Gesellschaft zu enthalten"[136] oder "Einem Gesellschafter ist es untersagt, mit der Gesellschaft unmittelbar oder mittelbar auf irgendeinem ihrer Tätigkeitsgebiete in Wettbewerb zu treten."[137] Ist die Wettbewerbsverbotsklausel allgemein gehalten, so unterliegen die Gesellschafter der GmbH im Zweifel dem Verbotsumfang, den § 112 HGB beinhaltet.[138] Konkret bedeutet dies, daß es den Gesellschaftern untersagt ist, mittelbar oder unmittelbar ein Konkurrenzunternehmen zu leiten oder sich als persönlich haftender Gesellschafter an einem Konkurrenzunternehmen zu beteiligen. Eine kapitalmäßige Beteiligung mit bestimmendem Einfluß auf die Geschäftsführung wird von dieser Norm ebenfalls erfaßt. Des weiteren ist es dem Gesellschafter untersagt, als Handelsvertreter für ein Konkurrenzunternehmen Geschäfte zu tätigen.[139]

In zeitlicher Hinsicht kann im Gesellschaftsvertrag bestimmt werden, daß das Wettbewerbsverbot nur für einen bestimmten Zeitabschnitt gilt, beispielsweise für die ersten 5 Jahre nach der Eintragung der GmbH. Ist über den zeitlichen Umfang des Wettbewerbsverbots nichts bestimmt, so endet es für den Gesellschafter mit dessen Ausscheiden.

Nicht nur durch Wettbewerbshandlungen kann der Gesellschafter der GmbH schaden, sondern auch durch Äußerungen über gesellschaftsinterne Angelegenheiten gegenüber gesellschaftsfremden

---

135 Vgl. Ivens (1987), S. 67 ff.

136 Vgl. Spörlein (1986), S. 432.

137 Vgl. Münchener Vertragshandbuch (1985), S. 365.

138 Vgl. Ivens (1987), S. 82.

139 Vgl. z.B. Schlegelberger-Martens (1992), § 112, Rdnrn. 9 ff.; Staub-P. Ulmer (1988), § 112, Rdnrn. 22 ff.; Ivens (1987), S. 82 f.

Personen. Aus diesem Grund kann es geboten sein, den Gesellschaftern die Pflicht aufzuerlegen, Stillschweigen über die Angelegenheiten der Gesellschaft gegenüber Dritten zu bewahren.[140] Wie beim Wettbewerbsverbot stellt sich auch bei der Schweigepflicht die Frage, inwieweit sie nicht schon aus der Treuepflicht des Gesellschafters resultiert. Dies soll hier aber nicht näher dargestellt werden. Um bezüglich des Wettbewerbsverbots und der Schweigepflicht Klarheit zu schaffen, ist die Aufnahme einer diesbezüglichen Klausel in den Gesellschaftsvertrag geboten. Dies gilt auch für den umgekehrten Fall, d.h. wenn Gesellschafter von diesen Pflichten entbunden werden sollen.

2.2.7 Sonstige Nebenleistungspflichten

Durch die Festsetzung einer Vertragsstrafe kann die GmbH gegen die Nichterfüllung von Nebenleistungspflichten abgesichert werden.[141] Die Vertragsstrafe stellt eine bedingte Geldleistungspflicht dar, denn sie verpflichtet den betreffenden Gesellschafter zu einer Geldleistung, wenn eine bestimmte Bedingung eingetreten ist. Beispielsweise kann gesellschaftsvertraglich festgelegt werden, daß die Gesellschafter eine Vertragsstrafe an die GmbH zahlen müssen, wenn sie die ihnen sonst auferlegten Nebenleistungspflichten nicht vertragsgemäß erfüllen.

Als letztes Beispiel für eine Nebenleistungspflicht sei die Duldung des nachbarlichen Lärmes oder Rauches genannt.[142]

2.2.8 Die Ausgestaltungsarten der Nebenleistungspflichten

Die Nebenleistungspflichten können den Gesellschaftern entgeltlich oder unentgeltlich auferlegt werden.[143] Schweigt der Gesellschaftsvertrag in diesem Punkt, so ist durch Auslegung zu ermitteln, ob die

---

140 Vgl. Sudhoff (1992), S. 348.

141 Vgl. Finke (1931), S. 26.

142 Vgl. Sudhoff (1992), S. 348.

143 Vgl. Hachenburg-P. Ulmer (1990), § 3, Rdnr. 83; Scholz-Emmerich (1993), § 3, Rdnr. 53

Nebenleistung entgeltlich oder unentgeltlich zu erbringen ist. Grundsätzlich besteht aber keine Vermutung für die Unentgeltlichkeit der Nebenleistungspflicht.[144] Verwendete Begriffe wie z.B. Kauf, Miete, Darlehen und Lizenz sprechen für die Entgeltlichkeit der Nebenleistungspflicht.[145]

Bei entgeltlichen Nebenleistungspflichten ist darauf zu achten, daß das Entgelt den Wert der Nebenleistung nicht übersteigt. Andernfalls ist der Differenzbetrag aus steuerrechtlicher Sicht eine verdeckte Gewinnausschüttung an den Gesellschafter, die zudem gegen das in den §§ 30, 31 GmbHG zum Ausdruck kommende Kapitalerhaltungsgebot verstoßen kann.[146]

Nicht zu verwechseln mit den entgeltlichen Nebenleistungs**pflichten** sind die zu den Nebenleistungspflichten "parallelen"[147], "komplementären"[148] oder "korrespondierende[n]"[149] Gesellschafter**rechte**. So kann dem Gesellschafter beispielsweise neben der Pflicht zur Ablieferung seiner gesamten Produktion ein gesellschaftsrechtlicher Anspruch auf Abnahme dieser Produktion gegen Entgelt eingeräumt werden.[150] Ein weiteres Beispiel hierzu ist die Verknüpfung der Verpflichtung zur Geschäftsführung mit dem Recht zur Geschäftsführung.[151] Soll dem Gesellschafter ein solches Recht eingeräumt werden, so muß sich dies unzweideutig aus dem Gesellschaftsvertrag ergeben.[152] Durch die Verknüpfung von Nebenleistungspflicht und Gesellschafterrecht entsteht eine rechtliche "Einheit". Dies bedeutet, daß die Unwirksamkeit des einen Teils im Zweifel die Unwirksamkeit des anderen Teils bewirkt.[153]

Durch die Gewährung eines Entgelts für die zu erbringenden Nebenleistungspflichten oder durch die Einräumung korrespondierender

---

144 Vgl. Hachenburg-P. Ulmer (1990), § 3, Rdnr. 83; Baumbach/Hueck (1988), § 3, Rdnr. 37.

145 Vgl. Hachenburg-P. Ulmer (1990), § 3 Rdnr. 83.

146 Vgl. Hachenburg-P. Ulmer (1990), § 3 Rdnr. 84; Rowedder-Rittner (1990), § 3, Rdnr. 35; Scholz-Emmerich (1993), § 3, Rdnr. 53.

147 Baumbach/Hueck (1988), § 3, Rdnr. 46.

148 Baumbach/Hueck (1988), § 3, Rdnr. 46.

149 Hachenburg-P. Ulmer (1990), § 3, Rdnr. 85.

150 Vgl. Flechtheim (1923), S. 75.

151 Vgl. Hachenburg-P. Ulmer (1990), § 3, Rdnr. 85.

152 Vgl. Buchholz (1924), S. 316.

153 Vgl. Hachenburg-P. Ulmer (1990), § 3, Rdnr. 85.

Gesellschafterrechte ist es möglich, die Nebenleistungspflichten so zu gestalten, daß sie sowohl für die Gesellschafter leicht tragbar als auch von größtmöglichem wirtschaftlichen Nutzen für die GmbH sind.[154]

Grundsätzlich entsteht der Anspruch der GmbH auf Erfüllung der Nebenleistungspflicht mit der Eintragung der GmbH ins Handelsregister.[155] Da die aufgrund von Nebenleistungspflichten erbrachten Leistungen im Gegensatz zur Stammeinlage nicht zum gesetzlichen Garantiefonds der GmbH gehören, kann die Nebenleistungspflicht mit beliebigen Bedingungen versehen werden.[156] Somit kann das Entstehen oder das Erlöschen einer Nebenleistungspflicht von bestimmten Ereignissen oder Fristen abhängig gemacht werden.

Typisches Beispiel hierfür sind die oben[157] beschriebenen Erwerbsvorrechte, insbesondere die bedingten Übertragungspflichten des Geschäftsanteils. Des weiteren kann beispielsweise die Pflicht zur Hingabe von Darlehen auf die ersten fünf Jahre nach der Gründung der GmbH beschränkt werden. Oder es kann vorgesehen werden, daß die Gesellschafter aufgrund ihrer Nebenleistungspflicht ab einem bestimmten Umsatz der GmbH flüssige Mittel bis zu einem bestimmten Maximalbetrag zur Finanzierung des Wachstums zuführen müssen.

Zu den bedingten Nebenleistungspflichten gehören auch die höchstpersönlichen Nebenleistungspflichten. Hierbei ist die Bedingung für das Bestehen der Nebenleistungspflicht, daß eine bestimmte Person Gesellschafter der GmbH ist. Dahingehend ist beispielsweise eine gesellschaftsvertragliche Bestimmung auszulegen, die besagt, daß dem Gesellschafter A die Pflicht zur Geschäftsführung i.S. von § 3 II GmbHG obliegt. Diese Pflicht erlischt, wenn der Gesellschafter A aus der GmbH ausscheidet. Sie geht nicht mit dem Geschäftsanteil auf seinen Rechtsnachfolger über.[158]

Besondere Flexibilität läßt sich erreichen, wenn die Nebenleistungspflicht gesellschaftsvertraglich an einen Beschluß der Gesellschafterversammlung oder des Beirats gekoppelt wird. Dadurch wird eine

---

154 Vgl. Buchholz (1924), S. 318.
155 Vgl. Hachenburg-P. Ulmer (1990), § 3, Rdnr. 69.
156 Vgl. Scholz-Emmerich (1993), § 3, Rdnr. 45.
157 Vgl. S. 24.
158 Vgl. Baumbach/Hueck (1988), § 3, Rdnr. 50.

flexible und bedarfsorientierte Anpassung der Nebenleistungspflichten an die konkreten Erfordernisse des Einzelfalls möglich.[159]

2.3 Die Bedeutung der Nebenleistungspflichten

2.3.1 Die Bedeutung der Nebenleistungspflichten für das Wesen der GmbH

"Die Gesellschaft m.b.H. ist nicht eine Unternehmungsform von wirtschaftlicher Eigenart, sondern ein Proteus wirtschaftlicher Verbände. Sie vermag alle Gesellschaftsformen zu ersetzen. Sie ist eine offene Handelsgesellschaft mit beschränkter Haftung, eine Kommanditgesellschaft ohne Komplementär, eine Aktiengesellschaft ohne Aktie, eine Gesellschaft mit einem Gesellschafter." "Neben Unternehmungen entfalten sich Genossenschaften, Vereine und Religionsgemeinschaften hinter diesen schützenden Wällen."[160] Diese Zitate sind Ausdruck des kritischen Urteils von *Fränkel*, zu dem er aufgrund seiner Untersuchung über die Erscheinungsformen der GmbH im Wirtschaftsleben kam. "Die Gesellschaftsformen mit unbeschränkter Haftung sind durch die neue Unternehmensform nicht nur ergänzt, wie es bei der Schöpfung des Gesetzes beabsichtigt war, sondern zurückgedrängt worden."[161] Hierbei spielten die Nebenleistungspflichten eine nicht unbedeutende Rolle.

Zu Recht sieht *Feine* in der Möglichkeit der Einführung von Nebenleistungspflichten die Geschmeidigkeit und Anpassungsfähigkeit der GmbH begründet. Daraus resultierten ihre vielseitige Verwendbarkeit und ihr Formenreichtum.[162] *H. Westermann* bezeichnet § 3 II GmbHG sogar als "Generalanpassungsnorm"[163].

Dadurch, daß das GmbHG bezüglich der Nebenleistungspflichten keine inhaltlichen Beschränkungen enthält, ist es möglich, den Gesellschaftern eine Vielzahl von individuellen Pflichten aufzuerlegen,

---

159 Vgl. Stein (1990), S. 366.
160 Fränkel (1915), S. 251 f.
161 Fränkel (1915), S. 252.
162 Vgl. Feine (1929), S. 121.
163 H. Westermann (1960), S. 66.

die dann den "Hauptcharakter"[164] der Gesellschaft ausmachen und wirtschaftlich gesehen die Hauptpflichten der Gesellschafter bilden. Damit wird der Gesellschaft eine personalistische Struktur verliehen.[165] Dies wurde auch seitens der höchstrichterlichen Rechtsprechung nicht beanstandet.[166]

Durch die Vereinbarung von Nebenleistungspflichten, insbesondere der Geschäftsführungspflicht, des Wettbewerbsverbots, der Pflicht zur Übertragung des Geschäftsanteils im Erbfall und der Pflicht zur Deckung eingetretener Verluste, kann die GmbH im Innenverhältnis annähernd der oHG bzw. KG gleichgestellt werden.[167] Werden zusätzlich Bestimmungen bezüglich der Beschlußfassung, Vinkulierung des Geschäftsanteils und Auflösung der GmbH denen der oHG bzw. KG angepaßt, so besteht im Innenverhältnis praktisch kein Unterschied zwischen der oHG bzw. KG und der GmbH. Zwar sollte das GmbHG durch bindende Vorschriften eine "feste Grenze" gegenüber dem Anwendungsgebiet der oHG sicherstellen,[168] *Feine* stellt jedoch zu Recht fest, daß diese Grenze überhaupt nicht besteht.[169]

Aufgrund der Möglichkeit zur Festlegung von Nebenleistungspflichten eignet sich die GmbH hervorragend für Kartellzwecke. Hauptsächlich Lieferungs- und Abnahmepflichten auf Ausschließlichkeitsbasis sowie Unterlassungspflichten, wie z.B. das Verbot des selbständigen Verkaufs der eigenen Produkte oder das Wettbewerbsverbot, kennzeichnen die Kartell-GmbH. Aufgrund des gegenwärtigen restriktiven Kartellrechts spielt die Kartell-GmbH heute jedoch nur eine untergeordnete Rolle.[170]

Mittels der GmbH lassen sich auch genossenschaftliche Zwecke verfolgen, d.h. die Förderung der einzelnen Mitglieder steht dann im Vordergrund. So kann die GmbH beispielsweise als Einkaufs- oder

---

164 Buchholz (1924), S. 263.

165 Vgl. Hachenburg-P. Ulmer (1990), § 3, Rdnr. 65; Scholz-Emmerich (1993), § 3, Rdnr. 42; Buchholz (1924), S. 262 ff.

166 Vgl. RG (7.6.1910), RGZ 73, 429, 433; BGH (12.6.1958), WM 1958, S. 1134.

167 Vgl. Feine (1929), S. 40.

168 Vgl. Reichsjustizamt (1891), S. 35.

169 Vgl. Feine (1929), S. 9.

170 Vgl. Finke (1931), S. 28 ff.; Flechtheim (1923), S. 73 ff.; Meyer-Landrut (1987), § 3, Rdnr. 31. Auf die Gestaltungsgrenzen durch das Kartellrecht wird unten im Abschnitt 3.2.3 noch gesondert eingegangen.

Verkaufsgesellschaft den Gesellschaftern dienen. Dies wurde ja bereits oben in den Abschnitten 2.2.2 und 2.2.3 dargestellt. Die Aufnahme neuer "Genossen" kann zudem durch mittelbare Vorratsanteile erleichtert werden. Durch die Kombination von Nebenleistungspflichten und korrespondierenden Rechten können die Betriebe der Gesellschafter mit der GmbH verzahnt werden.[171]

Die soeben beschriebenen wichtigsten Tatbestände von Nebenleistungspflichten bei der GmbH mögen als Beispiele genügen. Dabei darf jedoch nicht verkannt werden, daß durch die gesellschaftsvertragliche Umgestaltung der GmbH ihr rechtliches Wesen nicht verändert werden kann. Sie bleibt stets eine Kapitalgesellschaft mit eigener Rechtspersönlichkeit ohne persönliche Haftung ihrer Gesellschafter.

2.3.2 Rechtstatsachen

In diesem Abschnitt soll die Bedeutung der Nebenleistungspflichten in der Praxis anhand von Rechtstatsachen dargestellt werden. Leider sind einschlägige Untersuchungen sehr selten, deshalb wurden auch ältere Untersuchungen in die folgende Darstellung miteinbezogen.

Die 1966 veröffentlichte Untersuchung von *Limbach* hatte u.a. das Ziel, die tatsächlichen Erscheinungsformen der GmbH zu untersuchen.[172] Sie untersuchte alle in Berlin ansässigen, in den Jahren 1961 bis 1963 gegründeten Gesellschaften, soweit ihre Handelsregisterakten zugänglich waren. Es wurden dabei 486 Gesellschaftsverträge durchgesehen.[173] Da, wie oben[174] schon beschrieben wurde, die Nebenleistungspflichten prägend für das Erscheinungsbild der GmbH sein können, waren sie auch Gegenstand dieser Untersuchung.

In ihrem Abschnitt "Die Nebenpflichten der Gesellschafter"[175] nennt *Limbach* die Anzahl der Gesellschaftsverträge, die Nebenleistungspflichten enthalten, leider nicht. Ein Konkurrenzverbot enthiel-

---

171 Vgl. H. Westermann (1960), S. 71 ff.

172 Vgl. Limbach (1966), S. 9 ff.

173 Vgl. Limbach (1966), S. 31 u. 33.

174 Vgl. S. 36 ff.

175 Vgl. Limbach (1966), S. 78 f.

ten 46 (=9,5 %)[176] Gesellschaftsverträge, 7 (=1,4 %) Gesellschaftsverträge enthielten Nebenleistungspflichten anderer Art, wie z.B. die Gewährung von Darlehen oder das Bereitstellen von Mietraum. Zudem erwähnt sie, daß die Teilnahme der Gesellschafter an der Geschäftsführung die häufigste Art der Nebenverpflichtung bildete, ohne jedoch genauere Angaben über die Häufigkeit zu machen.

Auf die Erwerbsvorrechte geht sie in diesem Abschnitt nicht ein. Angaben über ihre Häufigkeiten finden sich teilweise jedoch an anderer Stelle. 10 (=2,1 %) Gesellschaftsverträge enthielten lediglich ein Vorkaufsrecht der Gesellschafter bzw. der Gesellschaft, bei 96 (=19,8 %) Gesellschaftsverträgen wurde das Vorkaufsrecht mit dem Vorbehalt der Genehmigung eines Gesellschaftsorgans verknüpft, und in 9 (=1,9 %) GmbHs waren die Gesellschafter bzw. die GmbH zur Übernahme des Geschäftsanteils verpflichtet, falls sie dessen Abtretung nicht genehmigen.[177] Bei der "Mehrzahl"[178] der 60 (=12,3 %) GmbHs, die die Vererblichkeit der Geschäftsanteile in irgendeiner Weise einschränkten, war der Gesellschaft oder den verbleibenden Gesellschaftern ein Erwerbsvorrecht eingeräumt worden.[179] In 138 (=28,4 %) Gesellschaftsverträgen fand sich ein Kündigungsrecht der Gesellschafter, das "zumeist"[180] mit der Nebenleistungspflicht verknüpft war, den Geschäftsanteil auf die übrigen Gesellschafter, die Gesellschaft oder auf eine von dieser zu bestimmende Person zu übertragen.[181] Weitere Angaben über die Häufigkeiten von Nebenleistungspflichten sind dieser Untersuchung nicht zu entnehmen.

Eine weitere einschlägige Untersuchung wurde von der *Centrale für GmbH* im Jahre 1967 durchgeführt.[182] Hierbei wurden die Gesellschaftsverträge nicht selbst durchgesehen, sondern den GmbHs wurden Fragebogen zugesandt. Von 2476 ausgewählten GmbHs sandten 987 GmbHs auswertbare Fragebögen zurück.[183]

---

176 Basisgröße 486 GmbHs.
177 Vgl. Limbach (1966), S. 72.
178 Limbach (1966), S. 73.
179 Vgl. Limbach (1966), S. 73 f.
180 Limbach (1966), S. 75.
181 Vgl. Limbach (1966), S. 75.
182 Vgl. Winter (1969a), S. 119 ff.; Winter (1969b), S. 145 ff.
183 Vgl. Winter (1969a), S. 119.

Bei 162 (=16,4 %)[184] der befragten GmbHs fanden sich Nebenleistungspflichten. Diese Zahl ist jedoch zu niedrig, denn Erwerbsvorrechte wurden hierbei nicht berücksichtigt. Häufigste Nebenleistungspflicht war demnach die Geschäftsführungspflicht der Gesellschafter, die sich in 96 (=9,7 %) Gesellschaftsverträgen fand. Danach folgte das Konkurrenzverbot, das bei 29 (=2,9 %) GmbHs gesellschaftsvertraglich verankert war. Bei 11 (=1,1 %) GmbHs bestanden sonstige Dienstleistungspflichten, bei 8 (=0,8 %) GmbHs Lieferungs- und Abnahmepflichten, bei 6 (=0,6 %) GmbHs Darlehenspflichten, bei 1 (=0,1 %) GmbH Mitteilungspflichten, und bei 9 (=0,9 %) GmbHs bestanden sonstige Nebenleistungspflichten.[185] Das Vorkaufsrecht zugunsten der Mitgesellschafter, das *Winter* fälschlicherweise **nicht** zu den Nebenleistungspflichten zählte, war bei 451 GmbHs (=46,7 %)[186] im Gesellschaftsvertrag festgelegt.[187] Weitere Erwerbsvorrechte, wie z.B. bedingte Übertragungspflichten, wurden nicht ausdrücklich genannt. Da es sich um eine Umfrage mittels Fragebogen handelte, ist es durchaus denkbar, daß diejenigen, die den Fragebogen beantworteten, die Erwerbsvorrechte zu den Vorkaufsrechten zählten.

Niemeiers Untersuchung, die sich mit der Einziehung von GmbH-Anteilen befaßte, basiert auf der Auswertung der Gesellschaftsverträge von 300 im Handelsregister Hamburg eingetragenen GmbHs. Davon stammten 200 Gesellschaftsverträge von GmbHs, die im 1. Halbjahr 1979 gegründet wurden, und 100 Gesellschaftsverträge von GmbHs aus dem Jahre 1964.[188] Er nennt nicht die Häufigkeiten der Nebenleistungspflichten insgesamt, sondern lediglich die der Erwerbsvorrechte.

Für den Fall der rechtsgeschäftlichen Verfügung der Gesellschafter über ihre Geschäftsanteile war in 81 (=27,0 %)[189] Gesellschaftsverträgen ein Erwerbsvorrecht verankert.[190] Für den Todesfall eines Gesellschafters war in 60 (=20 %) Gesellschaftsverträgen ein Erwerbsvorrecht festgelegt.[191] Für den Fall der Kündigung oder des

---

184 Basisgröße 987 GmbHs.
185 Vgl. Winter (1969b), S. 147.
186 Basisgröße 962 GmbHs.
187 Vgl. Winter (1969b), S. 148.
188 Vgl. Niemeier (1982), S. 32 u. 34.
189 Basisgröße 300 GmbHs.
190 Vgl. Niemeier (1982), S. 60.
191 Vgl. Niemeier (1982), S. 63.

Austritts eines Gesellschafters sahen 80 (=26,7 %) Gesellschaftsverträge ein Erwerbsvorrecht vor.[192] 39 (=13,0 %) Gesellschaftsverträge enthielten Erwerbsvorrechte für den Fall, daß ein Gesellschafter aus wichtigem Grund ausgeschlossen wird.[193] Bei Insolvenz des Gesellschafters, d.h. Gesellschafterkonkurs bzw. -vergleich oder Zwangsvollstreckung in den Geschäftsanteil, waren bei 85 (=28,3 %) GmbHs Erwerbsvorrechte vorgesehen.[194]

Eigene rechtstatsächliche Untersuchungen auf der Grundlage des Handelsregisters beim Amtsgericht Ravensburg im Rahmen meiner Diplomarbeit befaßten sich ebenfalls u.a. mit den Nebenleistungspflichten.[195] Von 1812 durchgesehenen Gesellschaftsverträgen enthielten 714 (=39,4 %) Bestimmungen über Nebenleistungspflichten der Gesellschafter. In 603 (=33,3 %) Gesellschaftsverträgen fanden sich Erwerbsvorrechte, sie waren somit die häufigste Art von Nebenleistungspflichten. Innerhalb der Erwerbsvorrechte dominierte die bedingte Übertragungspflicht, sie war in 474 (=26,2 %) Gesellschaftsverträgen anzutreffen. Das Vorkaufsrecht fand sich bei 194 (=10,7 %) GmbHs, die bedingte Anbietungsverpflichtung wurde bei 125 (=6,9 %) GmbHs in den Gesellschaftsvertrag mitaufgenommen. Die Pflicht zur Wahrung der Beteiligungsidentität zwischen der KG und ihrer Komplementär-GmbH kam in 128 (=7,1 %) Gesellschaftsverträgen vor.

Ein Wettbewerbsverbot fand sich in 276 (=15,2 %) und eine Schweigepflicht in 108 (=6,0 %) Gesellschaftsverträgen. Bei 92 (=5,1 %) GmbHs waren Gesellschafter (im Falle ihrer Eheschließung) verpflichtet, mit ihrem Ehepartner einen bestimmten Güterstand zu vereinbaren. Die Darlehenspflicht war bei 29 (=1,6 %) und die Pflicht zur Übernahme künftiger Stammeinlagen war bei 6 (=0,3 %) GmbHs gesellschaftsvertraglich verankert. Die im Schrifttum oft genannte Pflicht zur Geschäftsführung fand sich nur bei 4 (=0,2 %) GmbHs. Sonstige Arbeitspflichten, die Zahlung eines Agios und die Pflicht zur Einstellung ausgeschütteter Gewinne in freie Rücklagen waren jeweils in 3 (=0,2 %) Gesellschaftsverträgen anzutreffen. Sonstige Nebenleistungspflichten, darunter 1 Liefe-

---

192 Vgl. Niemeier (1982), S. 68.

193 Vgl. Niemeier (1982), S. 69.

194 Vgl. Niemeier (1982), S. 72.

195 Vgl. Janke (1992), S. 23 u. 71 ff.; vgl. hierzu auch Kornblum (1994 a), S. 57 f.

rungspflicht an eine Vertriebsgesellschaft, waren in 7 (=0,4 %) Gesellschaftsverträgen festgelegt.

Die rechtstatsächliche Untersuchungen von *Herb* im Rahmen ihrer Diplomarbeit auf der Grundlage des Handelsregisters beim Amtsgericht Göppingen befaßten sich u.a. auch mit den Nebenleistungspflichten.[196] Insgesamt wurden bei dieser Untersuchung 1836 Gesellschaftsverträge auf Nebenleistungspflichten hin untersucht. 1502 (=81,8 %) dieser Gesellschaftsverträge enthielten Nebenleistungspflichten der Gesellschafter. Jeder dieser 1502 Gesellschaftsverträge enthielt mindestens eine Art von Erwerbsvorrechten: Bei 1170 (=63,7 %) GmbHs mußten die Gesellschafter ihren Geschäftsanteil übertragen, wenn über ihr Vermögen das Konkurs- oder Vergleichsverfahren eröffnet wurde oder ein "wichtiger Grund" vorlag, der ihre Ausschließung rechtfertigen würde. Bei 955 (=52,0 %) GmbHs war den Gesellschaftern durch eine bedingte Übertragungsverpflichtung im Fall ihrer Kündigung ein Austrittsrecht eingeräumt worden. Gegen das Eindringen unerwünschter Erben in die GmbH bei Tod eines Gesellschafters sicherten sich 898 (=48,9 %) GmbHs durch eine bedingte Übertragungsverpflichtung ab. Das Vorkaufsrecht war bei 480 (=26,1 %) GmbHs statutarisch verankert. Bedingte Übertragungspflichten bei sonstigen Gründen fanden sich in 17 (=0,9 %) Gesellschaftsverträgen. Bei 121 (=6,6 %) GmbHs wurde den Gesellschaftern statutarisch eine bedingte Anbietungsverpflichtung der Geschäftsanteile auferlegt. Die Pflicht zur Wahrung der Beteiligungsidentität zwischen KG und Komplementär-GmbH fand sich in 156 (=8,5 %) Gesellschaftsverträgen.

Neben den Erwerbsvorrechten war in 305 (=16,6 %) Fällen ein Wettbewerbsverbot und in 74 (=4,0 %) Fällen eine Schweigepflicht der Gesellschafter gesellschaftsvertraglich festgelegt. Die Darlehenspflicht fand sich bei 62 (=3,4 %) GmbHs, die Verpflichtung zur Vereinbarung eines bestimmten Güterstandes (im Falle ihrer Eheschließung) bei 60 (=3,3 %) GmbHs, und das Verbot von spekulativen Börsengeschäften, Bürgschaften oder der Eingehung von Wechselverpflichtungen war in 21 (=1,1 %) Gesellschaftsverträgen anzutreffen.

---

196 Vgl. Herb (1993), S. 38 u. 90 ff.; vgl. hierzu auch Kornblum (1994 a), S. 57 f.

Weitere Nebenleistungspflichten waren sehr selten: In 5 (=0,3 %) Gesellschaftsverträgen gab es eine bedingte Zuzahlungspflicht, die im Schrifttum oft genannte Geschäftsführungspflicht war gerade 3 mal (=0,2 %) anzutreffen, die Pflicht zur Einstellung ausgeschütteter Gewinne in freie Rücklagen gab es bei 2 (=0,1 %) GmbHs, und ein Aufgeld (Agio) mußte nur bei einer GmbH gezahlt werden. Daneben gab es noch in 6 (=0,3 %) Gesellschaftsverträgen sonstige Nebenleistungspflichten, darunter war z.B. die Pflicht zur Einbringung von Grundstücken und Patenten.

Die fünf soeben genannten Untersuchungen lassen sich bis auf die beiden Diplomarbeiten nicht direkt vergleichen, da sie hinsichtlich Zielsetzung, Zeitpunkt, Methode, Stichprobengröße und -auswahl sehr unterschiedlich sind. Sie alle belegen jedoch die große wirtschaftliche Bedeutung der Nebenleistungspflichten in der Praxis, wobei insbesondere die Erwerbsvorrechte eine dominierende Rolle spielen, während Sach-, Geld- und Dienstleistungspflichten nur eine sehr geringe Rolle spielen. Letzteres legt die Vermutung nahe, daß die Gesellschafter Abreden bezüglich Sach-, Geld- und Dienstleistungspflichten häufig außerhalb des Gesellschaftsvertrags auf rein schuldrechtlicher Ebene treffen, um so die Publizität des Handelsregisters und des dort für jedermann einsehbaren Gesellschaftsvertrages zu vermeiden.[197]

2.4 Die Abgrenzung der Nebenleistungspflichten

In diesem Abschnitt sollen die Nebenleistungspflichten gegenüber ähnlichen Pflichten und Rechten abgegrenzt werden. Berücksichtigt werden dabei nur diejenigen, bei denen sich im Einzelfall Abgrenzungsschwierigkeiten ergeben können.

---

197 So allgemein für schuldrechtliche Abreden Hoffmann-Becking (1994), S. 445 f.

2.4.1 Die Abgrenzung zur Stammeinlage

Zwingender Inhalt des Gesellschaftsvertrages einer GmbH ist u.a. nach § 3 I Nr. 3 und 4 GmbHG die Festlegung der Beträge des Stammkapitals und der Stammeinlagen der Gesellschafter. Die Stammeinlage, von der jeder Gesellschafter bei Gründung der GmbH nur eine übernehmen kann (§ 5 II GmbHG), ist der Betrag, den der Gesellschafter auf das Stammkapital der GmbH zu leisten hat; sie gibt also den Betrag wieder, den der einzelne Gesellschafter mindestens in Gestalt von Vermögenswerten in die GmbH einzubringen hat. Die Stammeinlage bestimmt somit die Einlageverpflichtung des Gesellschafters und seinen Anteil am Stammkapital.[198] Der im Vergleich zur Stammeinlage weitere Begriff des Geschäftsanteils bezeichnet dagegen die Gesamtheit der Rechte und Pflichten des Gesellschafters.[199] Nach § 14 GmbHG ist die Stammeinlage Voraussetzung für den Erwerb eines Geschäftsanteils. Wer keine Stammeinlage leistet, kann auch nicht Gesellschafter werden.[200]

Im Gegensatz zur Stammeinlage handelt es sich bei den Nebenleistungspflichten um einen fakultativen Bestandteil des Gesellschaftsvertrages, d.h. sie gehören nicht zu dessen gesetzlichen Mindestinhalt, sondern es steht den Gesellschaftern völlig frei, ob sie Nebenleistungspflichten in den Gesellschaftsvertrag mitaufnehmen wollen oder nicht.[201] Die Nebenleistungspflichten sind nicht Bestandteil der Stammeinlagen und des Stammkapitals.[202] Dies ergibt sich aus dem Gesetzeswortlaut des § 3 II GmbHG, der die Nebenleistungspflichten den "Kapitaleinlagen", womit die Stammeinlagen gemeint sind,[203] gegenüberstellt. Dies hat zur Folge, daß für die Nebenleistungspflichten nicht die strengen Grundsätze gelten, die dem Bestandsschutz der GmbH und der Kapitalerhaltung dienen.[204] So können Nebenleistungen im Gesellschaftsvertrag auch bedingt oder befristet vereinbart werden,[205] während die Übernahme der

---

198 Vgl. Hachenburg-P. Ulmer (1990), § 3, Rdnr. 45, u. § 5, Rdnr. 12.
199 Vgl. Hachenburg-Raiser (1990), § 14, Rdnr. 1.
200 Vgl. Scholz-Emmerich (1993), § 3, Rdnr. 29.
201 Vgl. Hachenburg-P. Ulmer (1990), § 3, Rdnr. 51.
202 Vgl. Hachenburg-P. Ulmer (1990), § 3, Rdnr. 73.
203 Vgl. oben S. 14.
204 Vgl. Hachenburg-P. Ulmer (1990), § 3, Rdnr. 73.
205 Vgl. oben S. 35.

Stammeinlage unbedingt und unbefristet erfolgen muß.[206] Die Nebenleistungspflichten sind also das im Vergleich zur Stammeinlage flexiblere Instrument zur Beschaffung von Finanz- und Sachmitteln.

So kann beispielsweise die Verpflichtung der Gesellschafter zur Geldzahlung, sei es als Darlehen oder als Zuschuß, detailliert den Bedürfnissen der GmbH angepaßt werden. Auf diesem Weg kann bewegliches Gesellschaftskapital geschaffen werden,[207] das ohne die strengen Voraussetzungen des § 58 GmbHG für eine Herabsetzung des Stammkapitals an die Gesellschafter zurückbezahlt werden kann; dabei setzt § 30 I GmbHG jedoch die Grenze: Würde die Zurückzahlung von Zuschüssen, die die Gesellschafter aufgrund einer Nebenleistungspflicht an die GmbH gezahlt haben, zu einer Unterbilanz führen, so wäre sie nach § 30 I GmbHG unzulässig.[208]

Da die Nebenleistungspflicht die gleichen Sach- und Geldleistungen wie die Stammeinlage beinhalten kann, lassen sie sich in diesen Fällen aufgrund des Gegenstands der Leistungspflicht nicht abgrenzen.[209] So können Abgrenzungsprobleme bei einmaligen Geld- und Sachleistungspflichten bestehen. Für die Annahme einer Einlage spricht ihre Bemessung nach der Höhe des Stammkapitals und der Geschäftsanteile. Ist ein Entgelt für die Geld- oder Sachleistung im Gesellschaftsvertrag bestimmt, so spricht dies für eine Nebenleistungspflicht.[210]

In einem vom *RG* zu entscheidenden Fall[211] brachte ein Gesellschafter ein Handelsgeschäft als Sacheinlage ein und übernahm zugleich eine Garantie für den Eingang der Außenstände dieses Handelsgeschäfts. Das *RG* sah in dieser Garantie jedoch keine Nebenleistungspflicht i.S. von § 3 II GmbHG, sondern eine "Nebenverbindlichkeit der Einlagepflicht"[212]. Letztendlich maßgebend ist die Art der im Gesellschaftsvertrag getroffenen Vereinbarung, deren Auslegung sich nach den für körperschaftliche Satzungsbestandteile

---

206 Vgl. Scholz-Emmerich (1993), § 3, Rdnr. 34.
207 Vgl. Westermann (1960), S. 66.
208 Vgl. Karsten Schmidt (1991), S. 941.
209 Vgl. Hachenburg-P. Ulmer (1990), § 3, Rdnr. 68; Baumbach/Hueck (1988), § 3, Rdnr. 36.
210 Vgl. Hachenburg-P. Ulmer (1990), § 3, Rdnrn. 68 f.
211 Vgl. RG (23.4.1912), RGZ 79, 271.
212 RG (23.4.1912), RGZ 79, 271, 273.

geltenden Grundsätzen unter Beschränkung auf objektive Kriterien richtet.[213]

2.4.2 Die Abgrenzung zur Nachschußpflicht

Die Nachschußpflicht ist in den §§ 26-28 GmbHG näher geregelt. Ebenso wie die Nebenleistungspflichten stellt die Nachschußpflicht keinen zwingenden Bestandteil des Gesellschaftsvertrages dar, sondern es bleibt den Gesellschaftern überlassen, ob sie eine Nachschußpflicht im Gesellschaftsvertrag vereinbaren oder nicht.

Hinsichtlich des Leistungsgegenstandes handelt es sich bei der Nachschußpflicht im Gegensatz zur Nebenleistungspflicht immer um eine Geldzahlung.[214] Es ist aber mit Zustimmung der GmbH möglich, daß diese Sachleistungen an Erfüllungs Statt annimmt.[215] Ähnlich wie die Nebenleistungspflichten bietet die Nachschußpflicht die Möglichkeit, das Gesellschaftskapital an die Situation der GmbH anzupassen,[216] sie ist aber aufgrund gesetzlicher Vorschriften weniger flexibel als die Nebenleistungspflichten. So ist es nach § 26 I GmbHG zwingend notwendig, daß ein Gesellschafterbeschluß über die Einforderung der Nachschüsse gefaßt wird.[217] Dieser ist bei den Nebenleistungspflichten nicht zwingend, wohl aber kann er auch bei ihnen gesellschaftsvertraglich als Bedingung für die Entstehung einer Nebenleistungspflicht vereinbart werden.[218]

Ein weiterer Unterschied im Vergleich zu den Nebenleistungspflichten besteht in ihrer bilanziellen Behandlung. Nachschüsse müssen aufgrund des § 42 II GmbHG in der Bilanz als besonderer Passivposten ausgewiesen werden und dienen somit der Stärkung der Kapitalstruktur der GmbH. Für Nebenleistungspflichten gilt diese Passivierungspflicht nicht.[219]

---

213 Vgl. Hachenburg-P. Ulmer (1990), § 3, Rdnrn. 68 f.
214 Vgl. Scholz-Emmerich (1993), § 26, Rdnr. 23.
215 Vgl. Baumbach/Hueck (1988), § 26, Rdnr. 2.
216 Vgl. Westermann (1960), S. 65.
217 Vgl. RG (23.2.1909), RGZ 70, 326, 330.
218 Vgl. oben S. 35.
219 Vgl. Hachenburg-P. Ulmer (1990) § 3, Rdnr. 70.

Hinsichtlich der Rückzahlung von eingezahlten Nachschüssen gelten neben der allgemeinen Schranke des § 30 I GmbHG, die ja auch bei der Rückzahlung von Zuschüssen aufgrund von Nebenleistungspflichten greift, die erschwerenden Bestimmungen des § 30 II GmbHG. Danach dürfen Nachschüsse nur zurückgezahlt werden, wenn diese nicht zur Deckung eines Verlustes am Stammkapital erforderlich sind. Zusätzlich ist eine Dreimonatsfrist einzuhalten, die mit der öffentlichen Bekanntmachung des Rückzahlungsbeschlusses beginnt. Erst danach darf die Rückzahlung der Nachschüsse erfolgen. Bei den Nebenleistungspflichten dagegen können die Modalitäten einer Rückzahlung frei gestaltet werden.

2.4.3 Die Abgrenzung zu schuldrechtlichen Vereinbarungen

Von Interesse sind hier nur schuldrechtliche Vereinbarungen, die Bestandteil des Gesellschaftsvertrages sind, denn nur dann stellt sich die Frage, ob es sich dabei um schuldrechtliche Vereinbarungen oder um gesellschaftsrechtliche Nebenleistungspflichten handelt, da die letzteren zwingend der Aufnahme in den Gesellschaftsvertrag bedürfen.

Grundsätzlich kann der Gesellschaftsvertrag beliebige schuldrechtliche Vereinbarungen zwischen einzelnen oder allen Gesellschaftern untereinander oder mit der GmbH enthalten.[220] Er kann also schuldrechtliche Vereinbarungen enthalten, die ebenso als Nebenleistungspflichten hätten vereinbart werden können.[221] Diese schuldrechtlichen Vereinbarungen sind dann zwar formell Bestandteile des Gesellschaftsvertrages, ihrer rechtlichen Natur nach sind sie jedoch unechte Bestandteile des Gesellschaftsvertrages.[222] Ihre rechtliche Behandlung richtet sich im Gegensatz zu den Nebenleistungspflichten nach den Regeln des BGB.[223] Aus diesem Grunde kommt dieser Abgrenzung eine erhebliche Bedeutung zu.[224]

---

220 Vgl. Lutter/Hommelhoff (1995), § 3, Rdnr. 49; Baumbach/Hueck (1988), § 3, Rdnr. 55.

221 Vgl. Priester (1979), S. 683.

222 Vgl. Scholz-Emmerich (1993), § 3, Rdnr. 61.

223 Die unterschiedliche rechtliche Behandlung von Nebenleistungspflichten und schuldrechtlichen Vereinbarungen kommt insbesondere bei den Lei-

Der wichtigste Unterschied zwischen diesen beiden rechtlichen Konstruktionen ist der, daß die Nebenleistungspflichten an den Geschäftsanteil gebunden und somit Bestandteil der Mitgliedschaft sind. Das bedeutet, daß sie das Schicksal des Geschäftsanteils teilen, also grundsätzlich mit Übertragung des Geschäftsanteils auf den Erwerber übergehen. Dies gilt auch beim Tode eines Gesellschafters, d.h. die Nebenleistungspflichten gehen mit dem Geschäftsanteil auf die Erben über.[225] Wurde beispielsweise im Gesellschaftsvertrag als Nebenleistungspflicht eine Darlehenspflicht vereinbart, so geht diese Pflicht mit dem Tod des bisherigen Inhabers des Geschäftsanteils auf dessen Erben über. Eine Ausnahme hierzu bilden die höchstpersönlichen Nebenleistungspflichten[226], sie gehen nicht auf den Erwerber über. Schuldrechtliche Vereinbarungen dagegen binden nur die unmittelbar Beteiligten, grundsätzlich unabhängig von ihrer Gesellschafterstellung.[227] Sie gehen, außer im Falle der Gesamtrechtsnachfolge, nur durch Schuldübernahme oder Schuldbeitritt auf eine andere Person über.[228] Verpflichtete sich beispielsweise ein Gesellschafter auf rein schuldrechtlicher Basis zu Leistungen an die GmbH, so bleibt er grundsätzlich - sofern nichts anderes vereinbart wurde - auch nach seinem Ausscheiden aus der GmbH dieser verpflichtet.

Ein weiterer wichtiger Unterschied besteht hinsichtlich des Verfahrens zur Änderung dieser Vereinbarungen. Während bei einer Änderung der Nebenleistungspflichten die Form der Satzungsänderung nach § 53 GmbHG erforderlich ist und sie erst durch Eintragung in das Handelsregister rechtliche Wirkung erlangt (§ 54 III GmbHG), kann eine Änderung der schuldrechtlichen Vereinbarungen formfrei durch Vertrag zwischen den Beteiligten erfolgen.[229] Es stellt sich nun die Frage, ob eine außerhalb des Gesellschaftsvertrages geänderte schuldrechtliche Vereinbarung, die bisher unechter Bestandteil des Gesellschaftsvertrages war, eine entsprechende Neufassung des Gesellschaftsvertrages erfordert, denn der Text des Gesell-

---

stungsstörungen zum Tragen. Dies wird in Abschnitt 5. ausführlich dargestellt.

224 Vgl. Baumbach/Hueck (1988), § 3, Rdnrn. 55 f.

225 Vgl. Hachenburg-P. Ulmer (1990), § 3, Rdnr. 105; Scholz-Emmerich (1993), § 3, Rdnr. 54.

226 Vgl. oben S. 35.

227 Vgl. Baumbach/Hueck (1988), § 3, Rdnr. 55.

228 Vgl. Scholz-Emmerich (1993), § 3, Rdnr. 65.

229 Vgl. Scholz-Emmerich (1993), § 3, Rdnr. 64.

schaftsvertrages stimmt bezüglich der unechten Bestandteile nicht mehr. Diese Frage ist zu verneinen, denn es ist keine Rechtsgrundlage ersichtlich, wonach die Gesellschafter gezwungen werden könnten, einen entsprechenden Beschluß zur Änderung des Vertragstextes zu fassen. Echte und unechte Bestandteile des Gesellschaftsvertrages gehen nun unterschiedliche Wege.[230]

Wenn der Gesellschaftsvertrag einen konkreten Hinweis darüber enthält, ob die einzelne Vereinbarung rein schuldrechtlicher Natur ist oder ob es sich um eine Nebenleistungspflicht handelt, dann ist die Abgrenzung klar. Anders jedoch ist es, wenn ein ausdrücklicher Hinweis im Gesellschaftsvertrag fehlt. Dann ist durch Auslegung der Parteiwille zu ermitteln.[231] Für eine Nebenleistungspflicht spricht grundsätzlich die Tatsache, daß die Vereinbarung in den Gesellschaftsvertrag aufgenommen wurde.[232] Bei der Bestellung eines Gesellschafters zum Geschäftsführer im Gesellschaftsvertrag ist jedoch abweichend davon auszugehen, daß es sich regelmäßig um einen unechten Bestandteil des Gesellschaftsvertrages handelt.[233] Für die Annahme einer Nebenleistungspflicht müssen in diesem Fall vielmehr besondere Anhaltspunkte vorliegen, beispielsweise die Bestellung zum Geschäftsführer für die gesamte Dauer der GmbH oder bis zum Ausscheiden des Gesellschafters aus der GmbH.[234]

Für eine schuldrechtliche Vereinbarung spricht die Tatsache, daß die GmbH ein fortdauerndes Interesse daran hat, daß der betreffende Gesellschafter auch nach seinem Ausscheiden aus der GmbH persönlich verpflichtet ist, denn ein ausgeschiedener Gesellschafter kann nicht zu Nebenleistungen gem. § 3 II GmbHG verpflichtet sein.[235] Dies wäre z.B. der Fall, wenn im Gesellschaftsvertrag vereinbart ist, daß der Gesellschafter nach seinem Ausscheiden noch ein Jahr einem Wettbewerbsverbot unterliegt, denn ein Wettbewerbsverbot für die Zeit nach dem Ausscheiden eines Gesellschaf-

---

230 Vgl. Priester (1979), S. 685; P. Ulmer (1984), S. 915.

231 Vgl. BGH (25.10.1962), BGHZ 38, 155, 161; BGH (29.9.1969), BB 1969, S. 1410 f.

232 Vgl. Priester (1979), S. 684; Lutter/Hommelhoff (1995), § 3, Rdnr. 49; a.A. Baumbach/Hueck (1988), § 3, Rdnr. 56.

233 Vgl. RG (21.10.1899), RGZ 44, 95, 97 f.; BGH (29.9.1955), BGHZ 18, 205, 207 f.

234 Vgl. Fischer (1953), S. 133, Fn. 23; RG (4.2.1943), RGZ 170, 358, 367.

235 Vgl. RG (22.6.1940), HRR 1940, 1204; a.A. RG (3.5.1918), GmbHR 1918, Sp. 255.

ters kann nicht als Nebenleistungspflicht vereinbart werden. Ein solche nachvertragliche Pflicht kann rechtswirksam nur auf schuldrechtlichem Wege vereinbart werden.[236]

Schon nach dem Wortlaut des § 3 II GmbHG können nur solche Verpflichtungen Nebenleistungspflichten sein, die den Gesellschaftern "gegenüber der Gesellschaft" auferlegt werden. Dementsprechend sind Pflichten, die einem Mitgesellschafter gegenüber begründet werden sollen, wie z.B. die Garantie einer Mindestverzinsung der Einlage eines Gesellschafters durch einen Mitgesellschafter, schuldrechtlicher Natur.[237] Ebenso verhält es sich bei den Erwerbsvorrechten. Ist die GmbH Berechtigte des Erwerbsvorrechtes, so spricht dies für eine Nebenleistungspflicht. Ist jeder Gesellschafter Berechtigter und Verpflichteter zugleich, so spricht dies ebenso für eine Nebenleistungspflicht, denn die "Berechtigten entsprechen im Verkaufsfall jeweils der Gesellschafterversammlung minus einem Gesellschafter."[238] Faktisch entspricht dies einer Verpflichtung "gegenüber der Gesellschaft" gemäß § 3 II GmbHG. Zudem dienen Erwerbsvorrechte, die allen oder der Mehrheit der Gesellschafter eingeräumt sind, vorwiegend dem Interesse der GmbH selbst; sie schützen sie vor dem Eindringen unliebsamer Gesellschafter. Erwerbsvorrechte sind dagegen schuldrechtlicher Natur, solange Interessen der einzelnen Gesellschafter im Vordergrund stehen, selbst wenn mittelbar die Interessen der GmbH gefördert werden.[239] Im Einzelfall kann es dennoch zu Abgrenzungsproblemen kommen, da auch hier die Grenzen fließend sind.

2.4.4 Die Abgrenzung zu Sonderrechten

Der wichtigste Unterschied ergibt sich schon aus dem Begriffen selbst: Bei den Nebenleistungs**pflichten** geht es um bestimmte Pflichten der Gesellschafter, während es bei den Sonder**rechten** um

236 Vgl. Rohrer (1991), S. 39; Amend (1936), S. 23; RG (22.6.1940), HRR 1940, 1204; a.A. Hachenburg-P. Ulmer (1990), § 3, Rdnr. 107; Finke (1931), S. 27; RG (3.5.1918), GmbHR 1918, Sp. 255.

237 Vgl. Hachenburg-P. Ulmer (1990), § 3, Rdnr. 55; Scholz-Emmerich (1993), § 3, Rdnr. 68; Priester (1979), S. 682; a.A. OLG (12.4.1902), OLGE 5, 281, 282 f.

238 Jung-Senssfelder (1970), S. 78.

239 Vgl. Jung-Senssfelder (1970), S. 77 ff. für den Fall des Vorkaufsrechts.

bestimmte Rechte der Gesellschafter geht. Insofern handelt es sich grundsätzlich um gegensätzliche Begriffe.

Die h.M. stellt bei der Definition des Begriffs "Sonderrecht" auf den Rechtsinhaber ab, d.h. einzelne, nicht alle Gesellschafter sind Träger des Rechts.[240] Dementsprechend ergibt sich folgende Definition: "Sonderrechte sind ... von der Satzung dem Einzelmitglied oder einer Gruppe von Mitgliedern verliehene Sonderpositionen, die gegen den Zugriff des körperschaftlichen Willens gesichert sein sollen."[241] Es handelt sich also bei Sonderrechten um Rechte, die bestimmte Gesellschafter oder Gesellschaftergruppen bevorzugen. Steht kraft Satzung **jedem** Gesellschafter beispielsweise ein Recht auf Geschäftsführung zu, das ihm nicht gegen seinen Willen entzogen werden darf, so ist dieses Recht gemäß der h.M. kein Sonderrecht. *Feine* bezeichnet solche Rechte als "statutarische Einzelrechte"[242], die zu der übergeordneten Gruppe der "unantastbare[n] Einzelrechte"[243] gehören. Steht das Recht auf Geschäftsführung dagegen nicht allen Gesellschaftern zu, so handelt es sich nach obiger Definition um ein Sonderrecht. Ein allen Gesellschaftern durch die Satzung zugestandenes statutarisches Einzelrecht, z.B. auf Geschäftsführung, unterliegt aber der gleichen rechtlichen Behandlung wie die Sonderrechte.[244]

Der Begriff der Nebenleistungspflichten stellt im Gegensatz zu dem der Sonderrechte nicht auf den Rechtsinhaber ab. Begrifflich handelt es sich um Nebenleistungspflichten, unabhängig davon, ob allen oder nur einzelnen Gesellschaftern oder Gesellschaftergruppen Verpflichtungen neben der Stammeinlagepflicht auferlegt sind. Aus diesen Gründen setzte sich der Begriff der "Sonderleistungspflichten" nicht durch.[245]

Sind die Sonderrechte nicht höchstpersönlicher Natur, sondern unabhängig von der jeweiligen Person des Gesellschafters an den Geschäftsanteil gebunden und übertragbar, so spricht man auch von

240 Vgl. Wolany (1964), S. 177.
241 Münchener Kommentar-Reuter (1993), § 35, Rdnr. 2; vgl. auch oben S. 11, Fn. 51.
242 Vgl. Feine (1929), S. 287.
243 Vgl. Feine (1929), S. 284.
244 Vgl. Flume (1983), S. 273.
245 Vgl. auch oben S. 11 f.

einem Vorzugsrecht, der entsprechende Geschäftsanteil wird als Vorzugsgeschäftsanteil bezeichnet.[246]

Wie die Nebenleistungspflichten so gehören auch die Sonderrechte zum fakultativen Bestandteil des Gesellschaftsvertrages.[247] Abgrenzungsprobleme dürfte es im allgemeinen nicht geben, da das erstere dem Gesellschafter Pflichten auferlegt, das andere ihm Rechte gewährt. Es gibt jedoch Fälle, bei denen beides zusammenfällt und voneinander abhängig ist. Dann liegt ein sogenanntes "Pflichtrecht"[248] vor. Dabei sind Nebenleistungspflichten und korrespondierende Rechte miteinander verbunden, so daß sie eine Einheit bilden. Dies ist der Fall, wenn die Pflicht nicht ohne das korrespondierende Recht eingeräumt worden wäre und umgekehrt.[249] Bei ihrer rechtlichen Behandlung sind die Regeln der Nebenleistungspflichten **und** der (Sonder-)Rechte zu beachten. Ein Beispiel hierfür ist das Vorkaufsrecht. Es begründet für den einen Teil eine Mitteilungspflicht, während der andere Teil daraus zum Vorkaufe berechtigt ist. Ein Vorkaufsrecht beinhaltet also eine rechtliche Doppelnatur, es ist Nebenleistungspflicht und (Sonder-)Recht[250] zugleich.

2.5 Die Nebenleistungspflichten bei anderen Gesellschaftsformen

2.5.1 Die Nebenleistungspflichten bei der AG

Ebenso wie das GmbHG gestattet auch das AktG, daß den Gesellschaftern, d.h. dort den Aktionären, neben der Einlagepflicht statutarische Pflichten auferlegt werden. Allerdings grenzt § 55 I AktG im Gegensatz zum GmbHG den Gegenstand der Nebenleistungspflichten ein. Danach dürfen den Aktionären durch die Satzung nur "wiederkehrende, nicht in Geld bestehende Leistungen" auferlegt

---

246 Vgl. Hachenburg-P. Ulmer (1990), § 5, Rdnr. 161.
247 Vgl. Hachenburg-P. Ulmer (1990), § 3, Rdnrn. 51 f.
248 Baumbach/Hueck (1988), § 3, Rdnr. 46.
249 Vgl. Hachenburg-P. Ulmer (1990), § 3, Rdnr. 85; vgl. auch Abschnitt 2.2.8, S. 33 ff.
250 Nach obiger Definition ist es nur ein Sonderrecht, wenn nicht allen Gesellschaftern ein Vorkaufsrecht zusteht.

werden. Die Leistung, die der Aktionär zu erbringen hat, muß eine "wiederkehrende" Leistung sein; dies bedeutet, daß sowohl einmalige als auch Dauerleistungen ausgeschlossen sind.[251] So ist beispielsweise die Verpflichtung, in die AG ein bestimmtes Grundstück einzubringen, als Nebenleistungspflicht ebenso unzulässig wie ein allgemeines Wettbewerbsverbot.[252]

Wenngleich die Abgrenzung von einmaligen und wiederkehrenden Leistungen wenig Schwierigkeiten bereiten dürfte, ist die Abgrenzung von wiederkehrenden Leistungen und Dauerleistungen umso schwieriger, denn würde man eine Dauerleistung als unendlich oft wiederkehrende Leistung definieren, so wären selbst Dauerleistungen als Nebenleistungen zulässig. Zu Recht aber weist *Kulenkampff* darauf hin, daß unter Dauerleistungen Verpflichtungen zu verstehen sind, "deren Erfüllung in einer Kette unselbständiger, fortlaufender Einzelleistungen besteht, die zusammengefaßt erst der Verpflichtung ihren Charakter aufprägen. Damit ergibt sich als entscheidendes Merkmal für die Abgrenzung von Dauerleistungen zu häufig wiederkehrenden der Gesamtcharakter der Verpflichtung und das Verhältnis der Einzelleistungen zueinander. Reihen sich letztere als selbständige aneinander, so daß jede einzelne unabhängig von der anderen ist, ohne ein Über- oder Ineinandergreifen, so wird das Vorliegen einer Dauerleistung zu verneinen sein"[253].

Die zweite gesetzliche Einschränkung hinsichtlich des Gegenstandes der Nebenleistungspflicht besteht darin, daß sie "nicht in Geld" bestehen darf. Unzulässig sind somit alle mittelbaren und unmittelbaren Geldleistungspflichten, wie z.B. Bargeldzahlungen, Darlehen, Anweisungen, Schecks, Garantie- und Bürgschaftsverpflichtungen etc.[254] Eine Ausnahme hierzu stellen die Vertragsstrafen dar. Sie sind bedingte Geldleistungspflichten,[255] sind aber zur Sicherung der Nebenleistungspflichten gemäß § 55 II AktG ausdrücklich zugelas-

---

251 Vgl. Kölner Kommentar-Lutter (1988), § 55, Rdnr. 6; Geßler-Hefermehl/Bungeroth (1984), § 55, Rdnr. 14 f.; a.A. Kulenkampff (1927), S. 17 f.; Ebert (1904), S. 66 ff.; sie sind der Auffassung, daß wenn wiederkehrende Leistungen zulässig sind, erst recht einmalige Leistungen zulässig sein müssen, da in dem Mehr das Weniger enthalten sei.

252 Vgl. Kölner Kommentar-Lutter (1988), § 55, Rdnr. 6.

253 Kulenkampff (1927), S. 18.

254 Vgl. Kölner Kommentar-Lutter (1988), § 55, Rdnr. 7; Ebert (1904), S. 69 ff.

255 Vgl. oben S. 33.

sen. Des weiteren ist auch nach dem AktG ein Agio bei der Emission von Aktien zulässig (§ 9 II AktG). Während es jedoch bei der GmbH zu den Nebenleistungspflichten zählt,[256] behandelt es das AktG als Bestandteil der Einlagepflicht der Aktionäre (§ 54 I AktG).[257]

Bei der GmbH ist die Zulässigkeit der gesellschaftsvertraglichen Verankerung von Nebenleistungspflichten unabhängig von der Vinkulierung der Geschäftsanteile. Anders dagegen verhält es sich nach dem Aktienrecht. Dieses schreibt in § 55 I AktG zwingend vor, daß die Satzung den Aktionären nur Nebenleistungspflichten auferlegen darf, sofern die Übertragung der Aktien an die Zustimmung der Gesellschaft gebunden ist. Nebenleistungsaktien sind also stets vinkulierte Namensaktien.[258] Daneben sind die Verpflichtung und der Umfang der Leistungen in den Aktien und Zwischenscheinen anzugeben.

Im Gegensatz zur GmbH haben die Nebenleistungspflichten bei den Aktiengesellschaften keine große Bedeutung gewonnen. Nach *Lutter* existieren ungefähr noch 30 Zuckerrüben-Nebenleistungsaktiengesellschaften.[259]

2.5.2 Die Nebenleistungspflichten bei der eG

Während das GmbHG und das AktG die Nebenleistungspflichten jeweils ausdrücklich regeln, werden die Nebenleistungspflichten im GenG überhaupt nicht erwähnt. In Literatur und Rechtsprechung ist es jedoch unbestritten, daß Nebenleistungspflichten im Statut der eG grundsätzlich zulässig sind und gegen sie keinerlei rechtsgrundsätzliche Bedenken bestehen.[260] Nach § 18 S. 1 GenG richtet sich das Rechtsverhältnis zwischen der Genossenschaft und den Genossen zunächst nach dem Statut. Dieses darf aber nach § 18 S. 2 GenG von den Vorschriften des GenG "nur insoweit abweichen, als dies ausdrücklich für zulässig erklärt ist". Bei Gegenständen jedoch,

---

256 Vgl. oben S. 14.
257 Vgl. Kölner Kommentar-Lutter (1988), § 54, Rdnr. 12.
258 Vgl. Kölner Kommentar-Lutter (1988), § 55, Rdnr. 16.
259 Vgl. Kölner Kommentar-Lutter (1988), § 55, Rdnr. 3.
260 Vgl. Orel (1961), S. 23 m.w.N.

die das GenG überhaupt nicht erwähnt, besteht volle Satzungsfreiheit.[261]

Hinsichtlich der finanziellen Leistungspflichten enthält das GenG einen beschränkten Katalog zulässiger Pflichten. Abweichungen davon sind vom GenG nicht ausdrücklich gestattet. Deshalb können Geldleistungen grundsätzlich nicht Gegenstand von Nebenleistungspflichten sein.[262] Vertragsstrafen dagegen sind zulässig und gehören nicht zu den verbotenen Geldleistungspflichten, denn sie dienen nicht primär der Bildung von Genossenschaftsvermögen oder der Abdeckung von Verlusten, sondern der Sicherung gegen Pflichtverletzungen.[263]

2.5.3 Die "Nebenleistungspflichten" bei den Personenhandelsgesellschaften

Um Mißverständnissen vorzubeugen, sei darauf hingewiesen, daß der Begriff der Nebenleistungspflichten dem Recht der Personenhandelsgesellschaften fremd ist. Trotzdem soll hier nicht unerwähnt bleiben, daß die Pflichten, die bei der GmbH, AG und eG als Nebenleistungspflichten bezeichnet werden, den Gesellschaftern der Personenhandelsgesellschaften ebenfalls im Gesellschaftsvertrag auferlegt werden können. Derartige Pflichten der Gesellschafter werden im Recht der Personenhandelsgesellschaften als Beiträge bezeichnet.[264] Gemäß § 705 BGB i.V.m. den §§ 105 II u. 161 II HGB richten sich die Beitragspflichten der Gesellschafter der oHG und KG nach dem Gesellschaftsvertrag. Die Definition der "Beiträge" ist im Schrifttum aber nicht einheitlich. *A. Hueck* unterteilt diesen Begriff wie folgt: "Beiträge im weiteren Sinne sind alle Leistungen, zu denen sich die Gesellschafter durch den Gesellschaftsvertrag zur Förderung des Gesellschaftszweckes verpflichten. In einem engeren Sinne versteht man unter Beiträgen vermögenswerte Leistungen der Gesellschafter, die in das Gesell-

---

261 Vgl. Rieß (1922), S. 47 u. 49.

262 Vgl. BGH (9.6.1960), NJW 1960, S. 1859.

263 Vgl. Gramlich (1938), S. 166 u. 193.

264 Wobei jedoch nicht zwischen Haupt- und Nebenbeiträgen unterschieden wird.

schaftsvermögen übergehen sollen."[265] Den §§ 705-707 BGB liegt nach *P. Ulmer* der Beitragsbegriff im engeren Sinne zugrunde.[266] Nicht vermögenswerte Leistungen seien keine Beiträge im engeren Sinne, sondern stellten gesellschaftsvertraglich vereinbarte Förderungspflichten dar.[267]

Karsten Schmidt dagegen vertritt die Auffassung, daß "jedes zweckfördernde Tun oder Unterlassen"[268] Beitrag sein kann. Daß die Beitragsleistung Vermögenswert haben muß, sei somit nicht notwendig. Die Unterscheidung von Beiträgen im weiteren und im engeren Sinn sei deshalb überflüssig.[269]

Von Bedeutung ist die Definition des Beitrags vor allem für die Anwendung von § 707 BGB. Während nach der Definition von *Karsten Schmidt* § 707 BGB sowohl auf vermögenswerte als auch auf nicht vermögenswerte Beiträge anzuwenden ist, werden nach der Auffassung von *P. Ulmer* nur Beiträge im engeren Sinne, d.h. vermögenswerte Beiträge, von dieser Norm erfaßt.[270]

Unabhängig davon, welcher Begriffsdefinition man sich anschließt, ist es unbestritten, daß den Gesellschaftern der oHG und KG sämtliche Leistungen, die in Schuldverträgen zulässig sind, als Beiträge (im weiteren Sinne) im Gesellschaftsvertrag auferlegt werden können. Bei den Personenhandelsgesellschaften sowie bei der GmbH können also den Gesellschaftern beliebige Pflichten auferlegt werden. Bei der GmbH gilt dies jedoch mit der Einschränkung, daß diese Pflichten neben die unverzichtbare Pflicht zur Leistung der Stammeinlage treten müssen.[271]

---

265 A. Hueck (1971), S. 205.
266 Vgl. Münchener Kommentar-P. Ulmer (1986), § 706, Rdnr. 2a.
267 Vgl. Münchener Kommentar-P. Ulmer (1986), § 705, Rdnrn. 120 f.
268 Karsten Schmidt (1991), S. 464.
269 Vgl. Karsten Schmidt (1991), S. 1461, Fn. 45.
270 Vgl. Münchener Kommentar-P. Ulmer (1986), § 706, Rdnr. 2a; § 707, Rdnr. 1.
271 Vgl. Teichmann (1970), S. 166.

3. DIE FESTSETZUNG VON NEBENLEISTUNGS-PFLICHTEN BEI GRÜNDUNG DER GMBH

3.1 Der Formzwang

§ 3 II GmbHG schreibt vor, daß, wenn den Gesellschaftern außer der Leistung von Kapitaleinlagen noch andere Verpflichtungen gegenüber der Gesellschaft auferlegt werden, diese der Aufnahme in den Gesellschaftsvertrag "bedürfen". Nach § 2 I GmbHG bedarf der Gesellschaftsvertrag der notariellen Beurkundung. Folglich besteht für die Nebenleistungspflichten i.S. von § 3 II GmbHG ein Formzwang, d.h. sie können rechtswirksam nur im notariell beurkundeten Gesellschaftsvertrag begründet werden. Es stellt sich aber nun die Frage, ob es den Gesellschaftern gestattet ist, Verpflichtungen zwischen ihnen und der GmbH als rein schuldrechtlich wirkende persönliche Pflichten außerhalb des Gesellschaftsvertrags zu begründen.

3.1.1 Die Auffassung von *Ullrich*[272]

Ullrich vertritt die Auffassung, daß Verpflichtungen des GmbH-Gesellschafters, die konstitutiv für den unternehmerischen Zweck der GmbH sind, ebenso wie die Sonderrechte der Aufnahme in den Gesellschaftsvertrag der GmbH bedürfen, also einem Formzwang unterliegen, und nicht auf rein schuldrechtlicher Basis begründet werden können.

Bei der Abgrenzung zwischen schuldrechtlichen und gesellschaftsrechtlichen Verpflichtungen der Gesellschafter ist seiner Ansicht nach gemäß dem Wortlaut des § 3 II GmbHG vom Pflichtengegenstand auszugehen, d.h. wenn es sich um "Verpflichtungen gegenüber der Gesellschaft" handelt, bedürften sie der Aufnahme in den Gesellschaftsvertrag. Von den "Verpflichtungen gegenüber der Gesellschaft" unterlägen jedoch nicht alle dem Formzwang. Insofern ist *Ullrich* also nicht konsequent: Er unterstellt von diesen Verpflichtungen nur diejenigen dem Formzwang, "die für den Zweck des Ge-

---

272 Vgl. Ullrich (1985), S. 235-264.

sellschaftsunternehmens konstitutiv sind" und "nach Art einer Einlage die Stellung des Gesellschafters in der Gesellschaft bestimmen."[273] Er begründet diese Differenzierung mit der systematischen Stellung dieser Vorschrift und ihrem Zusammenhang mit dem Mindestinhalt der Satzung, wodurch belegt würde, daß § 3 II GmbHG lediglich die "essentialia societatis"[274] benennt. Beispiele hierzu seien Andienungs- und Abnahmezwänge bei GmbHs, deren Zweck der gemeinsame Verkauf bzw. Einkauf ist. Nehme man beispielsweise das Gesellschafterdarlehen, so sei zu unterscheiden: Handele es sich um ein Darlehen, das wirtschaftlich der Einlage gleicht, also einer dauernden Gesellschaftsbindung unterworfen werden soll, so unterliegt diese Darlehenspflicht nach der Ansicht *Ullrichs* dem Formzwang. Ansonsten sei für Gesellschafterdarlehen die schuldrechtliche Form zulässig.

3.1.2 Die Meinung des Schrifttums und der Rechtsprechung

Nach der Meinung des Schrifttums und der Rechtsprechung[275] bedeutet die in § 3 II GmbHG vorgeschriebene Aufnahme in den Gesellschaftsvertrag jedoch nicht, daß die einzelnen Gesellschafter neben der Stammeinlage zu weiteren Leistungen gegenüber der GmbH ausschließlich im Gesellschaftsvertrag verpflichtet werden können. "Wenn das GmbHG in § 3 die statutarische Bindung der Gesellschafter zuläßt, so ist damit nicht gesagt, daß es ausgeschlossen sein soll, die Bindung auf anderem Wege herbeizuführen."[276] Vielmehr könnten die einzelnen Gesellschafter wie jeder Dritte mit der GmbH auch schuldrechtliche Verträge abschließen,

---

273 Ullrich (1985), S. 254 f.

274 Ullrich (1985), S. 254.

275 Vgl. Hachenburg-P. Ulmer (1990), § 3, Rdnrn. 54 u. 121; Lutter/Hommelhoff (1995), § 3, Rdnr. 49; Baumbach/Hueck (1988), § 3, Rdnrn. 57 f.; Scholz-Emmerich (1993), § 3, Rdnrn. 71 f.; Rowedder-Rittner (1990), § 3, Rdnr. 56; Amend (1936), S. 9; Finke (1931), S. 31 f.; Dürr (1994), S. 12 ff.; RG (10.5.1912), RGZ 79, 332, 335 f.; RG (24.10.1913), RGZ 83, 216, 218 f.; RG (20.11.1925), RGZ 112, 273, 277 f.; RG (15.5.1936), RGZ 151, 321, 324 f.; RG (21.1.1930), JW 1930, 2677; RG (22.6.1940), HRR 1940, 1204; BGH (14.6.1965), WM 1965, S. 1077; BGH (29.9.1969), BB 1969, S. 1410 f.; BGH (8.2.1993), GmbHR 1993, S. 215.

276 RG (20.11.1925), RGZ 112, 273, 277.

worin sie sich zu Leistungen an die GmbH verpflichten. Darunter falle auch der Typus des Vertrages zugunsten Dritter i.S. von § 328 BGB, d.h. die Gesellschafter verpflichten sich untereinander, Leistungen zugunsten der GmbH zu erbringen. Diese schuldrechtlichen Verträge sind grundsätzlich formlos gültig, sofern nicht eine andere Norm, wie z.B. § 313 S. 1 BGB, eine besondere Form vorschreibt. Ihre rechtliche Behandlung richtet sich ausschließlich nach den schuldrechtlichen Bestimmungen. Wollen dagegen die Gesellschafter, daß die Verpflichtungen auf gesellschaftsrechtlicher Basis rechtswirksam werden, so besteht Formzwang, d.h. diese Pflichten müssen im notariell beurkundeten Gesellschaftsvertrag vereinbart werden.[277]

Ob die Gesellschafter Verpflichtungen gegenüber der GmbH auf rein schuldrechtlicher Basis vereinbaren oder ob sie diese Verpflichtungen als gesellschaftsrechtliche Pflichten, d.h. als mit der Mitgliedschaft fest verbundene Pflichten, statuieren, bleibt ihnen überlassen. Diese Wahlfreiheit gilt grundsätzlich unabhängig vom Umfang und Gegenstand der Nebenleistungspflichten, denn "mit dem Wesen der Gesellschaft m.b.H. ist es durchaus vereinbar, daß wichtige Abreden, auch wenn durch sie die Erreichung des erstrebten wirtschaftlichen Ziels erst ermöglicht wird, außerhalb der Satzung getroffen werden."[278] Auch wenn es näherliegend und natürlicher ist, eine Verpflichtung gesellschaftsrechtlich als Nebenleistungspflicht zu statuieren, ergibt sich daraus doch kein Formzwang für diese Verpflichtung, sie kann trotzdem auf rein schuldrechtlicher Basis rechtswirksam außerhalb des Gesellschaftsvertrages begründet werden.[279]

Somit können die Gesellschafter selbst entscheiden, ob sie beispielsweise die Pflicht zur Hingabe eines Darlehens an die GmbH schuldrechtlich und außerhalb des Gesellschaftsvertrages vereinbaren oder ob sie diese Pflicht zum Gegenstand einer Nebenleistungspflicht machen. Eine diesbezügliche schuldrechtliche Regelung unterliegt nicht der für den Gesellschaftsvertrag vorgeschriebenen Form und Publizität. Sie bindet nur die an der Vereinbarung unmittelbar Beteiligten, d.h. die Pflicht des Gesellschafters ist grundsätzlich unabhängig von dessen Mitgliedschaft in der GmbH

277 Vgl. Fn. 275.
278 RG (20.11.1925), RGZ 112, 273, 279.
279 Vgl. BGH (29.9.1969), BB 1969, S. 1411.

und geht ohne eine Schuldübernahme i.S. von §§ 414, 415 BGB nicht auf den Erwerber des Geschäftsanteils über.[280] Wird die Darlehenspflicht dagegen als Nebenleistungspflicht im Gesellschaftsvertrag verankert, so ist sie Bestandteil des Geschäftsanteils und geht somit, sofern es sich nicht um eine höchstpersönliche Nebenleistungspflicht handelt, auf den Rechtsnachfolger des bisherigen Inhabers des Geschäftsanteils über.[281]

Auch im jüngsten Urteil[282] zu dieser Thematik wird die bisherige Rechtsprechung bestätigt. Der *BGH* erwähnt darin ausdrücklich, daß keine Veranlassung bestehe, "von dieser gefestigten Rechtsprechung abzugehen, die unnötige Reglementierungen vermeidet und es der autonomen Gestaltung der Betroffenen überläßt, ob sie sich mit mitgliedschaftlicher oder nur mit schuldrechtlicher Wirkung binden wollen".[283]

An der h.M. kritisiert *Ullrich*, daß sie das Regelungsziel des § 3 II GmbHG nicht erkannt habe. Aus der "Wahlfreiheitsthese"[284] des *RG*, wonach nur die als statutarisch gewollten Nebenleistungspflichten unter § 3 II GmbHG fallen, folgt aber nach *Ullrich*, daß diese Norm neben § 2 I GmbHG dann überflüssig sei, denn für statutarische Regelungen, also auch für statutarische Pflichten der Gesellschafter gegenüber der GmbH, ergäbe sich ja ohnehin die Formpflicht schon aus § 2 I GmbHG.

Dem ist m.E. entgegenzuhalten, daß hier *Ullrich* das Regelungsziel des § 3 II GmbHG verkannt hat, denn in der Begründung zum Entwurf des GmbHG heißt es im Anschluß an die Erläuterung der Problematik der Zuckerrübenlieferungspflicht bei der AG, daß hierbei durch die neue Gesellschaftsform, gemeint ist die GmbH, "den Betheiligten Interessen freierer Spielraum gewährt werden"[285] soll als bei der AG. Des weiteren heißt es bei den Erläuterungen zu § 3 GmbHG, daß es sich empfiehlt, "die rechtliche Zulässigkeit von Bestimmungen der bezeichneten Art [Nebenleistungspflichten] im Gesetz ausdrücklich anzuerkennen, zumal der Entwurf, was die Ausdehnung der Mitgliederpflichten betrifft, sich im Gegensatze zu

---

280 Vgl. Hachenburg-P. Ulmer (1990), § 3, Rdnrn. 116 u. 119.
281 Vgl. oben S. 47 ff.
282 Vgl. BGH (8.2.1993), GmbHR 1993, S. 214 ff.
283 BGH (8.2.1993), GmbHR 1993, S. 215.
284 Ullrich (1985), S. 253, Fn. 77.
285 Reichsjustizamt (1891), S. 31.

den in der Rechtsprechung anerkannten Grundsätzen des Aktienrechts befindet."[286] Durch die neue Rechtsform sollte also bezüglich der Beziehung zwischen Gesellschaft und Gesellschafter ein **freierer** Spielraum geschaffen werden als bei der AG. Neben schuldrechtlichen Vereinbarungen sollte es bei der neuen Rechtsform **auch** zulässig sein, Verpflichtungen des Gesellschafters gegenüber der GmbH auf gesellschaftsrechtlicher Grundlage im Gesellschaftsvertrag festzusetzen. Man wollte aufgrund der Rechtsprechung des *RG* bei der AG deshalb unzweifelhaft klarstellen, daß diese Art der Verpflichtungen bei der GmbH zulässig sind, um von Anfang an eine diesbezügliche Rechtsunsicherheit zu vermeiden. Keinesfalls aber gewollt war m.E., daß Verpflichtungen des Gesellschafters gegenüber der GmbH ausschließlich im Gesellschaftsvertrag festgesetzt werden können, vielmehr sollte es den Beteiligten überlassen sein, sich schuldrechtlich oder gesellschaftsrechtlich zu binden. Zu Recht hat deshalb der *BGH* in seiner jüngsten Entscheidung die Auffassung von *Ullrich* ausdrücklich abgelehnt.[287]

Diese Wahlfreiheitsthese der Rechtsprechung steht m.E. allerdings im Widerspruch zu zwei anderen Entscheidungen des *BGH*[288]. Dort hat der BGH eine unmittelbare Geltung der schuldrechtlichen Gesellschaftervereinbarungen auf der Ebene der Kapitalgesellschaft angenommen und stellte den Grundsatz auf, daß ein Verstoß gegen eine von allen Gesellschaftern außerhalb der Satzung eingegangene schuldrechtliche Bindung die Anfechtung des betreffenden, im Widerspruch zur schuldrechtlichen Bindung stehenden Gesellschafterbeschlusses rechtfertige.[289] "In diesem Falle besteht kein Grund, die vertragswidrig überstimmten Gesellschafter auf den umständlichen Weg einer Klage gegen die Mitgesellschafter zu verweisen, um durch deren Verurteilung zu einer gegenteiligen Stimmabgabe den Beschluß aus der Welt zu schaffen."[290] Der *BGH* hob damit die Trennung beider Rechtssphären auf,[291] was zugleich auch die Aufhebung der Wahlfreiheit zwischen schuldrechtlichen und gesellschaftsrechtlichen Vereinbarungen bedeutet. Übertrieben formuliert

---

286 Reichsjustizamt (1891), S. 49.

287 Vgl. BGH (8.2.1993), GmbHR 1993, S. 215.

288 Vgl. BGH (20.1.1983), NJW 1983, S. 1910 f.; BGH (27.10.1986), NJW 1987, S. 1890 ff.

289 Vgl. BGH (20.1.1983), NJW 1983, S. 1910 f.; BGH (27.10.1986), NJW 1987, S. 1890 ff.

290 BGH (20.1.1983), NJW 1983, S. 1911.

291 Vgl. Hoffmann-Becking (1994), S. 446.

führt diese Ansicht letzten Endes dazu, daß es gleichgültig ist, ob die auf die Gesellschaft bezogenen Vereinbarungen der Gesellschafter im Gesellschaftsvertrag oder auf rein schuldrechtlicher Ebene abgeschlossen werden, denn auch letzteres würde dann nach dieser Ansicht den gesellschaftsrechtlichen Regeln unterliegen. Die in diesen beiden Entscheidungen zum Ausdruck kommende Ansicht des *BGH* ist deshalb strikt abzulehnen.[292] Es muß vielmehr dabei bleiben, daß beide Rechtssphären getrennt sind. Im jeweiligen Einzelfall muß es der Entscheidung der Beteiligten überlassen werden, ob sie nun ihre Vereinbarungen auf der schuldrechtlichen oder gesellschaftsrechtlichen Ebene treffen.

3.1.3 Die Abgrenzung zwischen formnichtigen Nebenleistungspflichten und rechtsgültigen schuldrechtlichen Verpflichtungen der Gesellschafter

Während es im Abschnitt 2.4.3[293] um die Abgrenzung von Nebenleistungspflichten und schuldrechtlichen Vereinbarungen ging, die formeller Bestandteil des Gesellschaftsvertrages sind, werden hier die schuldrechtlichen Vereinbarungen, die außerhalb des Gesellschaftsvertrages abgeschlossen werden, von formnichtigen Nebenleistungspflichten abgegrenzt. Diese Abgrenzung ist von größerer Bedeutung, denn es geht hier darum, ob die betreffende Verpflichtung überhaupt rechtswirksam ist; handelt es sich um eine Nebenleistungspflicht, die rechtswirksam nach § 3 II GmbHG nur im Gesellschaftsvertrag begründet werden kann, so ist eine solche Bestimmung, da sie ja nicht in den Gesellschaftsvertrag aufgenommen wurde, wegen Formmangels gemäß § 125 S. 1 BGB nichtig.

Was unter Abschnitt 2.4.3 zur dortigen Abgrenzungsproblematik gesagt wurde, kann größtenteils auf die hiesige Abgrenzungsproblematik übertragen werden: Die rechtliche Behandlung von schuldrechtlichen Vereinbarungen im Gesellschaftsvertrag ist dieselbe wie die der schuldrechtlichen Vereinbarungen außerhalb des Gesellschaftsvertrages. Um eine schuldrechtliche Vereinbarung handelt es sich, wenn die Pflicht nicht "gegenüber der Gesellschaft" begründet

292 Ebenso Hoffmann-Becking (1994), S. 450.
293 Vgl. oben S. 47 ff.

wird.[294] Ebenfalls ist eine schuldrechtliche Verpflichtung anzunehmen, wenn der Gesellschafter auch noch nach seinem Ausscheiden aus der GmbH entsprechend verpflichtet sein soll.[295] Klar ist die Abgrenzung auch, wenn auf den Willen der Vertragsparteien explizit hingewiesen wird, beispielsweise daß es sich um Verpflichtungen auf rein schuldrechtlicher Basis handelt.[296]

Problematischer ist die Abgrenzung jedoch, wenn die Vereinbarung auch durch Übernahme in den Gesellschaftsvertrag rechtswirksam als Nebenleistungspflicht hätte statuiert werden können. Dann kommt es auf die Auslegung der geschlossenen Verträge an.[297] Wollten die Vertragsparteien eine schuldrechtliche Vereinbarung und haben sie deshalb bewußt von einer Aufnahme in den Gesellschaftsvertrag abgesehen, so ist sie formlos gültig. Allein die Tatsache, daß die Vereinbarung außerhalb des Gesellschaftsvertrages getroffen wurde, berechtigt grundsätzlich jedoch nicht zu der Vermutung, daß es sich um eine schuldrechtliche Verpflichtung handelt,[298] es sei denn, daß die Vertragsparteien dabei juristisch beraten waren.[299] Ebenfalls für den rein schuldrechtlichen Charakter einer Vereinbarung eines Gesellschafters mit den anderen Gesellschaftern außerhalb des Gesellschaftsvertrages spricht es, wenn sie "auf seine Person und nicht auf seine Mitgliedschaft zugeschnitten"[300] ist.

Die Gesellschafter können von der im vorhergehenden Abschnitt beschriebenen Wahlfreiheit nach ihrem Ermessen Gebrauch machen. "So ist es den Gesellschaftern .. unbenommen, Verpflichtungen gesellschaftlicher Natur als rein schuldrechtlich wirkende persönliche Verbindlichkeiten zu begründen, wenn ihr Wille dahin gerichtet war."[301] An den darin zum Ausdruck kommenden Parteiwillen ist auch die Rechtsprechung gebunden.[302]

---

294 Vgl. oben S. 50 f.
295 Vgl. oben S. 49.
296 Vgl. RG (15.4.1913), JW 1913, S. 744.
297 Vgl. BGH (8.2.1993), GmbHR 1993, S. 215.
298 Vgl. Hachenburg-P. Ulmer (1990), § 3, Rdnr. 54.
299 Vgl. BGH (8.2.1993), GmbHR 1993, S. 216.
300 BGH (29.9.1969), BB 1969, S. 1411.
301 RG (24.10.1913), RGZ 83, 216, 220.
302 Vgl. Hachenburg-P. Ulmer (1990), § 3, Rdnr. 54; BGH (29.9.1969), BB 1969, S. 1411.

Besonders deutlich kommt dies in einem Urteil des *RG*[303] aus dem Jahre 1925 zum Ausdruck: In dem zu entscheidenden Fall vereinbarten die Gesellschafter einer sich noch im Gründungsstadium befindenden GmbH unter Bezugnahme auf den notariellen Gesellschaftsvertrag in privatschriftlicher Form, schon jetzt "ihre gegenseitigen Verpflichtungen untereinander sowohl wie gegenüber der neugegründeten Gesellschaft mit beschränkter Haftung zu regeln."[304] Darin verpflichteten sich die Gesellschafter, der GmbH verzinsliche Darlehen zu gewähren. In diesem privatschriftlichen Vertrag heißt es dazu weiter: "Die Darlehen sind so lange unkündbar, als der Gläubiger Gesellschafter der M.Kr. GmbH. ist. Bei der Veräußerung des Geschäftsanteils eines Gesellschafters an einen anderen Gesellschafter oder an einen Dritten muß der Erwerber die Darlehensforderung des veräußernden Gesellschafters übernehmen und das Kapital auf die Dauer seiner Mitgliedschaft in der M.Kr. GmbH. unter gleichen Bedingungen wie der Veräußerer stehen lassen. Die Vertragsschließer versprechen sich gegenseitig, in ihrer Eigenschaft als Gesellschafter der M.Kr. GmbH., einer Veräußerung nur zuzustimmen, wenn diesen Erfordernissen genügt wird." Des weiteren heißt es: "Die sämtlichen in diesem Vertrag festgelegten Verpflichtungen geben jedem der Vertragspflichtigen gegen die anderen das Recht, die Erfüllung zu verlangen. Außerdem ist die M.Kr. GmbH. befugt, den Anspruch auf Erfüllung dieses Vertrags zu eigenem Recht zu erheben und durchzusetzen, sobald die Eintragung der Firma im Handelsregister erfolgt ist und die M.Kr. GmbH. damit Rechtsfähigkeit erlangt haben wird."[305]

Während das Berufungsgericht die im privatschriftlichen Vertrag enthaltenen Bestimmungen über die an die GmbH zu gewährenden Darlehen als formnichtige gesellschaftsrechtliche Nebenleistungspflichten ansah, da sie an den Besitz des Geschäftsanteils geknüpft seien, war das *RG* der Ansicht, daß diese privatschriftliche Vereinbarung keiner Form bedurfte: "Auch außerhalb des Gesellschaftsvertrags konnten die Parteien in der Weise zum Ziel gelangen, daß sie, wie dies auch in sonstigen Vertragsverhältnissen geschieht, Verpflichtungen eingingen, die den Eintritt des Rechtsnachfolgers sicherten. ... Der Grund, aus dem die Beteiligten davon absehen, das Verhältnis als statutarisches zu gestalten, ist dabei unerheblich

---

303 Vgl. RG (20.11.1925), RGZ 112, 273.
304 RG (20.11.1925), RGZ 112, 273.
305 RG (20.11.1925), RGZ 112, 273 f.

und zwar auch dann, wenn etwa die Absicht der Steuerersparnis maßgebend gewesen sein sollte."[306] Eine bewußte schuldrechtliche Kopplung der Verpflichtung an den Geschäftsanteil und die damit verbundene Vermeidung der gesellschaftsvertraglichen Form sind also zulässig.

Wollten die Gesellschafter eine gesellschaftsrechtliche Verpflichtung begründen, die Bestandteil der Mitgliedschaft sein und bei Übertragung des Geschäftsanteils auf den Erwerber übergehen sollte, und nahmen sie sie beispielsweise aus Unwissenheit nicht in den Gesellschaftsvertrag auf, so ist diese Verpflichtung wegen Formmangels nichtig. Freilich kommt dann eine Umdeutung der formnichtigen Nebenleistungspflichten in wirksame schuldrechtliche Verpflichtungen gemäß § 140 BGB in Betracht. Wie *Rohrer*[307] dazu treffend ausführt, hat die Umdeutung mit der Maßgabe zu erfolgen, daß die schuldrechtliche Verpflichtung unter der auflösenden Bedingung der Mitgliedschaft des Verpflichteten steht. Somit wird verhindert, daß aufgrund der Umdeutung weitergehende Verpflichtungen für den Gesellschafter begründet werden, denn schuldrechtliche Verpflichtungen bestehen ja im Gegensatz zu den Nebenleistungspflichten grundsätzlich auch nach einem Ausscheiden des Gesellschafters aus der GmbH fort.

Von alledem unberührt bleibt aber das Verbot der Umgehung der Sachgründungsvorschriften. Werden außerhalb des Gesellschaftsvertrages Verpflichtungen vereinbart, mit denen eine Sachgründung (§ 5 IV GmbHG) verschleiert werden soll, um die Gründungskontrolle durch den Registerrichter (§ 9 c GmbHG) zu vermeiden, so sind sie unzulässig.[308] Eine verschleierte Sachgründung liegt nicht vor, wenn die Sachwerte, zu deren Einbringung sich die Gesellschafter außerhalb des Gesellschaftsvertrages verpflichtet haben, nicht mit einem bestimmten Betrag bewertet und auf die Stammeinlage angerechnet werden sollen.[309]

---

306 RG (20.11.1925), RGZ 112, 273, 277.
307 Vgl. Rohrer (1991), S. 32 f.
308 Vgl. Hachenburg-P. Ulmer (1990), § 3, Rdnr. 122.
309 Vgl. BGH (29.9.1969), BB 1969, S. 1410.

3.2 Die Gestaltungsgrenzen

Da sich das GmbH-Gesetz bezüglich der Nebenleistungspflichten lediglich in § 3 II kurz äußert und dort nur vorschreibt, sie bedürfen "der Aufnahme in den Gesellschaftsvertrag", müssen sich die diesbezüglichen Gestaltungsgrenzen aus allgemeinen Rechtsgrundsätzen ergeben.

3.2.1 Die notwendige Bestimmtheit der Nebenleistungspflichten

Angesichts des soeben beschriebenen Formzwanges für Nebenleistungspflichten drängt sich nun die Frage auf, wie detailliert die Nebenleistungspflichten im Gesellschaftsvertrag festgelegt werden müssen und ob Einzelheiten auch außerhalb des Gesellschaftsvertrages näher geregelt werden können. Von besonderer Bedeutung ist diese Frage insbesondere für GmbHs, deren Zweck der gemeinsame Einkauf und Verkauf von Waren für ihre Mitglieder ist, der statutarisch in Form von Nebenleistungspflichten verankert werden soll. Bei diesen GmbHs müssen die Bestimmungen über Preise, Mindestabnahmemengen, etwaige Kontingentierungen etc. ständig der veränderten wirtschaftlichen Lage angepaßt werden. Die vollständige Festsetzung der Nebenleistungspflichten und deren Ausführung im Gesellschaftsvertrag würde bedeuten, daß selbst geringfügige Anpassungen nur im Wege einer kostspieligen und zeitaufwendigen Satzungsänderung durchführbar wären.[310]

Eine Mindestanforderung für die Nebenleistungspflichten ergibt sich aus dem schuldrechtlichen Grundsatz der Bestimmtheit,[311] wonach die Leistung aus objektiv gegebenen und nachprüfbaren Umständen bestimmbar sein muß. Danach ist es nicht erforderlich, daß die Leistung schon im Zeitpunkt des (Gesellschafts-)Vertragsschlusses vollständig bestimmt ist, sondern es reicht aus, daß sie lediglich entsprechend bestimmbar ist.[312]

---

310 Vgl. Finke (1931), S. 35 f.

311 Vgl. Hachenburg-P. Ulmer (1990), § 3, Rdnr. 87.

312 Vgl. Staudinger-Jürgen Schmidt (1983), Einl. zu §§ 241 ff., Rdnr. 420 m.w.N.

Eine Möglichkeit, den Bestimmtheitsanforderungen zu genügen, besteht darin, daß sämtliche Einzelheiten bezüglich der Nebenleistungspflichten in den Gesellschaftsvertrag aufgenommen werden: Leistungsinhalt (Gegenstand, Umfang) und Leistungsmodalitäten (z.B. Zeit, Ort),[313] die zur Nebenleistung verpflichteten Gesellschafter, Gegenleistung der GmbH bzw. die Unentgeltlichkeit der Nebenleistungspflicht.[314]

Den Bestimmtheitsanforderungen kann aber auch dadurch entsprochen werden, daß zur Bestimmung der Nebenleistungspflicht "auf andere objektiv feststellbare, schon vorhandene oder später eintretende Umstände Bezug genommen wird."[315] Ein Beispiel hierfür ist das "Schütt-aus-hol-zurück"-Verfahren[316]: Hierbei bemißt sich die Darlehens- oder Zuschußhöhe jeweils nach dem jährlichen Bilanzgewinn der GmbH. Des weiteren sei die Verlustausgleichspflicht[317] genannt: Die Höhe des Zuschusses bemißt sich hier nach dem jährlichen Bilanzverlust der GmbH. Aber auch die Bestimmung der Gesellschafter, die zur Nebenleistungspflicht herangezogen werden, kann durch Bezugnahme auf spätere Umstände erfolgen. So kann beispielsweise bei einem Gemeinschaftsunternehmen[318] im Gesellschaftsvertrag festgelegt werden, daß nur der Gesellschafter den Verlust auszugleichen hat, dessen Geschäftszweig ihn verursacht hat.

Die Gesellschafter können weiter bei Abschluß des Gesellschaftsvertrages die nähere Bestimmung der Nebenleistungspflicht ausdrücklich offenlassen und deren nachträgliche Bestimmung einer Vertragspartei, also dem betreffenden Gesellschafter, Organen der GmbH oder Dritten überlassen. Die §§ 315 ff. BGB sind auf die Nebenleistungspflichten grundsätzlich anwendbar.[319] Zwar handelt es sich bei diesen nicht um schuldrechtliche, sondern um gesellschaftsrechtliche Verpflichtungen, "aber sie entbehren darum doch

---

313 Vgl. Staudinger-Jürgen Schmidt (1983), Einl. zu §§ 241 ff., Rdnr. 420; Soergel-M. Wolf (1990), § 315, Rdnr. 13.

314 Vgl. Baumbach/Hueck (1988), § 3, Rdnr. 39.

315 RGRK-Ballhaus (1976), Vorb. zu den §§ 315-319, Rdnr. 2.

316 Vgl. hierzu oben S. 16.

317 Vgl. hierzu oben S. 15.

318 Vgl. hierzu oben S. 15.

319 Vgl. RG (29.10.1915), RGZ 87, 261, 265; Hachenburg-P. Ulmer (1990), § 3, Rdnr. 88; Scholz-Emmerich (1993), § 3, Rdnr. 44; Baumbach/Hueck (1988), § 3, Rdnr. 39; Lutter/Hommelhoff (1995), § 3, Rdnr. 45.

nicht eines schuldrechtlichen Charakters. Es sind auch auf sie die Vorschriften des Bürgerlichen Gesetzbuchs über den Inhalt des Vertrags und daher, jedenfalls grundsätzlich, auch die §§ 315 flg. BGB. anwendbar, nach denen die Bestimmung der Leistung auch einem der Vertragschließenden oder einem Dritten überlassen werden kann."[320] Auch *Schilling/Winter* weisen zutreffend darauf hin, daß sich die Regelungsbereiche der §§ 315 ff. BGB nicht auf schuldrechtliche Austauschverträge beschränken, sondern "allgemeine, auf das Gesellschaftsrecht übertragbare Rechtsgedanken"[321] enthalten. Eine entsprechende Anwendung der §§ 315 ff. BGB auch auf diese Fälle ist deshalb geboten.[322]

Damit die Zuweisung des einseitigen Leistungsbestimmungsrechts wirksam ist, ist ein gewisses Maß an Konkretisierung desselben notwendig. Es ist festzulegen, welche Person oder welches Gremium die Leistungsbestimmung unter welchen Voraussetzungen vorzunehmen hat.[323] Des weiteren ist es bei komplexen Rechtsverhältnissen notwendig, daß festgelegt wird, auf welche konkreten Leistungsbeziehungen sich das einseitige Bestimmungsrecht erstrecken soll.[324] Nicht zu den Wirksamkeitserfordernissen des einseitigen Leistungsbestimmungsrechts gehört die Angabe des Maßstabes, nach welchem das Bestimmungsrecht auszuüben ist, denn der Gesetzestext schreibt vor, daß die Ausübung des Bestimmungsrechts "im Zweifel ... nach billigem Ermessen zu treffen ist."[325] Der Gesellschaftsvertrag kann aber von diesem Maßstab abweichen und beispielsweise vorschreiben, daß Gebührenordnungen oder sonstige Richtlinien als Maßstab gelten sollen oder daß die Leistungsbestimmung nach freiem Ermessen erfolgen soll; die §§ 315 ff. BGB enthalten dispositives Recht.[326]

---

320 RG (29.10.1915), RGZ 87, 261, 265.

321 Schilling/Winter (1987), S. 667.

322 Vgl. Schilling/Winter (1987), S. 667.

323 Vgl. Schilling/Winter (1987), S. 668; Staudinger/Mayer-Maly (1979), § 315, Rdnr. 12.

324 Vgl. Schilling/Winter (1987), S. 668.

325 §§ 315 I u. 317 I BGB; vgl. Schilling/Winter (1987), S. 668 m.w.N.

326 Vgl. Münchener Kommentar-Gottwald (1994), § 315, Rdnrn. 15 f.; Kronke (1983), S. 137; RGRK-Ballhaus (1976), § 315, Rdnr. 12; Soergel-Wolf (1990), § 315, Rdnrn. 36 u. 41; Kornblum (1968), S. 456; Staudinger/Mayer-Maly (1979), § 315, Rdnr. 15; RG (13.3.1917), RGZ 90, 27, 30.

Anstelle der Statuierung eines einseitigen Leistungsbestimmungsrechts zur näheren Bestimmung der Nebenleistungspflicht außerhalb des Gesellschaftsvertrages kann der Gesellschaftsvertrag die nähere Bestimmung bzw. Konkretisierung der Nebenleistungspflicht der Einigung beider Vertragsparteien, also der GmbH und des betreffenden Gesellschafters, überlassen. Die Vertragsparteien sind dann aufgrund der im Gesellschaftsvertrag (grob) festgelegten Nebenleistungspflicht verpflichtet, einen sogenannten Ausführungsvertrag abzuschließen.[327] Dieses Rechtsverhältnis ist mit einem Vorvertrag vergleichbar. Dementsprechend ist für die im Gesellschaftsvertrag festgelegte Nebenleistungspflicht wie bei einem Vorvertrag ein solches Maß an Bestimmtheit zu verlangen, daß im Streitfall der Inhalt des Ausführungsvertrages richterlich festgesetzt werden kann.[328] So kann beispielsweise der Gesellschaftsvertrag vorsehen, daß ein bestimmter Gesellschafter zur Geschäftsführung verpflichtet ist, Näheres aber in einem Anstellungsvertrag vereinbart wird.[329]

Was die Rechtsnatur dieser Ausführungsverträge anbelangt, so handelt es sich dabei nach der Auffassung von *P. Ulmer* um schuldrechtliche Verträge.[330] Anderer Ansicht ist jedoch *Rohrer*: Er vertritt die Auffassung, daß der Ausführungsvertrag gesellschaftsrechtlicher Natur sei. Diesbezügliche Regelungen seien satzungskonkretisierendes und satzungsergänzendes Recht; sie ließen sich zwar nicht als formelles, aber doch als Satzungsrecht im materiellen Sinne bezeichnen. Die Differenzierung danach, ob das Ausführungsverhältnis durch einen Ausführungsvertrag geregelt sei oder ob sich auch Details unmittelbar aus der Satzung selbst ergäben, erscheine nicht überzeugend. Die Wahl einer bestimmten technischen Abwicklungsart könne nicht die Rechtsnatur des Rechtsverhältnisses selbst bestimmen.[331] Die Ansicht von *Rohrer* verdient m.E. Zustimmung, denn seine Interpretation entspricht auch dem Willen der Gesellschafter, die ja durch die Statuierung eines Leistungsbestimmungsrechts wohl keinesfalls die gesellschaftsrechtliche Natur der Verpflichtung in Frage stellen, sondern lediglich die technische Abwicklung vereinfachen wollen.

---

327 Vgl. Hachenburg-P. Ulmer (1990), § 3, Rdnr. 76.
328 Für den Vorvertrag vgl. Henrich (1965), S. 119 m.w.N.
329 Vgl. Hachenburg-P. Ulmer (1990), § 3, Rdnr. 76.
330 Vgl. Hachenburg-P. Ulmer (1990), § 3, Rdnr. 76.
331 Vgl. Rohrer (1991), S. 58 f.

Fehlt es an der beschriebenen Bestimmbarkeit der Nebenleistungspflicht, so ist die entsprechende Vereinbarung im Gesellschaftsvertrag unwirksam.[332] Die Bestimmtheit bzw. Bestimmbarkeit der Nebenleistungspflicht muß sich nicht ausdrücklich aus dem Gesellschaftsvertrag ergeben, sondern Fehlendes kann durch eine Auslegung des Gesellschaftsvertrages ergänzt werden.[333] Die äußerste Grenze ist dann überschritten, wenn die Lücken so groß sind, daß sie auch nicht mit Anwendung des § 315 BGB beseitigt werden können.[334] Ist der Sachverständige, dem das Leistungsbestimmungsrecht zusteht, überfordert, dieses nach billigem Ermessen auszuüben, und ist auch das Gericht nicht in der Lage, die Entscheidung des Sachverständigen daraufhin zu überprüfen, so ist eine solche Vereinbarung mangels Bestimmbarkeit nicht rechtswirksam.[335]

In seiner Entscheidung vom 10. Mai 1912[336] vertrat das *RG* zunächst den Standpunkt, daß es für die Festsetzung von Nebenleistungspflichten nicht ausreicht, nur die grundsätzliche Verpflichtung in den Gesellschaftsvertrag aufzunehmen und die weitere Ausgestaltung dieser Verpflichtung in privatschriftlicher Form zu vereinbaren. "Im Gegenteil bedürfen alle die Übernahme einer gesellschaftlichen Pflicht und die Gewährung gesellschaftlicher Rechte regelnden Bestimmungen der Aufnahme in den Gesellschaftsvertrag, also der Beobachtung der in § 2 GmbHG. vorgesehenen Form. Daß dem so sein muß, ergibt sich daraus, daß sonst der Gesellschaftsvertrag unvollständig wäre. Durch den bloßen Grundsatz, daß die Gesellschafter die hier in Rede stehende Verpflichtung übernommen haben, wären die wesentlichen Bestandteile dieser Verpflichtung und der damit im Zusammenhange stehenden Rechte sowie die Erzwingbarkeit beider nicht festgestellt und nicht feststellbar. Somit gehört auch der Umfang der Verpflichtung in den Gesellschaftsvertrag."[337]

---

332 Vgl. Lutter/Hommelhoff (1995), § 3, Rdnr. 45; Scholz-Emmerich (1993), § 3, Rdnr. 44; Hachenburg-P. Ulmer (1990), § 3, Rdnr. 87; Baumbach/Hueck (1988), § 3, Rdnr. 39.

333 Vgl. Baumbach/Hueck (1988), § 3, Rdnr. 39.

334 Vgl. RG (30.9.1914), RGZ 85, 289, 291.

335 Vgl. BGH (27.1.1971), BGHZ 55, 248, 250 f.

336 RG (10.5.1912), RGZ 79, 332.

337 RG (10.5.1912), RGZ 79, 332, 336.

In dem späteren Urteil vom 29. Oktober 1915[338] hat das *RG* dann seine Meinung geändert und den praktischen Erfordernissen, insbesondere denen der Kartellgesellschaften, Rechnung getragen.[339] Zur notwendigen Bestimmtheit von Nebenleistungspflichten führt es jetzt aus: "Die Verpflichtungen, die ein Gesellschafter in Gemäßheit dieses § 3 außer der Leistung von Kapitaleinlagen auf sich nimmt, müssen nicht notwendig nach jeder Richtung hin in Art und Maß schon in der Satzung selbst genau formuliert sein; ein gewisses Maß vorläufiger Unbestimmtheit ist vielfach gar nicht zu entbehren und wie häufig sonst so auch ... gerade bei Gesellschaften der hier in Frage stehenden Art [Kartellgesellschaften], nach dem Gegenstand und nach dem Zweck der Gesellschaft, notwendig und geboten. ... es kann sehr wohl in dem Gesellschaftsvertrage ein fester Rahmen für die Art der übernommenen Verpflichtung aufgestellt werden, innerhalb dessen dann die im einzelnen genauere Ausgestaltung der übernommenen Verpflichtung in einer bestimmt vorgeschriebenen Weise stattfinden soll und stattfinden kann."[340]

Als zu unbestimmt und unbegrenzt sah das *Kartellgericht* aber die Verpflichtung der Gesellschafter eines Kartells an, die laut Gesellschaftsvertrag verpflichtet waren, "die Gesellschaft durch Bürgschaften und sonstige Sicherheitsleistungen zu stützen"[341].

Der *Bundesgerichtshof* führt zu den Bestimmtheitsanforderungen von Nebenleistungspflichten aus: "Nebenleistungspflichten müssen in der Satzung so konkret festgelegt werden, daß die verpflichteten Gesellschafter - auch zukünftige - das Ausmaß der auf sie zukommenden Verpflichtungen ohne weiteres zu überschauen vermögen."[342] Bestimmbarkeit allein sei nicht ausreichend, vielmehr müsse auch das Ausmaß, das die Nebenleistungspflichten im Laufe der Jahre annehmen können, absehbar sein.[343] Im zu entscheidenden Fall lautete die Nebenleistungspflicht folgendermaßen: "Die Gesellschafter verpflichten sich, auf Beschluß der Gesellschafterversammlung der Gesellschaft Darlehen in Höhe der öffentlichen Abgaben zu gewähren, die ihnen durch die Gesellschaft zufließen." Der

---

338 RG (29.10.1915), RGZ 87, 261.
339 Vgl. Buchholz (1924), S. 268; Amend (1936), S. 11.
340 RG (29.10.1915), RGZ 87, 261, 265 f.
341 KartellG (4.2.1924), JW 1924, S. 724.
342 BGH (17.10.1989), WM 1989, S. 190.
343 Vgl. BGH (17.10.1989), WM 1989, S. 191.

Zweck der GmbH war der Betrieb eines Flugplatzes, Gesellschafter waren eine Gemeinde, ein Landkreis, eine Stadt und eine Stadtwerke-GmbH. Die Gemeinde setzte für die GmbH einen Abwasserbeitrag fest, woraufhin die Gesellschafterversammlung angesichts der finanziellen Lage der GmbH gegen die Stimmen der Gemeinde beschloß, die Gemeinde als Gesellschafterin aus der Nebenleistungspflicht zur Gewährung eines Darlehens in Anspruch zu nehmen.[344] Der *BGH* entschied, daß zwar Bestimmbarkeit vorliege, das Ausmaß aber nicht erkennbar sei und verneinte die Darlehenspflicht der Gemeinde. Diese Entscheidung ist m.E. nicht nachvollziehbar, denn das Ausmaß der Nebenleistungspflicht mußte doch für die betreffende Gemeinde klar sein. Damit, daß sich die Abgaben, und somit ihre Darlehensverpflichtung, die die Gemeinde ja selbst im Rahmen gesetzlicher Vorschriften festsetzt, im Laufe der Zeit erhöhen würden, mußte die Gemeinde m.E. auch rechnen. Die Verpflichtung, der GmbH Darlehen in Höhe dieser Abgabenforderung zur Verfügung zu stellen, war also keinesfalls unbeschränkt und außerhalb eines "festen Rahmens". Noch unverständlicher erscheint dieses *BGH*-Urteil, wenn man es mit einem früheren, aus dem Jahre 1937 stammenden, *RG*-Urteil[345] vergleicht.

In diesem Urteil bemerkte das *RG*, daß es bei der Frage nach dem Bestimmtheitserfordernis für Nebenleistungspflichten darauf ankomme, daß "sowohl der bei Abschluß des Gesellschaftsvertrags mitwirkende Gesellschafter als auch ein etwaiger späterer Übernehmer eines Geschäftsanteils den wesentlichen Kern seiner ihn möglicherweise treffenden Verpflichtung erkennen kann."[346] Im zu entscheidenden Fall war jeder Gesellschafter der GmbH verpflichtet, sich für ein Darlehen der Gesellschaft, seinem Anteil am Stammkapital entsprechend, dem betreffenden Gläubiger gegenüber zu verbürgen. Das *RG* sah diese Regelung für hinreichend bestimmt und im Umfang begrenzt an. Durch Auslegung nach Treu und Glauben und mit Rücksicht auf die Verkehrssitte (§§ 133, 157 BGB) kam das Gericht zu der Feststellung, daß die Gesellschafter nicht verpflichtet werden sollten, "Bürgschaften in unbeschränkter Höhe für Darlehen zu übernehmen, "die irgend jemand zu irgendwelchen Zwecken" aufnehmen werde. Es handelt sich vielmehr um solche Darlehen der GmbH., die für die Zwecke der Gesellschaft bei ord-

---

344 Vgl. BGH (17.10.1989), WM 1989, S. 189.
345 Vgl. RG (2.7.1937), JW 1937, S. 2836 f.
346 RG (2.7.1937), JW 1937, S. 2836.

nungsmäßiger Geschäftsführung aufgenommen werden. Diese Beschränkung des Zweckes der Darlehen ergibt sich dadurch, daß der Gegenstand des Unternehmens nach § 3 des Gesellschaftsvertrages in dem Bau und Vertrieb von elektrischen Straßenbahnen und anderen Unternehmungen besteht, wobei unter den letzteren solche verstanden werden müssen, die mit dem Verkehrswesen zusammenhängen. ... Ferner ist in Betracht zu ziehen, daß die Gesellschafter Körperschaften des öffentlichen Rechts sind, die verwaltungsmäßige Erfahrungen auf dem Gebiete der Finanzierung eines in ihren Tätigkeitsbereich an sich einschlagenden Unternehmens, wie es ein Verkehrsunternehmen ist, haben, deshalb seinen Geldbedarf übersehen können"[347].

Wie hier das *RG* zu einer Begrenzung der Nebenleistungspflicht durch den Zweck der Gesellschaft kommt, ist m.E. nicht ganz nachvollziehbar.[348] Ebenso unverständlich ist der Hinweis in der Urteilsbegründung des *BGH*, daß sich beim *BGH*-Fall, im Gegensatz zu dem im Jahre 1937 entschiedenen Fall des *RG*, schwerlich durch Auslegung eine vernünftige betragsmäßige und zeitliche Eingrenzung der den Gesellschaftern auferlegten Pflichten vornehmen ließe.[349] Dem veröffentlichten Sachverhalt nach ist es m.E. jedoch genau umgekehrt: Für eine Eingrenzung der den Gesellschaftern auferlegten Pflichten sind im 1989 entschiedenen Fall wesentlich mehr Anhaltspunkte vorhanden als in dem vom *RG* entschiedenen Fall.

Zusammenfassend läßt sich sagen, daß nach der h.M. hinsichtlich der Konkretisierung der Nebenleistungspflichten im Gesellschaftsvertrag zwei Voraussetzungen gegeben sein müssen: Die Nebenleistungspflichten, und auch die dafür seitens der GmbH gewährten Gegenleistungen, müssen wie schuldrechtliche Verpflichtungen bestimmbar sein. Des weiteren müssen "Ausmaß", "Kern" und "fester Rahmen" der Nebenleistungspflichten sowohl für die jetzigen als auch für die zukünftigen Gesellschafter aus dem Gesellschaftsvertrag erkennbar sein. Nebenleistungspflichten, die hinsichtlich ihres Umfanges unbeschränkt sind, sind trotz ihrer Bestimmbarkeit unwirksam.[350]

---

347 RG (2.7.1937), JW 1937, S. 2836 f.

348 Kritisch zu dieser Entscheidung auch Hachenburg-P. Ulmer (1990), § 3, Rdnr. 87.

349 Vgl. BGH (17.10.1989), WM 1989, S. 190.

350 Vgl. BGH (17.10.1989), WM 1989, S. 191.

Dem kann m.E. jedoch nicht vollständig zugestimmt werden: Klar ist, daß die Nebenleistungspflichten bestimmbar sein müssen und daß der Umfang der Nebenleistungspflichten aus dem Gesellschaftsvertrag ersichtlich sein muß, denn nur durch diesen kann sich ein Geschäftsanteilserwerber über seine gesellschaftsrechtlichen Pflichten und Rechte informieren.[351]

Nicht einzusehen ist jedoch, warum es unzulässig sein soll, den Gesellschafter zu Nebenleistungen in unbeschränkter Höhe zu verpflichten. Eine unbeschränkte Verpflichtung ist dem GmbH-Gesetz nicht fremd. § 27 GmbHG regelt die unbeschränkte Nachschußpflicht, wobei die Gesellschafter allerdings das Recht haben, sich des Geschäftsanteils durch Abandon zu entledigen. Unter denselben Voraussetzungen wie bei der unbeschränkten Nachschußpflicht muß es aber m.E. auch möglich sein, im Gesellschaftsvertrag dem Gesellschafter unbeschränkte, dennoch aber bestimmbare, Nebenleistungspflichten aufzuerlegen.[352] Ein Beispiel hierfür wäre die Verpflichtung der Gesellschafter, entsprechend dem Finanzbedarf der GmbH auf Abruf Darlehen der GmbH in nach oben nicht begrenzter Höhe zu gewähren.[353]

Die Unbeschränktheit muß jedoch deutlich zum Ausdruck kommen und für den Gesellschafter erkennbar sein. Aufgrund entsprechender Anwendung des § 27 GmbHG steht ihm dann das Abandonrecht zu.[354] Eines "festen Rahmens" bedarf es bei der Statuierung von Nebenleistungspflichten nicht; es ist ausreichend, wenn der beschränkte oder unbeschränkte Leistungsinhalt der Nebenleistungspflicht für den Gesellschafter erkennbar und die Nebenleistungspflicht bestimmbar ist. Eine Nebenleistungspflicht, die die Gesellschafter verpflichtet, Verluste der GmbH auszugleichen, ist in diesem Sinne genügend bestimmbar, aufgrund der Unbeschränktheit steht den Gesellschaftern dann jedoch das Abandonrecht zu. Freilich kann es im Einzelfall auch schwierig sein festzustellen, ob es sich um eine beschränkte oder um eine unbeschränkte Nebenleistungspflicht handelt und ob dem Gesellschafter somit ein Abandonrecht zusteht.

---

351 Vgl. Buchholz (1924), S. 270; Finke (1931), S. 38.
352 So auch Rohrer (1991), S. 112 ff. u. Noack (1994), S. 312.
353 Vgl. Rohrer (1991), S. 113.
354 So auch Rohrer (1991), S. 112 ff.; a.A. Baumbach/Hueck (1988), § 3, Rdnr. 51; Hachenburg-P. Ulmer (1990), § 3, Rdnr. 113.

Ist beispielsweise bei einer Darlehenspflicht die maximale Darlehenshöhe angegeben, so handelt es sich formal um eine beschränkte Nebenleistungspflicht. Ist nun die maximale Darlehenshöhe im Vergleich zur Unternehmensgröße jedoch unverhältnismäßig hoch, so daß diese Obergrenze aufgrund ihrer unrealistischen Höhe niemals beschränkende Wirkung entfalten wird, so liegt der Sache nach eine unbeschränkte Nebenleistungspflicht vor. Dem betroffenen Gesellschafter steht auch dann das Abandonrecht zu. Die Frage, ob eine Nebenleistungspflicht beschränkt ist und dem betroffenen Gesellschafter deshalb kein Abandonrecht zusteht, kann somit nicht schon dann bejaht werden, wenn (formal) eine Obergrenze angegeben ist. Vielmehr muß noch hinzukommen, daß die Obergrenze in Relation zu den Verhältnissen der Gesellschaft auch tatsächlich eine "reale" Beschränkung der Nebenleistungspflicht darstellt und nicht nur eine "Scheinobergrenze" zur Vermeidung des Abandonrechts ist.[355]

3.2.2 Der Grundsatz der Gleichbehandlung der Gesellschafter

Der Gleichbehandlungsgrundsatz ist im Gesellschaftsrecht seit langem anerkannt, lediglich über seine rechtliche Begründung besteht Uneinigkeit.[356] Als Geltungsgrund wurden u.a. der Gleichheitssatz (Art. 3 GG), die guten Sitten (§ 138 BGB), Treu und Glauben (§ 242 BGB) sowie der Bestand eines Gemeinschaftsverhältnisses genannt.[357]

In der Formulierung des § 53a AktG kommt der Inhalt des Gleichbehandlungsgrundsatzes zum Ausdruck, nämlich daß die Gesellschafter "unter gleichen Voraussetzungen gleich zu behandeln" sind. Negativ formuliert bedeutet dieser Grundsatz, daß Gesellschafter nicht ohne sachlichen Grund ungleich behandelt werden dürfen.[358] Der Gleichbehandlungsgrundsatz beinhaltet also vor allem ein Willkürverbot, das Differenzierungen in der Behandlung der Gesellschafter nur verbietet, wenn sie willkürlich, d.h. durch keinen

---

355 So auch Hachenburg-Welf Müller (1990), § 27, Rdnr. 6 für den Fall der unbeschränkten Nachschußpflicht.

356 Vgl. Meyer-Landrut (1987), § 14, Rdnr. 19.

357 Vgl. hierzu die ausführliche Darstellung bei G. Hueck (1958), S. 83 ff.

358 Vgl. Wiedemann (1980), S. 427.

sachlichen Grund gerechtfertigt sind.[359] Maßgebend dabei ist nicht das entsprechende Bewußtsein oder die dahinterstehende Absicht der Beteiligten, sondern die objektive Beurteilung.[360] Besondere Umstände in der Privatsphäre der Gesellschafter, die in keinem sachlichen Zusammenhang mit den Rechtsbeziehungen zur Gesellschaft stehen, bleiben dabei grundsätzlich außer Betracht.[361]

Der Gleichbehandlungsgrundsatz ist jedoch nicht zwingend, denn aufgrund des Prinzips der Vertragsfreiheit können die Gesellschafter einer ungleichen Behandlung zustimmen. Der Gleichbehandlungsgrundsatz tritt dann hinter das Prinzip der Vertragsfreiheit zurück.[362] Der *BGH* führt zur Abdingbarkeit des Gleichbehandlungsgrundsatzes aus: "Aber selbst bei gleichen Leistungen und gleichem Risiko muß ein Gesellschafter eine ungleiche Behandlung insoweit hinnehmen, als er sich im Gesellschaftsvertrag oder in sonstiger Weise mit ihr einverstanden erklärt hat."[363]

Bezogen auf die Statuierung von Nebenleistungspflichten bei Gründung der GmbH bedeutet dies, daß den Gesellschaftern mit ihrem Einverständnis ungleiche Nebenleistungspflichten auferlegt werden können, ohne daß dies sachlich gerechtfertigt wäre. Durch den entsprechenden Vertragsschluß billigen die ungleich behandelten Gründer ihre Ungleichbehandlung, der Gleichbehandlungsgrundsatz wird durch ihren eigenen Willen für den Bereich der gesellschaftsvertraglichen Benachteiligung ausgeschlossen. Die Ungleichbehandlung der Gesellschafter muß sich allerdings zweifelsfrei aus dem Gesellschaftsvertrag ergeben, ansonsten erfolgt die Auslegung des Gesellschaftsvertrages i.S. des Gleichbehandlungsgrundsatzes.[364] Die Geltung des Gleichbehandlungsgrundsatzes als allgemeiner Rechtsgrundsatz kann nicht generell für alle Rechtsbeziehungen des

---

359 Vgl. BGH (6.10.1960), BGHZ 33, 175, 186.

360 Vgl. Kölner Kommentar-Lutter/Zöllner (1988), § 53a, Rdnr. 9; Hueck (1958), S. 194.

361 Vgl. Hueck (1958), S. 54 f. u. 190 f.

362 Vgl. Hueck (1958), S. 258; Raiser (1948), S. 92 f.; Scholz-Emmerich (1993), § 13, Rdnr. 41.

363 BGH (27.9.1965), WM 1965, S. 1286.

364 Vgl. Münchener Kommentar-P. Ulmer (1986), § 705, Rdnr. 203; RGRK-v. Gamm (1978), § 705, Rdnr. 18; Hueck (1958), S. 278 ff.

Einzelnen in der Gesellschaft ausgeschlossen werden, sondern immer nur bezüglich eines konkreten Vorgangs oder Bereichs.[365]

Nicht gegen den Gleichbehandlungsgrundsatz verstößt also folgender, fiktiver Fall: Eine GmbH wird von 3 Gesellschaftern gegründet. Dem Gesellschafter A werden im Gesellschaftsvertrag keine Nebenleistungspflichten auferlegt, die Gesellschafter B und C sind dagegen statutarisch verpflichtet, der GmbH ein Darlehen zu geben, wobei der Gesellschaftsvertrag sämtliche Einzelheiten bezüglich des Darlehens enthält. Die Höhe des Darlehens beträgt bei beiden Gesellschaftern 50.000 DM, die Laufzeit ist ebenfalls bei beiden Gesellschaftern gleich und beträgt 5 Jahre. Unterschiede bestehen dagegen bezüglich der Verzinsung, Gesellschafter B erhält laut Gesellschaftsvertrag für sein Darlehen jährlich 8 %, Gesellschafter C dagegen nur 3 %.

Anders läge der Fall, wenn die Verzinsung im Gesellschaftsvertrag selbst nicht festgelegt wäre, sondern die Bestimmung des Zinssatzes durch die Geschäftsführung zu erfolgen hätte. Sie wäre dann bei der Ausübung ihres Bestimmungsrechtes an den Gleichbehandlungsgrundsatz gebunden und müßte für die Darlehen beider Gesellschafter den gleichen Zinssatz festsetzen, sofern keine sachlichen Gründe vorliegen, die eine ungleiche Behandlung der Gesellschafter rechtfertigen würden.

Der Gleichbehandlungsgrundsatz stellt demnach bei der Statuierung von Nebenleistungspflichten im ursprünglichen Gesellschaftsvertrag keine absolute Gestaltungsgrenze dar, denn die Gleichbehandlung der Gesellschafter kann durch den Gesellschaftsvertrag abbedungen werden, da der Grundsatz der Vertragsfreiheit dem Gleichbehandlungsgrundsatz vorgeht. Die Gesellschafter können somit in unterschiedlicher Weise mit Nebenleistungspflichten belastet werden.[366]

---

365 Vgl. Hueck (1958), S. 267 f.

366 Vgl. Meyer-Landrut (1987), § 14, Rdnr. 19; Hachenburg-Raiser (1990), § 14, Rdnr. 67.

3.2.3 Die kartellrechtlichen Beschränkungen

Allein schon angesichts der historischen Bedeutung der Nebenleistungspflichten für Kartelle[367] ist es geboten, die Wirkung des Gesetzes gegen Wettbewerbsbeschränkungen (GWB), das am 1. Januar 1958, also über 60 Jahre später als das GmbHG, in Kraft trat und zwischenzeitlich fünfmal novelliert wurde, auf die Vereinbarung von Nebenleistungspflichten aufzuzeigen. Es versteht sich von selbst, daß im Rahmen dieser Arbeit eine allzu detaillierte Darstellung nicht erfolgen kann. Beschränkungen durch das europäische Kartellrecht können aus Platzgründen nur angedeutet werden.

3.2.3.1 Das Kartellverbot des § 1 I GWB

Hinsichtlich der Wettbewerbsbeschränkungen durch Verträge unterscheidet das GWB Kartellverträge (§§ 1-14) und sonstige Verträge (§§ 15-21). Unter Kartellverträgen versteht das GWB "Verträge, die Unternehmen oder Vereinigungen von Unternehmen zu einem gemeinsamen Zweck schließen ... [und die] geeignet sind, die Erzeugung oder die Marktverhältnisse für den Verkehr mit Waren oder gewerblichen Leistungen durch Beschränkung des Wettbewerbs zu beeinflussen."[368] Nebenleistungspflichten sind definitionsgemäß Bestandteil eines Gesellschaftsvertrages, der wiederum definitionsgemäß zu einem gemeinsamen Zweck geschlossen wird. Um welchen gemeinsamen Zweck es sich handelt, ist für die Anwendung von § 1 I GWB nicht von Bedeutung. Ein Gesellschaftsvertrag ist zwar keine notwendige, wohl aber eine hinreichende Bedingung für das Vorliegen eines gemeinsamen Zwecks i.S. des § 1 I GWB. Somit ist jeder Gesellschaftsvertrag ein Vertrag zu einem gemeinsamen Zweck i.S.d. § 1 I GWB.[369] Ob und inwieweit die Vereinbarung von Nebenleistungspflichten durch das GWB beschränkt werden, richtet sich also nach § 1 I GWB.

---

367 Vgl. Fränkel (1915), S. 96 f.

368 § 1 I GWB.

369 Str.; vgl. Schwarz (1984), S. 18 ff.; Immenga/Mestmäcker (1992), § 1, Rdnrn. 158 ff.; Frankfurter Kommentar-Huber/Baums (1993), § 1, Tz. 435 ff. mit jeweils weiteren Nachweisen.

§ 1 I GWB setzt voraus, daß es sich bei den Vertragschließenden um Unternehmen oder Vereinigungen von Unternehmen handelt. Es ist hier von einem funktionalen Unternehmensbegriff auszugehen. "Jede Tätigkeit im geschäftlichen Verkehr ..., die auf den Austausch von Waren oder gewerblichen Leistungen gerichtet ist und sich nicht auf die Deckung des privaten Verbrauchs beschränkt"[370], erfüllt diesen Unternehmensbegriff des GWB. Erfaßt wird auch das potentielle Unternehmen, d.h. es genügt die Möglichkeit künftiger Marktteilnahme für die Bejahung der Unternehmereigenschaft.[371] Bei dem nebenleistungspflichtigen Gesellschafter muß es sich demnach um ein Unternehmen in diesem Sinne handeln.

Das "zentrale Tatbestandsmerkmal"[372] des § 1 I GWB ist die "Beschränkung des Wettbewerbs". Unter einer Wettbewerbsbeschränkung i.S. des § 1 I GWB sind "künstliche Beschränkungen der wirtschaftlichen Handlungsfreiheit der Unternehmen am Markt" zu verstehen. "Folglich wird der Wettbewerb jedenfalls dann (i.S. des § 1 I GWB!) beschränkt, wenn sich die Kartellmitglieder durch den Vertrag oder Beschluß im Gebrauch ihrer Aktionsparameter im Wettbewerb beschränken."[373] Hierzu gehört auch der potentielle Wettbewerb.[374] Beispiele für Wettbewerbsbeschränkungen sind Vereinbarungen über Wettbewerbsverbote, Preisgestaltungen (Mindestpreise, Festpreise, Höchstpreise, Bruttopreise, Preiserhöhungen, Preisbestandteile wie z.B. Rabatte, Kalkulationsabsprachen, Konditionen), Marktaufteilungen, Kundenschutzklauseln, Kapazitätsbeschränkungen, Mengenbegrenzungen, Bezugs- und Liefersperren, Liefer- und Abnahmepflichten, Verzicht auf Direktverkäufe, Beschränkungen der Werbung, Beschränkungen der Forschungs- und Entwicklungsaktivitäten.[375]

Umstritten ist die Frage, in welchem Verhältnis die Wettbewerbsbeschränkung zum Vertrag stehen muß. Nach der Gegenstandstheorie muß die Wettbewerbsbeschränkung Gegenstand bzw. Inhalt des Vertrages sein, während es nach der Zwecktheorie ausreichend ist,

---

370 BGH (6.11.1972), WuW/E BGH 1253, 1257.

371 Vgl. Immenga/Mestmäcker (1992), § 1, Rdnr. 52.

372 Emmerich (1994), S. 68.

373 Emmerich (1994), S. 69.

374 Vgl. BGH (27.1.1966), WuW/E BGH 726, 731 f.

375 Vgl. Immenga/Mestmäcker (1992), § 1, Rdnrn. 240 ff.; Loewenheim/Belke (1979), § 1, Rdnrn. 63 ff.; Gemeinschaftskommentar-Müller-Henneberg (1980), § 1, Rdnrn. 71 ff.

daß der Vertrag zum Zweck der Wettbewerbsbeschränkung geschlossen ist. Am weitesten geht die Folgetheorie, wonach eine wettbewerbsbeschränkende Wirkung oder Folge des Vertrages für diese Tatbestandserfüllung ausreichend ist.[376] Der *BGH* lehnte die Gegenstandstheorie ab, ließ aber ansonsten den Theorienstreit offen.[377] Für die hier zu beurteilenden Nebenleistungspflichten ist dieser Theorienstreit jedoch nicht von Bedeutung, da sie ja vertragliche Verpflichtungen darstellen und deshalb "naturgemäß" schon von der Gegenstandstheorie und somit auch von den beiden anderen Theorien erfaßt werden.

Zu den soeben genannten Tatbestandsvoraussetzungen des § 1 I GWB kommt hinzu, daß die Verträge geeignet sein müssen, die Erzeugung oder die Marktverhältnisse für den Verkehr mit Waren oder gewerblichen Leistungen zu beeinflussen. Das Tatbestandsmerkmal "für den Verkehr mit Waren oder gewerblichen Leistungen" umfaßt den gesamten wirtschaftlichen Verkehr im weitesten Sinne.[378] Der Begriff der Erzeugung beinhaltet jede Gewinnung oder Herstellung, einschließlich der Be- und Verarbeitung, von Rohstoffen, Halb- oder Fertigprodukten sowie der land- und forstwirtschaftlichen Urproduktion.[379] Unter Marktverhältnissen i.S. des § 1 GWB versteht man "die Summe aller Eigenschaften, die einem besonderen Markt das Gepräge geben, so gehören dazu unter anderem auch die Art und Intensität des Wettbewerbs und die Art des Auftretens der Marktpartner auf dem Markt."[380] Im einzelnen zählen hierzu z.B. Größe, Qualität und Vielgestaltigkeit des Angebots, Zahl, Leistungskraft, Zusammensetzung und Bonität der Anbieter, Wettbewerbs- und Werbungsintensität, Preise, Rabatte, Konditionen, Zahl und Stärke der Nachfrager, Absatzformen und Absatzwege.[381]

Um die Eignung eines Vertrages zur Beeinflussung der Erzeugung oder der Marktverhältnisse feststellen zu können, ist es zunächst notwendig, den relevanten Markt in sachlicher, zeitlicher und räum-

---

376 Zu den einzelnen Theorien und deren Diskussion vgl. Immenga/Mestmäcker (1992), § 1, Rdnrn. 283 ff.; Loewenheim/Belke (1979), § 1, Rdnrn. 52 ff.; Gemeinschaftskommentar-Müller-Henneberg (1980), § 1, Rdnrn. 69 f.; Gansweid (1976), S. 246 ff.; Emmerich (1994), S. 70 ff.

377 Vgl. BGH (19.6.1975), BGHZ 65, 30, 38.

378 Vgl. Emmerich (1994), S. 74.

379 Vgl. Loewenheim/Belke (1979), § 1, Rdnr. 70.

380 BGH (26.10.1961), BGHZ 36, 105, 110.

381 Vgl. Benkendorff (1962), S. 148.

licher Hinsicht abzugrenzen, wobei der Markt der Ort ist, an dem sich Angebot und Nachfrage begegnen.[382]

Nach dem Konzept der funktionellen Austauschbarkeit werden zu einem Markt alle Waren oder Leistungen gerechnet, die aus der Sicht der Marktgegenseite zur Deckung eines bestimmten Bedarfs geeignet und deshalb austauschbar sind und miteinander verglichen werden.[383] Seitens der Rechtsprechung wurde die Austauschbarkeit u.a. in folgenden Fällen bejaht: Eiskonfekt und andere Süßwaren,[384] neue LKW-Reifen aus deutscher Produktion, Importreifen und runderneuerte Reifen,[385] Lebensmittel aller Art auf der Großhandelsstufe.[386] Verneint wurde die Austauschbarkeit dagegen beispielsweise bei Kohle im Verhältnis zu Öl und Holz als Brennstoffen,[387] Kaffeefilter aus Stoff im Verhältnis zum Papierfilter,[388] bei Linoleum im Verhältnis zu Kunststoffbodenbelägen[389] und bei Bier im Verhältnis zu sonstigen alkoholischen und nichtalkoholischen Getränken.[390]

Als räumlich relevanter Markt ist i.d.R. das Hauptabsatzgebiet der Ware oder Leistung anzunehmen. Dieser Markt kann das Gebiet der Bundesrepublik umschließen, aber er kann auch regional oder lokal begrenzt sein. Hierbei spielt z.B. die Transportkostenempfindlichkeit der Waren oder Leistungen eine gewichtige Rolle: Je höher sie ist, desto enger sind die Märkte.[391] Als räumlich relevanter Markt sind beispielsweise der Markt für den Lebensmittelgroßhandel in West-Berlin,[392] der Biermarkt in Baden-Württemberg,[393] der nordwest-

---

382 Vgl. Emmerich (1994), S. 75; BGH (7.6.1962), BGHZ 37, 194, 200; BGH (14.10.1976), BGHZ 68, 6, 11.

383 Vgl. Gemeinschaftskommentar-Müller-Henneberg (1980), § 1, Rdnr. 93; BGH (26.10.1972), WuW/E BGH 1239, 1241; KG (18.2.1969), WuW/E OLG 995, 996; KG (19.3.1975), WuW/E OLG 1599, 1602; Emmerich (1994), S. 75.

384 Vgl. BGH (31.5.1972), WuW/E BGH 1226, 1230 f.

385 Vgl. KG (20.3.1962), WuW/E 461, 463 ff.

386 Vgl. BGH (7.6.1962), BGHZ 37, 194, 200.

387 Vgl. OLG (17.5.1961), WuW/E OLG 423, 426 f.

388 Vgl. BGH (27.2.1969), BGHZ 51, 371, 373 f.

389 Vgl. KG (28.11.1972), WuW/E OLG 1339, 1341 f.

390 Vgl. OLG (19.5.1961), WuW/E OLG 411, 415.

391 Vgl. Gemeinschaftskommentar-Müller-Henneberg (1980), § 1, Rdnr. 93; Emmerich (1994), S. 75 u. 239 f.

392 Vgl. BGH (7.6.1962), BGHZ 37, 194, 200.

393 Vgl. BGH (1.2.1962), WuW/E BGH 465, 470.

deutsche Klinkermarkt,[394] der Kohlemarkt des Landkreises Saulgau[395] und der Markt für Beförderungsleistungen durch Taxis in einer einzigen Stadt[396] anerkannt worden.

Eine Beeinflussung der Erzeugung oder Marktverhältnisse liegt vor, wenn sie sich aufgrund einer Wettbewerbsbeschränkung ändern. Im Gesetzestext werden Erzeugung und Marktverhältnisse alternativ genannt, so daß es ausreicht, daß eines von beiden Merkmalen erfüllt ist. Liegt eine Beeinflussung der Erzeugung vor, so liegt zwangsläufig auch eine Beeinflussung der Marktverhältnisse vor, nicht aber umgekehrt. Das Tatbestandsmerkmal "Beeinflussung der Erzeugung" hat somit durch eine weite Interpretation der Beeinflussung der Marktverhältnisse seine eigenständige Bedeutung verloren.[397]

Die Veränderung der Marktverhältnisse muß spürbar sein, was jedoch nicht bedeutet, daß der Grad der Beeinflussung einen bestimmten Mindestumfang überschreiten muß.[398] Nicht spürbar ist eine Beeinflussung, wenn weder die Marktgegenseite noch andere Wettbewerber Anlaß zu Reaktionsmaßnahmen sehen.[399] "Ob ein spürbarer Einfluß anzunehmen ist, wird allerdings immer nur im Einzelfall unter sorgfältiger Berücksichtigung und Abwägung aller in Betracht kommenden Umstände festgestellt werden können."[400] Die Aufstellung quantitativer Maßstäbe für eine spürbare Beeinflussung, beispielsweise des erforderlichen Marktanteils gemessen am Umsatz, ist somit grundsätzlich nicht möglich.[401] Die Spürbarkeit ist insbesondere von der Schwere der Wettbewerbsbeschränkung abhängig.[402] Dementsprechend fällt auch die Rechtspraxis zum Beeinflussungsgrad recht unterschiedlich aus: Als spürbar angesehen wurde eine Beschränkung des Preiswettbewerbs, an der

---

394 Vgl. BGH (27.1.1966), WuW/E BGH 726, 729.
395 Vgl. OLG (17.5.1961), WuW/E OLG 423, 427.
396 Vgl. OLG (3.8.1973), WuW/E OLG 1410, 1412 f.; BGH (15.4.1986), GRUR 1986, S. 747.
397 Vgl. Frankfurter Kommentar-Huber/Baums (1993), § 1, Rdnrn. 382 u. 396.
398 Vgl. BGH (7.6.1962), BGHZ 37, 194, 200.
399 Vgl. Immenga/Mestmäcker (1992), § 1, Rdnr. 337.
400 BGH (27.1.1966), WuW/E BGH 726, 730.
401 Vgl. KG (26.2.1986), WuW/E OLG 3737, 3746.
402 Vgl. Immenga/Mestmäcker (1992), § 1, Rdnr. 339; Emmerich (1994), S. 75.

sich 8 von 50 Fahrschulen eines Kreises beteiligten;[403] spürbar können Preisabsprachen aber auch dann sein, wenn die Marktanteile deutlich unter 10 % liegen;[404] selbst bei einem Marktanteil unter 5 % ist eine Beeinflussung möglich;[405] der *BGH* sah eine Vereinbarung, die 2 von 400 Lebensmittelgroßhändler trafen, als spürbar an, sie grenzten dabei ihre Absatzgebiete ab und vereinbarten eine Vertragsstrafe für den Fall der Zuwiderhandlung;[406] bei der Aufteilung von Kundenkreisen ist ein Marktanteil von 15 % immer spürbar;[407] nicht spürbar dagegen ist bei einer Sortimentsabgrenzung ein Marktanteil von weniger als 5 %.[408]

Für *Möschel* sind bei besonders gravierenden Formen der Wettbewerbsbeschränkung wie Preiskartellen oder Gebietsabsprachen Marktanteile um 1 % herum ohne weiteres spürbar.[409] Das Bundeskartellamt will bei Kooperationsverträgen, an denen nur ein kleiner Kreis rechtlich und wirtschaftlich selbständiger kleiner und mittlerer Unternehmen beteiligt sind, nicht einschreiten, wenn sie mit einer leistungssteigernden zwischenbetrieblichen Zusammenarbeit durch Koordinierung von Unternehmensfunktionen verbunden sind und sie einen Marktanteil von insgesamt 5 % nicht überschreiten. Preis-, Quoten- und Gebietsabsprachen sind von dieser Regelung jedoch ausgeschlossen.[410]

Die spürbare Beeinflussung muß nicht tatsächlich eintreten, sondern es ist ausreichend, daß der Vertrag dazu geeignet ist. Hierzu reicht eine nach allgemeiner wirtschaftlicher Erfahrung ernsthaft in Betracht kommende Möglichkeit aus,[411] "eine bloß theoretisch vorstellbare Eignung zur Marktbeeinflussung genügt allerdings nicht."[412] "Es bedarf vielmehr der Feststellung konkreter Tatsachen, die den Schluß zulassen, daß der Vertrag in der Lage ist,

---

403 Vgl. OLG (20.2.1970), WuW/E OLG 1083, 1088.
404 Vgl. OLG (29.4.1983), WuW/E OLG 2986, 2987.
405 Vgl. KG (16.10.1964), WuW/E OLG 709, 713.
406 Vgl. BGH (7.6.1962), BGHZ 37, 194.
407 Vgl. OLG (18.3.1987), WuW/E OLG 4023, 4025 f.
408 Vgl. OLG (2.3.1989), WuW/E OLG 4488, 4491.
409 Vgl. Möschel (1983), S. 150, Rdnr. 239.
410 Vgl. Bekanntmachung des Bundeskartellamtes Nr. 57/80 v. 8.7.1980, BAnz. Nr. 133 v. 23.7.1980; kritisch dazu Immenga/Mestmäcker (1992), § 1, Rdnrn. 347 ff. u. Emmerich (1994), S. 76.
411 Vgl. Immenga/Mestmäcker (1992), § 1, Rdnr. 335.
412 BGH (7.6.1962), BGHZ 37, 194, 200.

diese Wirkungen [die Beeinflussung der Erzeugung oder der Marktverhältnisse] zu begründen."[413]

Nachdem soeben die Tatbestandsvoraussetzungen des § 1 I GWB im Überblick dargestellt wurden, soll nun anhand von Beispielen und Fallgruppen auf konkrete Beschränkungen bei der Statuierung von Nebenleistungspflichten eingegangen werden.

Ein den GmbH-Gesellschaftern als Nebenleistungspflicht auferlegtes Wettbewerbsverbot wird an sich in vielen Fällen die Tatbestandsvoraussetzungen des § 1 I GWB erfüllen.[414] Gleiches gilt auch für das gesetzliche Wettbewerbsverbot (§§ 112 f. u. 165 HGB) der persönlich haftenden Gesellschafter der Personenhandelsgesellschaften. Der Sinn des § 1 I GWB kann jedoch nicht darin bestehen, Wettbewerbsverbote generell für unzulässig zu erklären. Dies ist im Schrifttum unbestritten.[415] Die entsprechende Begründung ist dagegen streitig, durchgesetzt hat sich letztendlich die Immanenztheorie.[416] Sie besagt, daß Wettbewerbsverbote, die erlaubten Privatrechtsverhältnissen immanent sind, grundsätzlich nicht gegen § 1 I GWB verstoßen können.[417]

Der *BGH* hat sich dem Immanenzgedanken angeschlossen. Danach verstoßen Wettbewerbsverbote nicht gegen das Kartellverbot, sofern sie "notwendig sind, ... das im übrigen kartellrechtsneutrale Gesellschaftsunternehmen in seinem Bestande und seiner Funktionsfähigkeit zu erhalten."[418] "Es soll nur verhindern, daß das Unternehmen von innen her ... ausgehöhlt oder gar zerstört wird."[419] Danach verstößt ein Wettbewerbsverbot des geschäftsführenden Gesellschafters i.d.R. nicht gegen das Kartellverbot,[420] während es bei einem lediglich kapitalistisch beteiligten, nichtgeschäftsführenden oHG-Gesellschafter gegen das Kartellverbot verstößt.[421] Das gilt für alle Rechtsformen, also auch für die GmbH,

---

413 BGH (14.10.1976), BGHZ 68, 6, 11.
414 Vgl. Ivens (1988), S. 215.
415 Vgl. Emmerich (1994), S. 83 ff.; Gemeinschaftskommentar-Müller-Henneberg (1980), § 1, Rdnr. 104 m.w.N.
416 Vgl. Ivens (1987), S. 194 ff. m.w.N.
417 Vgl. Karsten Schmidt (1985), S. 11 m.w.N.
418 BGH (3.5.1988), BGHZ 104, 246, 251.
419 BGH (21.2.1978), BGHZ 70, 331, 336.
420 Vgl. BGH (21.2.1978), BGHZ 70, 331, 336.
421 Vgl. BGH (6.12.1962), BGHZ 38, 306, 312 ff.

denn sonst wäre es möglich, durch die Wahl der Rechtsform das Verbot des § 1 I GWB zu umgehen.[422] Ist der GmbH-Gesellschafter also nur rein kapitalmäßig an der GmbH beteiligt, so ist ein ihm auferlegtes Wettbewerbsverbot nicht von der Anwendung des § 1 GWB freigestellt.[423] Die Gefahr einer inneren Aushöhlung der Gesellschaft zugunsten eines Gesellschafters besteht aber auch dann, wenn der Gesellschafter zwar nicht persönlich in der Geschäftsführung mitarbeitet, er aber die Möglichkeit hat, sie maßgeblich zu beeinflussen. Dies ist z.B. neben einer mehrheitlichen Beteiligung dann der Fall, wenn der Gesellschafter 50 % des Stammkapitals der GmbH hält und auf Grund eines Sonderrechts berechtigt ist, einen von insgesamt zwei Geschäftsführern vorzuschlagen und jederzeit abzuberufen.[424]

Bei einer personalistisch ausgestalteten GmbH, bei der die Gesellschafter aktiv mitarbeiten, dürfte es i.d.R. kartellrechtlich unproblematisch sein, den Gesellschaftern ein Wettbewerbsverbot aufzuerlegen.

Einen weiteren Bereich, bei dem die Statuierung von Nebenleistungspflichten mit kartellrechtlichen Beschränkungen konfrontiert wird, stellen die Gemeinschaftsunternehmen dar. Bei den hier interessierenden Gemeinschaftsunternehmen sind die Bindungen zwischen GmbH und Gesellschafter durch Nebenleistungspflichten verfestigt, d.h. die Gesellschafter sind mittelbar oder unmittelbar zur Inanspruchnahme des Gemeinschaftsunternehmens verpflichtet. Diese Nebenleistungspflichten können zu einer für den Wettbewerb schädlichen Koordination des Wettbewerbsverhaltens der Gründerunternehmen, sei es als Nachfrager oder als Anbieter, führen. Sofern dadurch die Marktverhältnisse spürbar beeinflußt werden, fallen diese Nebenleistungspflichten unter das Kartellverbot des § 1 I GWB.

Zunächst seien die Verkaufsgemeinschaften genannt. Deren Gesellschafter müssen beispielsweise ihre gesamte Produktion oder einen Teil davon der gemeinsamen Verkaufsstelle anbieten (Andienungspflicht). Des weiteren können die Gesellschafter verpflichtet sein,

---

422 Vgl. BGH (15.4.1986), GRUR 1986, S. 748; BGH (21.2.1978), BGHZ 70, 331, 335; Baumbach/Hueck (1988), § 3, Rdnr. 44; Beuthien (1978), S. 288; Ivens (1987), S. 202; Emmerich (1994), S. 85.

423 OLG (25.4.1984), BB 1984, 2015 f.

424 Vgl. BGH (3.5.1988), BGHZ 104, 246, 251 f.

Direktverkäufe bzw. Kapazitätsveränderungen zu unterlassen. Aber nicht nur durch Andienungspflichten kann sichergestellt werden, daß die Gesellschafter ausschließlich an die Verkaufsgemeinschaft liefern, sondern auch durch die Festsetzung von Geldleistungspflichten. Die Gesellschafter müssen im umgekehrten Verhältnis zur Beanspruchung der Verkaufsstelle Geldleistungen zur Deckung der Kosten des Gemeinschaftsunternehmens erbringen. Direktverkäufe führen dann zu finanziellen Belastungen beim Gesellschafter, der diese deshalb zwangsläufig unterlassen wird. Die wirtschaftliche Bedeutung gleicht der der Andienungspflicht.[425]

Handelt es sich bei den Gesellschaftern um Wettbewerber, so liegt der typische Fall eines Syndikats vor, der höchsten Form von Kartellen.[426] Es unterliegt dem Kartellverbot, es sei denn, die Marktverhältnisse werden dadurch nicht spürbar beeinflußt.[427] Handelt es sich bei den Gesellschaftern jedoch um Nichtwettbewerber, die nur ihre Angebote zusammenfassen wollen, um im Wettbewerb gegen die größeren Anbieter mit einem abgerundeten Sortiment bestehen zu können, so ist diese Verkaufsgemeinschaft stets zulässig. Es fehlt an der notwendigen Beschränkung des Wettbewerbs.[428]

Ebenso wie der Verkauf kann auch der Einkauf mehrerer Unternehmen durch ein Gemeinschaftsunternehmen erfolgen. Wird der Gesellschafter durch Nebenleistungspflichten mittelbar oder unmittelbar zum (ausschließlichen) Bezug verpflichtet, so fallen derartige Pflichten unter den gleichen Voraussetzungen wie bei der Verkaufsgemeinschaft unter das Kartellverbot des § 1 I GWB.[429]

Neben den soeben genannten Funktionen Verkauf und Einkauf können auch andere Funktionen und Tätigkeiten der Gesellschafterunternehmen, wie beispielsweise Forschung und Entwicklung, Produktion, Transport und Rechnungswesen, Gegenstand eines Gemein-

---

425 Vgl. Gemeinschaftskommentar-Müller-Henneberg (1980), § 1, Rdnr. 62.

426 Vgl. Emmerich (1994), S. 80 f.

427 Zu dieser Tatbestandsvoraussetzung vgl. oben S. 82.

428 Vgl. Steindorff (1983), S. 9; Loewenheim/Belke (1979), § 1, Rdnr. 106; Frankfurter Kommentar-Huber/Baums (1993), § 1, Tz. 303; a.A. Kleim (1966), S. 111.

429 Vgl. Gemeinschaftskommentar-Müller-Henneberg (1980), § 1, Rdnr. 125; Loewenheim/Belke (1979), § 1, Rdnr. 108; Immenga/Mestmäcker (1992), § 1, Rdnrn. 429 ff. u. § 5 c, Rdnrn. 41 ff; Frankfurter Kommentar-Huber/Baums (1993), § 1, Tz. 308 ff; von Einem (1988), S. 141 ff.

schaftsunternehmens in der Rechtsform einer GmbH sein. Sie fallen grundsätzlich nicht unter den Tatbestand des § 1 I GWB, sofern die verpflichteten Gesellschafter weder als Anbieter noch als Nachfrager Wettbewerber sind. Eine Forschungsgemeinschaft ist somit i.d.R. nach § 1 I GWB zulässig, wenn sie durch einen Zulieferer und Abnehmer gegründet wird, denn zwischen ihnen besteht i.d.R. kein Wettbewerbsverhältnis.[430] Nebenleistungspflichten, wie beispielsweise die Pflicht zur Unterlassung eigener Parallelforschung oder die Pflicht, Patente, Know-how und personelle Forschungskapazität ausschließlich dem Gemeinschaftsunternehmen zur Verfügung zu stellen, sind dabei unbedenklich. Auch ist eine Forschungsgemeinschaft zwischen (konkurrierenden) Unternehmen zulässig, die aufgrund ihrer finanziellen Ausstattung oder ihrer Forschungs- und Entwicklungskapazität in personeller und sachlicher Hinsicht nicht in der Lage wären, das Forschungsvorhaben alleine durchzuführen.[431] Ansonsten unterliegen die durch Nebenleistungspflichten verfestigten Forschungsgemeinschaften grundsätzlich dem Kartellverbot des § 1 I GWB.

Auch bei den Gemeinschaftsunternehmen, deren Zweck die gemeinsame Produktion ist, können (ausschließliche) Liefer- oder Abnahmeverpflichtungen der konkurrierenden Gesellschafter unter das Kartellverbot fallen. Produziert das Gemeinschaftsunternehmen Rohstoff- oder Zulieferprodukte für die Gesellschafterunternehmen, so wird durch die Abnahmeverpflichtungen der Gesellschafterunternehmen der Nachfragewettbewerb beschränkt. Dagegen wird der Anbieterwettbewerb beschränkt, wenn die Gesellschafterunternehmen verpflichtet sind, ihre Erzeugnisse dem Gemeinschaftsunternehmen zur Weiterverarbeitung abzuliefern. Derartige Verpflichtungen sind grundsätzlich geeignet, die Erzeugung oder die Marktverhältnisse zu beeinflussen. Ist diese Beeinflussung spürbar, so sind die Tatbestandsvoraussetzungen des § 1 I GWB erfüllt.[432]

Bei der Vergemeinschaftung der anderen Unternehmensfunktionen und -tätigkeiten kann die Pflicht zur teilweisen oder ausschließlichen

---

430 Vgl. Schmieder (1981), S. 243; Frankfurter Kommentar-Huber/Baums (1993), Tz. 339.

431 Vgl. Schmieder (1981), S. 243; Immenga/Mestmäcker (1992), § 1, Rdnr. 469; Möschel (1983), S. 121, Rdnr. 189.

432 Vgl. Kleim (1966), S. 102 f.; Köhler (1987), S. 281 f.; Gansweid (1976), S. 262.

Inanspruchnahme des Gemeinschaftsunternehmens eine Wettbewerbsbeschränkung darstellen und unter das Kartellverbot fallen. Dabei sind zwei Gesichtspunkte zu beachten:[433]

Zum einen kann die Vergemeinschaftung bestimmter Tätigkeiten oder Funktionen dazu führen, daß es bei den von den Gesellschafterunternehmen angebotenen Gütern zu einer Angleichung der Preise bzw. Preisbestandteile oder sonstiger Wettbewerbsparameter kommt.[434] Entscheidend ist hierbei die Bedeutung der vergemeinschafteten Tätigkeit für den Anbietungswettbewerb der Gesellschafterunternehmen. Gründen z.B. zwei Kieswerksunternehmer eine Transport-GmbH mit der Nebenleistungspflicht, daß sämtliche Kiestransporte der Kieswerksunternehmer über diese Transport-GmbH abzuwickeln sind, so liegt darin eine Wettbewerbsbeschränkung, die bei diesem transportkostenempfindlichen Produkt zu einer Preisangleichung führt und aufgrund von § 1 I GWB unzulässig ist, sofern die Beeinflussung der Marktverhältnisse spürbar ist. Werden dagegen z.B. das Rechnungswesen, soziale Einrichtungen oder die Aus- und Fortbildung vergemeinschaftet, so wird dadurch der Anbietungswettbewerb i.d.R. nicht beschränkt.[435]

Der zweite Gesichtspunkt betrifft den Nachfragewettbewerb der Gesellschafterunternehmen. Durch die Bezugsbindung müssen die Gesellschafter die Leistung, die das Gemeinschaftsunternehmen erzeugt, abnehmen und können nicht auf andere Unternehmen, die die gleiche Leistung anbieten, ausweichen.[436] Auch hier kann die Geeignetheit zur Beeinflussung der Marktverhältnisse vorliegen, daß sie allerdings auch spürbar ist, wie der *BGH* dies fordert,[437] wird wohl häufiger zu verneinen sein.

Verträge, die die Tatbestandsvoraussetzungen des § 1 I GWB erfüllen, sind grundsätzlich unwirksam. Aufgrund von § 1 I 2 GWB handelt es sich jedoch um eine schwebende Unwirksamkeit, soweit die Möglichkeit einer Legalisierung des Vertrags nach §§ 2 bis 8, 99 bis

---

433 Vgl. Kleim (1966), S. 118 u. 127.

434 Vgl. Immenga/Mestmäcker (1992), § 1, Rdnr. 280; Kleim (1966), S. 128.

435 Vgl. Gemeinschaftskommentar-Müller-Henneberg (1980), § 1, Rdnrn. 53 u. 112.

436 Vgl. Kleim (1966), S. 128.

437 Vgl. oben S. 82.

103 GWB besteht.[438] Von dieser Unwirksamkeit werden hier nur diejenigen Nebenleistungspflichten erfaßt, die gegen das Kartellverbot verstoßen, im übrigen behält der Gesellschaftsvertrag der GmbH seine volle Gültigkeit. Die Nichtigkeit einzelner Bestimmungen kann nicht zur Nichtigkeit des GmbH-Gesellschaftsvertrages führen. Durch § 75 GmbHG ist die Anwendung des § 139 BGB ausgeschlossen.[439] Die Gesellschafter haben dann die Möglichkeit, durch Beschluß die Gesellschaft aufzulösen (§ 60 I Nr. 2 GmbHG).[440] Stellt die nichtige Nebenleistungspflicht eine wesentliche Satzungsbestimmung dar, so kommt eine Auflösungsklage des Gesellschafters aus wichtigem Grund gemäß § 61 GmbHG in Betracht.[441] Daneben stehen der Kartellbehörde Sanktionsmöglichkeiten in Form von Untersagungsverfügungen (§ 37 a I GWB) und Bußgeldern (§ 38 I Nr. 1 GWB) zur Verfügung.

3.2.3.2 Die Kartellverbotsausnahmen der §§ 2 bis 8 GWB

Wie soeben erwähnt, hat der Gesetzgeber einige Ausnahmetatbestände zum Kartellverbot geschaffen. Voraussetzung für eine Freistellung nach diesen Ausnahmevorschriften ist das Vorliegen eines Kartellvertrages i.S. von § 1 I GWB.[442]

Nach § 2 III GWB kann ein Konditionenkartell Rechtswirksamkeit erlangen, wenn die Kartellbehörde innerhalb einer Frist von drei Monaten seit Eingang der Anmeldung widerspricht. Unternehmen können sich somit auch zu einem Konditionenkartell in der Rechtsform der GmbH zusammenschließen. Die Gesellschafter werden dann gegenüber der GmbH verpflichtet, bestimmte allgemeine Geschäfts-, Lieferungs- und Zahlungsbedingungen einschließlich der Skonti einheitlich zu verwenden. Ausgeschlossen ist jedoch, daß sich diese Regelungen auf Preise oder Preisbestandteile beziehen.

---

438 Vgl. Immenga/Mestmäcker (1992), § 1, Rdnr. 393; Gemeinschaftskommentar-Müller-Henneberg (1980), § 1, Rdnr. 132 u. 138.

439 Vgl. OLG (23.4.1982), WuW/E OLG 2790, 2793 f.

440 Vgl. Gemeinschaftskommentar-Müller-Henneberg (1980), § 1, Rdnr. 133.

441 Vgl. Frankfurter Kommentar-Huber/Baums (1993), § 1, Tz. 651.

442 Vgl. Immenga/Mestmäcker (1992), § 2, Rdnr. 16; § 3, Rdnr. 9; § 5, Rdnrn. 28 u. 55; § 5a, Rdnr. 13; § 5b, Rdnr. 18; § 6, Rdnr. 55; § 7, Rdnr. 13; BKartA, WuW/E BKartA 2049, 2053.

Ebenso wie das Konditionenkartell erlangt auch das Rabattkartell Rechtswirksamkeit, sofern die Kartellbehörde nicht widerspricht (§ 3 III GWB). Alle Gesellschafter der Rabattkartell-GmbH können verpflichtet werden, einheitliche Rabattregelungen gegenüber ihren Abnehmern zu verwenden. Der Rabatt muß gemäß § 3 I GWB ein "echtes Leistungsentgelt" darstellen. Zudem dürfen keine diskriminierenden Wirkungen vom Rabattkartell ausgehen, d.h. Abnehmer und sonstige Marktteilnehmer dürfen nicht ungerechtfertigt unterschiedlich behandelt werden (§ 3 I u. III 2 Nr. 3 GWB). Zulässige Rabatte sind im allgemeinen Mengenrabatte und individuelle Umsatzrabatte, nicht jedoch die sogenannten Gesamtumsatzrabatte. Allgemeine Funktionsrabatte, wie z.B. Groß- und Einzelhandelsrabatte, sind nicht zulässig, wohl aber die sogenannten speziellen Funktionsrabatte, wie z.B. Lagerhaltungs-, Werbe-, Muster-, Qualitäts- und Einführungsrabatte. Den Treuerabatten fehlt die Leistungsbezogenheit, und sie beinhalten zudem eine Diskriminierung, sie sind deshalb unzulässig.[443]

Im Rahmen des § 4 GWB können den Gesellschaftern der Strukturkrisen-GmbH Nebenleistungspflichten auferlegt werden, die eine planmäßige Kapazitätsanpassung gewährleisten, beispielsweise die Pflicht, die eigene Kapazität zu verringern,[444] Investitionen zu unterlassen und Betriebe stillzulegen. Voraussetzung für die Erlaubnis durch das Bundeskartellamt (§ 44 I Nr. 1 lit. a GWB) ist u.a. das Vorliegen eines "auf nachhaltiger Änderung der Nachfrage beruhenden Absatzrückganges". Strukturkrisenkartelle haben bisher jedoch kaum praktische Bedeutung erlangt.[445]

Nach § 5 I GWB können Normen- und Typenkartelle durch Anmeldung bei der Kartellbehörde mit Beifügung einer Stellungnahme eines Rationalisierungsverbandes legalisiert werden. Ist die Rechtsform des Kartells eine GmbH, so kann den Gesellschaftern die einheitliche Anwendung bestimmter Normen oder Typen als Nebenleistungspflicht auferlegt werden.

---

443 Zu den einzelnen Rabattarten vgl. Immenga/Mestmäcker (1992), § 3, Rdnrn. 149 ff. m.w.N.

444 Beim Strukturkrisenkartell "Leichtbauplatten", das die Rechtsform einer GmbH hatte, enthielt der Gesellschaftsvertrag eine derartige Nebenleistungspflicht; vgl. Bekanntmachung Nr. 56/87 des BKartA vom 6.7. 1987, BAnz. Nr. 124 vom 10.7.1987.

445 Vgl. Immenga/Mestmäcker (1992), § 4, Rdnr. 1.

Einen weiteren Ausnahmebereich zu § 1 I GWB stellen die Rationalisierungskartelle dar. Unter der in § 5 II GWB genannten Tatbestandsvoraussetzung "Rationalisierung wirtschaftlicher Vorgänge" versteht das Bundeskartellamt solche Maßnahmen, "durch die bei jedem beteiligten Unternehmen der betriebliche Aufwand für wirtschaftliche Vorgänge, wie Finanzierung, Investitionen, Einkauf, Produktion und Absatz, - umgerechnet auf die Produktionseinheit - verringert wird."[446]

Des weiteren muß die Rationalisierung geeignet sein, die Leistungsfähigkeit oder Wirtschaftlichkeit der beteiligten Unternehmen wesentlich zu heben. Beide Begriffe stellen selbständige Tatbestandsmerkmale dar, sie dienen aber zugleich der Konkretisierung der ausfüllungsbedürftigen Formel "Rationalisierung".[447] Eine Hebung der Leistungsfähigkeit liegt beispielsweise bei einer Erhöhung der Produktionsmenge,[448] Qualitätsverbesserung,[449] Erhöhung der Lieferbereitschaft[450] oder bei einer Verkürzung der Lieferzeiten[451] vor. Eine Hebung der Wirtschaftlichkeit kommt durch ein verbessertes Verhältnis von Aufwand und Ertrag zum Ausdruck, beispielsweise durch Kosteneinsparungen bei Herstellung, Lagerung, Aufbereitung oder Vertrieb.[452] Ob die Anhebung wesentlich ist, kann allerdings nur anhand der konkreten Verhältnisse des einzelnen Unternehmens beurteilt werden.[453] Eine weitere Folge der Rationalisierung muß die Verbesserung der Bedarfsbefriedigung sein, d.h. es müssen von ihr positive Wirkungen auf den Markt ausgehen. Beispiele hierfür sind Preissenkungen, Qualitätssteigerungen oder Produktinnovationen.[454]

Schließlich verlangt § 5 II GWB, daß der Rationalisierungserfolg in einem angemessenen Verhältnis zu der damit verbundenen Wettbewerbsbeschränkung stehen soll. Dies bedeutet, daß mit der

---

446 BKartA, WuW/E BKartA 516, 520.

447 Vgl. Loewenheim/Belke (1980), § 5, Rdnr. 34; BKartA, WuW/E BKartA 516, 520.

448 Vgl. BKartA, WuW/E BKartA 516, 521.

449 Vgl. BKartA, WuW/E BKartA 1794, 1795.

450 Vgl. BKartA, WuW/E BKartA 1794, 1795.

451 Vgl. BKartA, WuW/E BKartA 528, 534.

452 Vgl. BGH (18.5.1982), WuW/E BGH 1929, 1931.

453 Vgl. BGH (18.5.1982), WuW/E BGH 1929, 1932.

454 Vgl. Immenga/Mestmäcker (1992), § 5, Rdnrn. 84 u. 89 m.w.N.

Schwere der Wettbewerbsbeschränkungen auch der Vorteil des Rationalisierungserfolges für die Allgemeinheit wachsen muß.[455]

Rationalisierungskartelle in Verbindung mit Preisabreden oder gemeinsamen Beschaffungs- oder Vertriebseinrichtungen (Syndikaten) können gemäß § 5 III GWB erlaubt werden. Diese Norm setzt ein Rationalisierungskartell i.S. des § 5 II GWB voraus.[456] Des weiteren muß die Preisabrede oder die gemeinsame Beschaffungs- oder Vertriebseinrichtung für den Rationalisierungszweck unerläßlich und die Rationalisierung muß im Interesse der Allgemeinheit erwünscht sein. Ist beispielsweise der Rationalisierungszweck eine langfristige gleichmäßige Auslastung der Kapazitäten durch gezielte Auftragssteuerung unter Berücksichtigung der erforderlichen Erweiterungsinvestitionen, so ist dies nur durch einheitliche Preise möglich, denn ansonsten müßte sich die Auftragssteuerung nach dem jeweils günstigsten Angebot richten.[457] Eine Rationalisierung ist im Interesse der Allgemeinheit erwünscht, wenn dadurch beispielsweise die Nachfrager kostengünstiger und schneller mit dem vollständigen Sortiment versorgt werden und Arbeitsplätze erhalten bleiben.[458]

§ 5 a GWB regelt die Zulässigkeit von Kartellen, die die Rationalisierung wirtschaftlicher Vorgänge durch Spezialisierung zum Gegenstand haben. Unter dieser Spezialisierung wird eine vereinbarte Arbeitsteilung im weitesten Sinne zwischen den Unternehmen verstanden, sie ist ein Unterfall der Rationalisierung.[459] Beispiele hierfür sind Produkt- und Funktionsspezialisierung.[460] Zulässig sind solche Kartelle, soweit ein wesentlicher Wettbewerb auf dem Markt bestehen bleibt. Hierbei ist u.a. der Marktanteil, Art und Intensität der Wettbewerbsbeschränkung sowie die sonstige Marktstruktur von Bedeutung.[461] Im Schrifttum wird teilweise ein Marktanteil von

---

455 Vgl. Immenga/Mestmäcker (1992), § 5, Rdnr. 92.

456 Vgl. Immenga/Mestmäcker (1992), § 5, Rdnr. 96; Gemeinschaftskommentar-Deringer/Benisch (1984), § 5, Rdnr. 58; Loewenheim/Belke (1980), § 5, Rdnr. 65.

457 Vgl. BKartA, WuW/E BKartA 1248, 1253.

458 Vgl. BKartA, WuW/E BKartA 2047, 2048.

459 Vgl. Loewenheim/Belke (1980), § 5 a, Rdnr. 9; Immenga/Mestmäcker (1992), § 5 a, Rdnr. 18.

460 Vgl. Immenga/Mestmäcker (1992), § 5 a, Rdnrn. 19 ff.

461 Vgl. Loewenheim/Belke (1980), § 5 a, Rdnr. 23.

20 % als Obergrenze angesehen.[462] Das Bundeskartellamt hat indes schon Spezialisierungskartelle mit Marktanteilen um 50 % zugelassen.[463]

Nach § 5 a I 2 GWB können Abreden der in § 5 II und III GWB bezeichneten Art, sofern sie mit der Spezialisierung verbunden und zu deren Durchführung erforderlich sind, im Widerspruchsverfahren legalisiert werden, während sie gemäß § 5 II und III GWB nur im Erlaubnisverfahren Rechtswirksamkeit erlangen können. Als Abreden kommen alle die an sich nach § 1 I GWB verbotenen Kartellabsprachen in Betracht. Sie müssen lediglich für die Spezialisierung erforderlich sein. Dies ist gegeben, wenn die Spezialisierung ohne die Abrede wirtschaftlich nicht sinnvoll durchgeführt werden kann.[464]

Im Rahmen des § 5 b GWB haben kleine und mittlere Unternehmen die Möglichkeit, zwischenbetriebliche Zusammenarbeit, die unter das Kartellverbot fallen würde, zu legalisieren (sogenannte Kooperationskartelle). Voraussetzung dafür ist, daß es sich dabei um eine Rationalisierung wirtschaftlicher Vorgänge handelt, wobei die in § 5 a GWB genannte Spezialisierung davon ausgenommen ist. Ansonsten wird jegliche zwischenbetriebliche Zusammenarbeit, wie z.B. auf den Gebieten Produktion, Forschung, Finanzierung, Verwaltung, Werbung, Einkauf, Vertrieb und Rechnungswesen, von dieser Bestimmung erfaßt.[465]

Allerdings darf durch diese Zusammenarbeit der Wettbewerb auf dem (relevanten) Markt nicht wesentlich beeinträchtigt werden. Diese Einschränkung ist enger als die in § 5 a I GWB, wo es ausreichend ist, daß ein wesentlicher Wettbewerb auf dem Markt bestehen bleibt.[466] Wie bei den oben beschriebenen Kartellverbotsausnahmen so ist auch hier eine Gesamtwürdigung der Auswirkungen des Kartells angezeigt, wobei u.a. Marktanteil, Art und Intensität der Wettbewerbsbeschränkung sowie die sonstige Marktstruktur zu

---

462 Vgl. Emmerich (1994), S. 113; Immenga/Mestmäcker (1992), § 5 a, Rdnrn. 42.

463 Vgl. BKartA, WuW/E BKartA 629, 631; 953, 955.

464 Vgl. Gemeinschaftskommentar-Benisch (1984), § 5 a, Rdnr. 29; Emmerich (1994), S. 114.

465 Vgl. Immenga/Mestmäcker (1992), § 5 b, Rdnrn. 35; Loewenheim/Belke (1980), § 5 b, Rdnr. 8.

466 Vgl. Emmerich (1994), S. 119; Immenga/Mestmäcker (1992), § 5 b, Rdnr. 56.

berücksichtigen sind.[467] Wenngleich aus diesen Gründen Marktanteilsobergrenzen für zulässige Kartelle nicht angegeben werden können, sieht der Wirtschaftsausschuß des Deutschen Bundestages die kritische Grenze für eine wesentliche Beeinträchtigung des Wettbewerbs bei einem Marktanteil von 10 bis 15 %, wenn Preisbestandteile abgesprochen werden.[468]

Die Rationalisierung wirtschaftlicher Vorgänge durch zwischenbetriebliche Zusammenarbeit muß dazu dienen, die Leistungsfähigkeit kleiner oder mittlerer Unternehmen zu fördern. Für das Tatbestandsmerkmal "kleine oder mittlere Unternehmen" ist eine quantitative Angabe nicht möglich. Es kommt hier auf die Marktstruktur, insbesondere auf die Unternehmensgröße im Vergleich zu den vorhandenen Wettbewerbern an.[469] Die Förderung der Leistungsfähigkeit muß im Gegensatz zu § 5 II GWB nicht "wesentlich" sein. Ansonsten kann bezüglich dieses Merkmals auf die Ausführungen zu § 5 II GWB verwiesen werden.[470] Der Umstand, daß § 5 b GWB nur die Leistungsfähigkeit, nicht aber die Wirtschaftlichkeit nennt, hat keine einschränkende Bedeutung.[471]

§ 5 c GWB regelt den gemeinsamen Einkauf ohne Bezugszwang. Diese Freistellungsmöglichkeit braucht hier nicht erörtert zu werden, da sie ja gerade Verpflichtungen zur Inanspruchnahme der gemeinsamen Einkaufseinrichtung ausschließt.

Rationalisierungs-, Spezialisierungs- und Kooperationskartelle können u.a. auch in Form eines Gemeinschaftsunternehmens in der Rechtsform einer GmbH verwirklicht werden. Den Gesellschaftern können dabei die zur Durchführung des Kartells notwendigen Verpflichtungen als Nebenleistungspflichten auferlegt werden. Inhaltliche Beschränkungen der Nebenleistungspflichten bestehen nicht, maßgeblich sind ausschließlich die Tatbestandsvoraussetzungen der freistellungsfähigen Kartellformen. So waren beispielsweise den Gesellschaftern eines erlaubten Verkaufssyndikats in der Rechtsform

---

467 Vgl. Loewenheim/Belke (1980), § 5 b, Rdnr. 17; Immenga/Mestmäcker (1992), § 5 b, Rdnrn. 58 ff.

468 Vgl. Wirtschaftsausschuß, BT-Drucks. 7/765, S. 3.

469 Vgl. Immenga/Mestmäcker (1992), § 5 b, Rdnr. 67; Loewenheim/Belke (1980), § 5 b, Rdnr. 20.

470 Vgl. oben S. 91.

471 Vgl. Gemeinschaftskommentar-Benisch (1984), § 5 b, Rdnr. 22; Immenga/Mestmäcker (1992), § 5 b, Rdnr. 27.

einer GmbH folgende Nebenleistungspflichten auferlegt: Sie mußten die von ihnen hergestellten Vertragswaren ausschließlich über die Vertriebs-GmbH zu einheitlichen Preisen und Konditionen unter Einhaltung festgelegter Gesellschafterquoten vertreiben, an einer Aufteilung der Produktion verschiedener Steinsorten und -formate mitwirken sowie beschlossene Qualitäts- und Verpackungsrichtlinien einhalten.[472]

Nach § 6 I GWB sind Kartellverträge freistellungsfähig, sofern sie ausschließlich den Wettbewerb mit aus dem Inland ausgeführten Waren und gewerblichen Leistungen außerhalb des Geltungsbereiches des GWB beschränken.[473] Der Kartellvertrag muß der Sicherung und Förderung der Ausfuhr dienen, wobei die volkswirtschaftliche Betrachtung hier maßgeblich ist.[474] Dies trifft vor allem auf Kartelle zu, die der Exportrationalisierung oder der Stärkung der Wettbewerbsfähigkeit auf den Auslandsmärkten dienen.[475]

Die durch § 6 I GWB freistellungsfähigen Exportkartellverträge dürfen nur Wettbewerbsbeschränkungen enthalten, die sich ausschließlich auf das Verhalten der Kartellmitglieder auf den Exportmärkten beziehen. Nach Absatz II dieser Norm ist dagegen auch ein Exportkartellvertrag i.S. von § 6 I GWB freistellungsfähig, der zusätzliche Regelungen enthält, die den Wettbewerb im Inland i.S. von § 1 I GWB beschränken (sogenannte Inlandsregelung).[476] Die Inlandsregelung muß zur Sicherstellung der Auslandsregelung notwendig sein. Enthält der Vertrag Verpflichtungen, die sich auf den Inlandsmarkt beziehen, so liegt eine Inlandsregelung vor.[477] Auch hier wiederum unterliegen Nebenleistungspflichten gegenüber der Exportkartell-GmbH keinen inhaltlichen Beschränkungen, sofern sie der Sicherung und Förderung der Ausfuhr dienlich sind. Gründen beispielsweise inländische Hersteller eine Vertriebs-GmbH für den Export und sind sie statutarisch dazu verpflichtet, den Export ihrer Waren ausschließlich über diese Vertriebs-GmbH abzuwickeln, so liegt eine Inlandsregelung vor.[478]

---

472 Vgl. BKartA, WuW/E BKartA 1794 f.
473 Vgl. Frankfurter Kommentar-Scherf (1982), § 6, Tz. 1.
474 Vgl. Loewenheim/Belke (1985), § 6, Rdnr. 30.
475 Vgl. Immenga/Mestmäcker (1992), § 6, Rdnr. 73.
476 Vgl. Gemeinschaftskommentar-Grauel (1984), § 6, Rdnr. 45.
477 Vgl. Immenga/Mestmäcker (1992), § 6, Rdnr. 99.
478 Vgl. Immenga/Mestmäcker (1992), § 6, Rdnr 105.

Einem Exportkartell mit Inlandsregelung darf die Kartellbehörde keine Erlaubnis erteilen, sofern es Grundsätze verletzt, die die Bundesrepublik Deutschland in zwischenstaatlichen Abkommen anerkannt hat (§ 6 III Nr. 1 GWB). Ein weiterer Versagungsgrund ist dann gegeben, wenn der Kartellvertrag zu einer wesentlichen (inländischen) Wettbewerbsbeschränkung führen kann und das Interesse an der Wettbewerbserhaltung überwiegt (§ 6 III Nr. 2 GWB).

Mit § 7 GWB schuf der Gesetzgeber auch eine Freistellungsmöglichkeit für Importkartelle. Danach kann die Erlaubnis für einen Kartellvertrag erteilt werden, wenn sich damit die deutschen Bezieher hinsichtlich ihres Marktverhaltens als Nachfrager von Waren oder gewerblichen Leistungen, die in das Inland importiert werden, Wettbewerbsbeschränkungen auferlegen.[479] Die Wettbewerbsbeschränkung darf nur die Einfuhr betreffen.[480] Eine Erlaubnis kommt zudem nur in Betracht, wenn die deutschen Nachfrager fehlendem oder unwesentlichem Wettbewerb der ausländischen Anbieter gegenüberstehen. Dies ist dann der Fall, wenn diese i.S. von § 22 GWB marktbeherrschend sind.[481] Dieser Freistellungsvoraussetzung liegt der Gedanke zugrunde, daß deutsche Importinteressen durch die Zulassung von Gegenmachtbildung gegenüber monopolisierten oder kartellierten ausländischen Anbietern gefördert werden sollen.[482] Hinsichtlich der Versagungsgründe verweist § 7 II GWB auf § 6 III GWB.[483]

Sind Kartellverträge, die an sich unter das Kartellverbot des § 1 I GWB fallen würden, nicht gemäß der §§ 2 bis 7 GWB freistellungsfähig, so kann der Bundesminister für Wirtschaft unter den strengen Voraussetzungen des § 8 GWB das Kartell genehmigen.

---

479 Vgl. Gemeinschaftskommentar-Grauel (1984), § 7, Rdnr. 6; Loewenheim/Belke (1985), § 7, Rdnr. 14.

480 Vgl. Immenga/Mestmäcker (1992), § 7, Rdnr. 22.

481 Vgl. Immenga/Mestmäcker (1992), § 7, Rdnr. 36.

482 Vgl. Loewenheim/Belke (1985), § 7, Rdnr. 5 f.

483 Vgl. oben S. 96.

3.2.3.3 Die Bereichsausnahmen der §§ 99 bis 103a GWB

Neben den soeben genannten Freistellungsmöglichkeiten sind in den §§ 99 bis 103a GWB einzelne Bereiche vom Kartellverbot teilweise oder ganz freigestellt:

Entsprechend § 99 I Nr. 1 GWB findet § 1 GWB keine Anwendung auf Verträge von Luftfahrtunternehmen und Unternehmen der Binnenschiffahrt, wenn und soweit sie Beförderungsleistungen über die Grenzen des Geltungsbereichs des EWG-Vertrages hinaus zum Gegenstand haben. Hierzu zählen u.a. Regelungen über Beförderungsbedingungen, -entgelte, -rabatte, die Zahl der Abfahrten, Gebietsaufteilungen, Frachtgutquoten, das Einrichten von Gemeinschaftsdiensten etc.[484]

Nr. 2 desselben Absatzes stellt Verträge von Personenbeförderungsunternehmen vom Kartellverbot frei, wenn und soweit sie der aus öffentlichen Verkehrsinteressen erforderlichen Einrichtung und befriedigenden Bedienung, Erweiterung oder Änderung von Verkehrsverbindungen i.S. des § 8 III des Personenbeförderungsgesetzes dienen. Freistellungsfähig sind somit Kooperationen von Personenbeförderungsunternehmen, beispielsweise Linien-, Kfz-Bestandsabsprachen und Gebietsabgrenzungen.[485]

Nach § 99 I Nr. 3 GWB sind Verträge von Eisenbahnunternehmen untereinander oder mit anderen Verkehrsunternehmen von § 1 GWB freigestellt. Voraussetzung dafür ist, daß diese Verträge der Koordination von Entgelten oder Bedingungen dienen, die staatlich festgesetzt oder genehmigt werden.

Für den Bereich der Landwirtschaft ist § 100 GWB die einschlägige Ausnahmeregelung. Danach findet das Kartellverbot keine Anwendung auf Verträge von Erzeugerbetrieben, Vereinigungen von Erzeugerbetrieben und Vereinigungen von Erzeugervereinigungen. Sofern der Wettbewerb nicht ausgeschlossen wird, können diese Verträge beliebige Wettbewerbsbeschränkungen enthalten, soweit sie ohne Preisbindung die Erzeugung oder den Absatz landwirtschaftlicher Erzeugnisse oder die Benutzung gemeinschaftlicher Einrichtun-

---

484 Vgl. Immenga/Mestmäcker (1992), § 99, Rdnr. 27; Gemeinschaftskommentar-Hootz (1985), § 99, Rdnr. 31.

485 Vgl. Immenga/Mestmäcker (1992), § 99, Rdnr. 41.

gen für die Lagerung, Be- oder Verarbeitung landwirtschaftlicher Erzeugnisse betreffen.

Landwirtschaftliche Erzeugnisse i.S. des 100 GWB sind nach Abs. 5 Nr. 1 Erzeugnisse der Landwirtschaft, des Gemüse-, Obst-, Garten- und Weinbaues, der Imkerei sowie der Fischerei, ferner die gemäß Nr. 2 bestimmten Be- und Verarbeitungsprodukte.[486] Erzeugerbetriebe sind die Betriebe, die die in Abs. 5 Nr. 1 genannten Produkte erzeugen oder gewinnen. Betriebe, die landwirtschaftliche Urprodukte i.S. von Abs. 5 Nr. 2 be- oder verarbeiten, sind nur dann Erzeugerbetriebe, wenn die Be- oder Verarbeitung von den Erzeugern selbst oder einer Vereinigung von Erzeugern, z.B. einer Molkereigenossenschaft, vorgenommen wird.[487] Nach Abs. 6 zählen zu den Erzeugerbetrieben auch Pflanzen- und Tierzuchtbetriebe und die auf der Stufe dieser Betriebe tätigen Unternehmen.

Gemäß § 100 GWB können Erzeugerbetriebe und Erzeugervereinigungen zwecks einer Kooperation ein Gemeinschaftsunternehmen in der Rechtsform einer GmbH gründen. Dabei ist es zulässig, den Gesellschafterunternehmen beliebige Nebenleistungspflichten aufzuerlegen, sofern sie die oben genannten Bereiche Erzeugung, Absatz oder die Benutzung gemeinschaftlicher Einrichtungen betreffen, beispielsweise Begrenzungen der Anbauflächen oder der Produktion, die Pflicht zur Verwendung eines bestimmten Saatgutes, die Pflicht zur ausschließlichen Belieferung einer Verwertungsstelle bzw. Vertriebsstelle, die Pflicht, sämtliche Produkte einzulagern oder Benutzungszwang gemeinschaftlicher Einrichtungen.[488] Kartellrechtlich unbedenklich ist somit auch die Gründung einer Zuckerfabrik in der Rechtsform einer GmbH durch Zuckerrübenbauern, die statutarisch verpflichtet sind, ihre Zuckerrüben der Zuckerfabrik zur Verarbeitung anzubieten (Andienungspflicht).

---

486 Gemäß der Benennungsverordnung (abgedruckt bei: Gemeinschaftskommentar-Hootz (1985), Anh. zu § 100, Rdnr. 1) sind dies: Milcherzeugnisse i.S. des § 4 II des Milch- und Fettgesetzes, Butter, Käse, Trockenmilch, sterilisierte Milch und Sahne, Kasein und Molkenerzeugnisse, geschlachtetes Geflügel, gesalzene Fische, gekochte, gesalzene oder getrocknete Garnelen, Wein, Traubenmost zur Weinherstellung, tiefgefrorene Seefische, ganz oder zerteilt, molkereimäßig bearbeitete Milch, ultrahocherhitzte Milch, Rübenzucker.

487 Vgl. Gemeinschaftskommentar-Hootz (1985), § 100, Rdnr. 6.

488 Vgl. Gemeinschaftskommentar-Hootz (1985), § 100, Rdnrn. 11 ff.

§ 100 I GWB verbietet zwar Preisbindungen, darunter fällt jedoch nicht die einheitliche Festsetzung der An- und Verkaufspreise des Gemeinschaftsunternehmens. Eine unzulässige Preisbindung i.S. von § 100 I GWB wäre jedoch die Verpflichtung der Erzeuger, Direktverkäufe unterhalb eines bestimmten Preises zu unterlassen.[489]

Nicht freigestellt dagegen ist eine Einkaufsgemeinschaft mit Bezugszwang für landwirtschaftliche Bedarfsartikel und andere Waren, denn sie betrifft nicht die Erzeugung, den Absatz oder die Benutzung gemeinschaftlicher Einrichtungen.[490]

Zu beachten ist hierbei aber auch das Marktstrukturgesetz. Danach wird eine Erzeugergemeinschaft nur anerkannt, wenn der Wettbewerb durch sie nicht ausgeschlossen wird (§ 3 I Nr. 8 MarktstrukturG) und die Satzung folgende Verpflichtungen den Gesellschaftern auferlegt: Einhaltung bestimmter Erzeugungs- und Qualitätsregeln, die ein marktgerechtes Warenangebot sicherstellen (§ 3 I Nr. 3 lit. b MarktstrukturG) sowie die Pflicht, ihre gesamten zur Veräußerung bestimmten Erzeugnisse, die Gegenstand der Tätigkeit der Erzeugergemeinschaft sind, durch diese zum Verkauf anbieten zu lassen (§ 3 I Nr. 3 lit. d MarktstrukturG). Handelt es sich um eine Erzeugergemeinschaft in der Rechtsform der GmbH, so stellen diese Verpflichtungen kartellrechtlich zulässige Nebenleistungspflichten dar, denn sie sind der Erzeugergemeinschaft immanent.[491] Da nicht alle Erzeugnisse, die in der Anlage zum MarktstrukturG genannt werden und somit unter dessen Geltungsbereich fallen, auch landwirtschaftliche Erzeugnisse i.S. von § 100 V GWB sind,[492] erweitert das MarktstrukturG die kartellrechtlich zulässigen Gestaltungsmöglichkeiten mit Nebenleistungspflichten hinsichtlich dieser Erzeugnisse. § 11 MarktstrukturG stellt nur Beschlüsse von § 1 GWB frei, nicht aber Verträge, diese Norm wirkt sich also auf die Statuierung von Nebenleistungspflichten nicht aus.

§ 100 VII GWB nimmt unter bestimmten Voraussetzungen Beschlüsse, nicht aber Verträge von forstwirtschaftlichen Zusammen-

---

489 Vgl. Gemeinschaftskommentar-Hootz (1985), § 100, Rdnrn. 26.

490 Vgl. Immenga/Mestmäcker (1992), § 100, Rdnr. 41; Gemeinschaftskommentar-Hootz (1985), § 100, Rdnr. 12.

491 Vgl. Bendel-Reuter (1970), § 11, Rdnr. 5.

492 Vgl. Petry (1974), S. 130 u. 133 ff.; Wendler (1977), S. 67; Schulze-Hagen (1977), S. 86 u. 99.

schlüssen vom Kartellverbot des § 1 GWB aus.[493] Diese Ausnahmevorschrift ist somit für die hier zu betrachtenden gesellschaftsvertraglichen Nebenleistungspflichten nicht einschlägig. Das Bundeswaldgesetz dagegen setzt für die Anerkennung einer Forstbetriebsgemeinschaft voraus, daß die Satzung oder der Gesellschaftsvertrag die Verpflichtung der Gesellschafter enthält, das zur Veräußerung bestimmte Holz ganz oder teilweise durch die Forstbetriebsgemeinschaft zum Verkauf anbieten zu lassen, sofern sie den Absatz des Holzes zur Aufgabe hat (§ 18 I Nr. 3 lit. e BundeswaldG). Die Forstbetriebsgemeinschaft muß jedoch einen wesentlichen Wettbewerb auf dem Holzmarkt bestehen lassen (§ 18 I Nr. 7 BundeswaldG). Bei anerkannten Forstbetriebsgemeinschaften in der Rechtsform der GmbH mit der Aufgabe, das Holz abzusetzen, enthält der Gesellschaftsvertrag also stets eine Andienungspflicht der Gesellschafter. Diese Pflicht ist der Forstbetriebsgemeinschaft immanent und deshalb kartellrechtlich zulässig.[494] Ansonsten aber gilt für Gesellschaftsverträge das GWB, denn § 40 BundeswaldG, der Beschlüsse unter bestimmten Voraussetzungen von § 1 GWB freistellt, findet auf Verträge keine Anwendung.

Gemäß § 102 gilt § 1 GWB nicht für Verträge von Kreditinstituten oder Versicherungsunternehmen, wenn die Kartellverträge im Zusammenhang mit Tatbeständen stehen, die der Genehmigung oder Überwachung durch die Aufsichtsbehörden unterliegen. Ähnlich wie § 5 II GWB[495] setzt diese Norm voraus, daß die Wettbewerbsbeschränkung geeignet und erforderlich ist, die Leistungsfähigkeit der beteiligten Unternehmen zu heben oder zu erhalten. Des weiteren muß dadurch die Befriedigung des Bedarfs verbessert werden. Zudem muß das Verhältnis zwischen Erfolg und Wettbewerbsbeschränkung angemessen sein. Geht man davon aus, daß unter diese Ausnahmeregelung sämtliche Hilfs- und Nebengeschäfte, also auch nicht banken- und versicherungsspezifische Geschäfte, fallen,[496] so bleibt diesen Unternehmen ein großer Spielraum, zwischenbetriebliche Zusammenarbeit kartellrechtlich zu legalisieren. Sie können beispielsweise Gemeinschaftsunternehmen in der Rechtsform der GmbH zum Zwecke der gemeinsamen Werbung oder Markt-

---

493 Vgl. Immenga/Mestmäcker (1992), § 100, Rdnr. 76.

494 So auch Bendel-Reuter (1970), § 11, Rdnr. 5 für Erzeugergemeinschaften nach dem Marktstrukturgesetz.

495 Vgl. hierzu oben S. 91.

496 Str., vgl. Immenga/Mestmäcker (1992), § 102, Rdnr. 23 m.w.N.

forschung gründen und sich dabei statutarisch zur ausschließlichen Inanspruchnahme dieser Dienstleistung verpflichten.

Nach § 102a I GWB ist die Bildung von Verwertungsgesellschaften, die der Aufsicht nach dem Urheberrechtswahrnehmungsgesetz unterliegen, von § 1 GWB freigestellt. Nach § 1 I i.V.m. §§ 18 ff. UrheberrechtswahrnehmungsG unterliegt dieser Aufsicht, wer urheberrechtliche Nutzungsrechte, Einwilligungsrechte oder Vergütungsansprüche für Rechnung mehrerer Urheber oder Inhaber verwandter Schutzrechte zur gemeinsamen Auswertung wahrnimmt, sofern es sich um keine gelegentliche oder kurzfristige Wahrnehmung handelt (§ 1 II UrheberrechtswahrnehmungsG). Somit sind Wettbewerbsbeschränkungen in Gesellschaftsverträgen von Verwertungsgesellschaften vom Kartellverbot des § 1 GWB freigestellt. Dem Urheber als Gesellschafter einer Verwertungsgesellschaft in der Rechtsform einer GmbH kann deshalb die Nebenleistungspflicht auferlegt werden, seine sämtlichen gegenwärtigen und zukünftigen Urheberrechte ausschließlich der GmbH zu übertragen.[497]

Schließlich stellt § 103 GWB auch bestimmte Verträge von Versorgungsunternehmen u.a. von der Anwendung des § 1 GWB frei. Für die hier zu behandelnden Nebenleistungspflichten in GmbH-Gesellschaftsverträgen ist § 103 I Nr. 4 GWB relevant: Diese Norm stellt sogenannte Verbundverträge zwischen Versorgungsunternehmen von § 1 GWB frei, "soweit sie zu dem gemeinsamen Zweck abgeschlossen sind, bestimmte Versorgungsleistungen über feste Leitungswege ausschließlich einem oder mehreren Versorgungsunternehmen zur Durchführung der öffentlichen Versorgung zur Verfügung zu stellen". Versorgungsleistungen sind Lieferungen von Gas, Wasser oder Elektrizität. Gemäß Gesetzeswortlaut müssen die Versorgungsleistungen über "feste Leitungswege" erbracht werden. Diese Ausnahmeregelung ermöglicht den Versorgungsunternehmen die Gründung einer GmbH zum Zwecke des gemeinsamen Absatzes ihrer Versorgungsleistungen (Absatzsyndikat),[498] wobei den Gesellschaftern die Nebenleistungspflicht auferlegt wird, bestimmte Ver-

---

497 Vgl. Immenga/Mestmäcker (1992), § 102 a, Rdnr. 4 f., wo jedoch die Meinung vertreten wird, daß diese Wettbewerbsbeschränkungen dem UrheberrechtswahrnehmungsG immanent und für deren Bestand unabdingbar seien und deshalb von § 1 GWB nicht erfaßt würden. Dazu bedarf es jedoch keiner Stellungnahme, da der Freistellungsgrund für die Statuierung von Nebenleistungspflichten keine Bedeutung hat.

498 Vgl. Möschel (1983), S. 663, Rdnr. 1036.

sorgungsleistungen ausschließlich der Vertriebs-GmbH zu liefern. Der gemeinsame Bezug wird jedoch von dieser Freistellung nicht erfaßt, da dem Wortlaut nach Versorgungsleistungen "zur Verfügung" gestellt werden müssen.[499] Durch § 103a I S. 1 GWB ergibt sich eine weitere Beschränkung: Hiernach muß die Laufzeit des Vertrages, hier also des Gesellschaftsvertrages der GmbH, auf maximal 20 Jahre beschränkt sein.

3.2.3.4 Das europäische Kartellrecht

Nach § 101 Nr. 3 GWB findet das GWB keine Anwendung, soweit der Vertrag über die Gründung der Europäischen Gemeinschaft für Kohle und Stahl besondere Vorschriften enthält. Entsprechend Art. 79 bis 81 EGKSV gilt dieser Vertrag für jede Produktionstätigkeit von Unternehmen auf dem Gebiet von Kohle und Stahl in den europäischen Gebieten der Mitgliedstaaten. Kartellrechtlich einschlägig sind insbesondere die Art. 65 und 66 über Kartelle und Zusammenschlüsse, die gemäß Art. 80 Halbs. 2 EGKSV auch für alle Kohle- und Stahlgroßhändler gelten.[500] Einschränkend auf die Statuierung von Nebenleistungspflichten wirkt sich Art. 65 EGKSV aus, der in § 1 Vereinbarungen zwischen Unternehmen verbietet, die darauf abzielen würden, auf dem gemeinsamen Markt unmittelbar oder mittelbar den normalen Wettbewerb zu verhindern, einzuschränken oder zu verfälschen. Unter den Voraussetzungen des Art. 65 § 2 EGKSV kann die Hohe Behörde jedoch Genehmigungen für derartige Vereinbarungen erteilen.

Des weiteren enthält der EWG-Vertrag kartellrechtliche Bestimmungen, namentlich die Art. 85 ff. Während die Art. 65 f. EGKSV schlechthin auf dem Gemeinsamen Markt für Kohle und Stahl gelten und deshalb im Montanbereich das GWB weitgehend verdrängt haben,[501] setzen die Art. 85 f. EWGV voraus, daß der Handel zwischen den Mitgliedstaaten beeinträchtigt wird. Ist diese Tatbestandsvoraussetzung nicht gegeben, so gilt außerhalb des Montanbereichs ausschließlich das GWB.

---

499 Vgl. Immenga/Mestmäcker (1992), § 103, Rdnr. 37; Möschel (1983), S. 663, Rdnr. 1036.

500 Vgl. Immenga/Mestmäcker (1992), § 101, Rdnrn. 25 ff.

501 Vgl. Rittner (1987), S. 273, Rdnr. 107.

Kartellrechtlich relevant für die Statuierung von Nebenleistungspflichten ist Art. 85 EWGV. Abs. I dieser Vorschrift verbietet u.a. Vereinbarungen, zu denen auch Gesellschaftsverträge zählen, zwischen Unternehmen, "welche den Handel zwischen Mitgliedstaaten zu beeinträchtigen geeignet sind und eine Verhinderung, Einschränkung oder Verfälschung des Wettbewerbs innerhalb des gemeinsamen Marktes bezwecken oder bewirken". Der Begriff "Handel" umfaßt dabei den gesamten Wirtschaftsverkehr zwischen den Mitgliedstaaten.[502]

Art. 85 III EWGV gibt der Kommission die Möglichkeit, einzelne oder Gruppen von Vereinbarungen unter bestimmten Voraussetzungen vom Verbot des Art. 85 I freizustellen (Einzel- bzw. Gruppenfreistellung[503]). Aufschluß darüber, wie nach der Auffassung der Kommission der Regelfall zu beurteilen ist und wie sie ihn selbst beurteilen wird, geben deren Bekanntmachungen.[504] Diese Bekanntmachungen enthalten jedoch keine rechtlich verbindlichen Normen.[505]

Grundsätzlich ist das GWB neben dem europäischen Kartellrecht anzuwenden. Kommt es dabei zu Konflikten, so hat das Gemeinschaftsrecht Vorrang.[506]

---

502 Gleiss/Hirsch (1993), Art. 85 (1), Rdnr. 231.
503 Vgl. hierzu den Überblick über die momentan geltenden Gruppenfreistellungsverordnungen bei Gleiss/Hirsch (1993), Art. 85, Rdnrn. 1788 ff.
504 Vgl. hierzu den Überblick über die Bekanntmachungen der Kommission bei Gleiss/Hirsch (1993), Einl., Rdnr. 76.
505 Vgl. Gleiss/Hirsch (1993), Einl., Rdnr. 77.
506 Vgl. Gleiss/Hirsch (1993), Einl., Rdnr. 60.

4. DIE NACHTRÄGLICHE EINFÜHRUNG BZW. ERHÖHUNG VON NEBENLEISTUNGSPFLICHTEN

"Der Gesellschaftsvertrag ist der paradoxe Versuch, einem Unternehmensträgerverein und seinem Unternehmen eine dauerhafte Verfassung zu geben. Paradox ist dieser Versuch deshalb, weil solche Verfassungen statisch konzipiert werden, während Unternehmen sich dynamisch entwickeln, und zwar in einer rasch sich wandelnden Welt dynamisch entwickeln müssen, wenn sie nicht aufhören wollen zu bestehen. Fast immer geht der Gesellschaftsvertrag darauf aus, den status quo der Vereinbarungszeit zu zementieren."[507] "Gesellschaftsverträge tragen als Dauerschuldverhältnisse immer den Keim der Gefahr in sich, die Zukunft nicht im Sinne eines dauerhaft ausgewogenen Interessenausgleichs zu bewältigen."[508]

Diese allgemein formulierten Begründungen für Anpassungszwänge in Gesellschaftsverträgen treffen auch auf die Nebenleistungspflichten zu: So kann es notwendig sein, daß zur Wahrung des Familiencharakters bzw. zum Schutz vor einer Überfremdung der GmbH Erwerbsvorrechte in den Gesellschaftsvertrag aufgenommen werden. Die bei Gründung der GmbH nicht bedachte Möglichkeit, daß Gesellschafter selbst als Unternehmer auf dem Gebiet der GmbH tätig werden und ihr Konkurrenz machen, macht die Einführung eines Wettbewerbsverbot für die Gesellschafter notwendig. Bedingt durch die gestiegene Unternehmensgröße oder die technologische Entwicklung ist die GmbH gezwungen, Investitionen zu tätigen. Eine Möglichkeit für die Beschaffung des dafür notwendigen Kapitals stellt die Einführung bzw. Erhöhung von Nebenleistungspflichten dar, beispielsweise Darlehen, Agio bei Kapitalerhöhung oder Zuschüsse. Des weiteren seien die Änderungen der wirtschaftlichen Rahmenbedingungen genannt, wie z.B. Inflation, Steuer- und Gesellschaftsrecht, die eine Anpassung der Nebenleistungspflichten bedingen. So kann beispielsweise aufgrund der Inflation die Anpassung der gesellschaftsvertraglich fixierten Darlehenshöhe geboten sein. Nicht unerwähnt bleiben soll aber auch der Fall, bei dem eine bewährte schuldrechtliche Verpflichtung des oder der Gesellschafter(s) an den Geschäftsanteil gebunden, d.h. durch eine Nebenleistungspflicht ersetzt werden soll.

---

507 Zöllner (1979), S. 11.
508 Schulte (1976), S. 102 f.

Im folgenden wird nun die mit der Einführung bzw. Erhöhung der Nebenleistungspflichten verbundene Problematik dargestellt.

4.1 Die Erfordernisse des § 53 GmbHG

Definitionsgemäß sind Nebenleistungspflichten materieller Bestandteil des Gesellschaftsvertrages. Die Abänderung bzw. Neueinführung von Nebenleistungspflichten bedeutet somit eine Abänderung des Gesellschaftsvertrages. Nach § 53 I GmbHG kann die Abänderung des Gesellschaftsvertrages nur durch Beschluß der Gesellschafter erfolgen. Für diesen Beschluß, der notariell beurkundet werden muß, bedarf es einer Dreiviertelmehrheit der abgegebenen Stimmen (§ 53 II GmbHG). Das Erfordernis der Dreiviertelmehrheit kann zum Schutze der Minderheit gesellschaftsvertraglich nicht abgemildert oder gar völlig abbedungen werden,[509] wohl aber kann der Gesellschaftsvertrag zusätzlich noch weitere Erfordernisse aufstellen (§ 53 II 2 GmbHG).

Als Zusatzerfordernisse kommen beispielsweise Regelungen in Betracht, die eine höhere Stimmenmehrheit bis hin zur Einstimmigkeit verlangen. Auch kann als zusätzliches Erfordernis zur Dreiviertelmehrheit der Stimmen eine Kapitalmehrheit statuiert werden, sofern sich das Stimmrecht nicht nach der Höhe des Geschäftsanteils richtet. Des weiteren kann der Gesellschaftsvertrag seine Änderung von der Zustimmung bestimmter Gesellschafter abhängig machen. Zugunsten eines Nichtgesellschafters kann ein derartiges Zustimmungserfordernis jedoch nicht begründet werden. § 53 II 1 GmbHG fordert nur eine Dreiviertelmehrheit der **abgegebenen** Stimmen, nicht aber der **vorhandenen** Stimmen. Um Zufallsmehrheiten zu verhindern, kann statutarisch ein Mindestquorum für die Beschlußfähigkeit der Gesellschafterversammlung festgelegt werden, d.h. die Gesellschafterversammlung kann dann nur über die Gesellschaftsvertragsänderung beschließen, wenn die bestimmte Mindestzahl der

---

509 Vgl. Hachenburg-P. Ulmer (1991), § 53, Rdnr. 3.

Stimmen oder das bestimmte Mindestkapital an der Abstimmung teilnimmt.[510]

Von besonderer Bedeutung für die Einführung bzw. Erhöhung von Nebenleistungspflichten ist § 53 III GmbHG, wonach eine "Vermehrung der den Gesellschaftern nach dem Gesellschaftsvertrag obliegenden Leistungen ... nur mit Zustimmung sämtlicher beteiligter Gesellschafter beschlossen werden" kann. In dieser Norm kommt der allgemeine gesellschaftsrechtliche Grundsatz zum Ausdruck, daß es zur Erhöhung der Beitragspflichten stets der Zustimmung der Betroffenen bedarf. Eine entsprechende Norm findet sich auch im BGB (§ 707) und im AktG (§ 180 I). Anders ist dagegen § 16 III GenG abgefaßt, wo eine Mehrheit von neun Zehnteln der abgegebenen Stimmen für diese Satzungsänderung ausreicht.[511]

§ 53 III GmbHG spricht von einer Vermehrung der den Gesellschaftern obliegenden "Leistungen". Dieser Begriff umfaßt u.a. auch die hier zu behandelnden Nebenleistungspflichten.[512] Von dieser Norm sind also sämtliche Satzungsänderungen betroffen, die die Neueinführung oder Erhöhung von Nebenleistungspflichten, egal welcher Art,[513] zum Gegenstand haben. Es fällt also z.B. sowohl die Neueinführung einer Darlehenspflicht als auch die Pflicht zur Erhöhung eines statutarisch festgelegten Darlehens unter § 53 III GmbHG. Eine Leistungsvermehrung liegt auch vor, wenn die Gegenleistung bei gleichbleibender Nebenleistungspflicht verringert werden soll,[514] so beispielsweise bei einem Gesellschafterdarlehen, das bisher laut Gesellschaftsvertrag mit 7 % p.a. von der GmbH zu verzinsen war und nun nur noch mit 5 % p.a. verzinst werden soll. Enthält der Gesellschaftsvertrag Nebenleistungspflichten und soll die gesellschaftsvertragliche Dauer dieser GmbH verlängert werden, so stellt

---

510 Vgl. Hachenburg-P. Ulmer (1991), § 53, Rdnrn. 82 ff.; Meyer-Landrut (1987), § 53, Rdnr. 15; Rowedder-Zimmermann (1990), § 53, Rdnr. 43; Lutter/Hommelhoff (1995), § 53, Rdnr. 7.

511 Vgl. Rowedder-Zimmermann (1990), § 53, Rdnr. 45.

512 Vgl. Hachenburg-P. Ulmer (1991), § 53, Rdnrn. 75 f; Meyer-Landrut (1987), § 53, Rdnr. 18; Baumbach/Hueck (1988), § 53, Rdnr. 16; Scholz-Priester (1988), § 53, Rdnr. 49; Lutter/Hommelhoff (1995), § 53, Rdnr. 20.

513 Zu den verschiedenen Arten der Nebenleistungspflichten vgl. oben S. 12 ff.

514 Vgl. KG (7.12.1903), KGJ 27, 231; Buchholz (1924), S. 306; Baumbach/Hueck (1988), § 53, Rdnr. 16.

dies ebenfalls eine Leistungsvermehrung i.S. von § 53 III GmbHG dar.[515] Aber auch durch eine Änderung des Unternehmensgegenstandes kann eine zustimmungspflichtige Leistungsvermehrung entstehen: Enthält der Gesellschaftsvertrag ein Wettbewerbsverbot und wird der satzungsmäßige Unternehmensgegenstand erweitert, so führt dies zu einer sachlichen Ausdehnung des Wettbewerbsverbots auf diesen erweiterten Unternehmensgegenstand, was eine Leistungsvermehrung darstellt.[516] Ist bezüglich der Warenlieferungspflicht des Gesellschafters ein Maximalquantum für die zu liefernde Menge von Waren statutarisch festgelegt und soll dies dahingehend geändert werden, daß fortan ein Mindestquantum geliefert werden soll, so stellt diese Veränderung eine Leistungsvermehrung dar.[517]

Ob alle oder nur ein Teil der Gesellschafter von der Leistungsvermehrung betroffen sind, ist für das Zustimmungserfordernis des § 53 III GmbHG unerheblich.[518] Es bedarf der Zustimmung des "beteiligte[n]" Gesellschafters, hier also desjenigen Gesellschafters, dem eine Nebenleistungspflicht erstmals auferlegt wird bzw. dessen Nebenleistungspflicht erhöht wird. Somit können sowohl einzelne als auch alle Gesellschafter "beteiligte" Gesellschafter i.S. des § 53 III GmbHG sein. Es darf freilich nicht vergessen werden, daß auch bei leistungsvermehrenden Gesellschaftsvertragsänderungen neben der Zustimmung der betroffenen Gesellschafter ein notariell zu beurkundender, mit Dreiviertelmehrheit zu fassender Gesellschafterbeschluß hinzukommen muß (§ 53 II S. 1 GmbHG). Die "Zustimmung ist nicht Ausfluß des Stimmrechts, sie geht daher auch nicht in dem Gesellschafterbeschluß auf, sondern sie stellt ein besonderes Erfordernis n e b e n dem Gesellschafterbeschluß dar. Das bedeutet, daß ein Gesellschafterbeschluß zu seiner Wirksamkeit auch dann der Zustimmung des betroffenen Gesellschafters bedarf, wenn diesem das Stimmrecht in zulässiger Weise entzogen ist."[519] Freilich bedarf es nicht der (nochmaligen) Zustimmung des betroffenen Gesellschafters, wenn dieser schon in der Gesellschafterversammlung für

---

515 Vgl. RG (29.4.1932), RGZ 136, 185, 187 f.
516 Vgl. Ivens (1987), S. 60 f.
517 Vgl. RG (12.1.1901), RGZ 47, 180, 182 f.
518 Vgl. Feine (1929), S. 595; Hachenburg-P. Ulmer (1991), § 53, Rdnr. 75.
519 BGH (14.5.1956), BGHZ 20, 363, 368 f.

die leistungsvermehrende Gesellschaftsvertragsänderung gestimmt hat.[520]

Stimmt beispielsweise die Gesellschafterversammlung nur mit einfacher Mehrheit für eine Erhöhung der Nebenleistungspflichten und haben alle gemäß § 53 III GmbHG betroffenen Gesellschafter zugestimmt, so ist der Beschluß dennoch nicht zustande gekommen, da es an der nach § 53 II 1 GmbHG notwendigen Dreiviertelmehrheit fehlt. Andererseits ist ein einstimmiger Beschluß nicht immer ausreichend: Sind nicht alle von der Leistungsvermehrung betroffenen Gesellschafter an der Abstimmung beteiligt, so ist zusätzlich zum einstimmigen Gesellschafterbeschluß deren Zustimmung notwendig.[521]

Bei der Zustimmung handelt es sich um eine nach BGB zu beurteilende empfangsbedürftige und gegenüber der GmbH abzugebende Willenserklärung. Sie bedarf im Gegensatz zum Gesellschafterbeschluß keiner bestimmten Form, sie kann folglich mündlich, schriftlich oder durch schlüssige Handlung erteilt werden.[522] Ebenso sieht das Gesetz für diese Zustimmung keine Frist vor, sie kann deshalb vor oder auch nach der Beschlußfassung erfolgen.[523] Solange die erforderliche Zustimmung aussteht, ist der Beschluß schwebend unwirksam.[524] Zur Beendigung des Schwebezustandes kann die GmbH den Gesellschaftern, die noch nicht zugestimmt haben, entsprechend dem Rechtsgedanken der §§ 108 II, 177 II BGB eine angemessene, nicht notwendig auf zwei Wochen begrenzte Frist zur Erklärung setzen. Antwortet der Gesellschafter nicht innerhalb der Frist, so gilt seine Zustimmung als verweigert.[525] Wird die Zustimmung verweigert, so ist der Beschluß zur Gesellschaftsvertragsänderung endgültig unwirksam.[526]

Streitig ist in diesem Zusammenhang, ob der Beschluß dann nicht wenigstens gegenüber den Gesellschaftern, die der Leistungsver-

---

520 Vgl. RG (22.9.1893), JW 1893, S. 488 f.

521 Vgl. Hachenburg-P. Ulmer (1991), § 53, Rdnr. 78.

522 Vgl. RG (28.4.1931), JW 1931, 2975, 2976; RG (8.6.1928), RGZ 121, 238, 244; vgl. auch § 182 II BGB.

523 Vgl. Lutter/Hommelhoff (1995), § 53, Rdnr. 23.

524 Vgl. RG (8.6.1928), RGZ 121, 238, 244.

525 Vgl. RG (29.4.1932), RGZ 136, 185, 192; Hachenburg-P. Ulmer (1991), § 53, Rdnr. 80; Scholz-Priester (1988), § 53, Rdnr. 90.

526 Vgl. BGH (10.11.1954), BGHZ 15, 177, 181.

mehrung zugestimmt haben, als wirksam betrachtet werden kann.[527] Hier kommt es auf den erkennbaren Willen der zustimmenden Gesellschafter an. Wollen sie die beschlossenen Leistungsvermehrungen zu ihren Lasten und ohne Rücksicht auf deren umfassende Geltung, so ist die Teilwirksamkeit zu bejahen. Im Zweifel jedoch bleibt es bei der dem Gleichbehandlungsgrundsatz entsprechenden Gesamtunwirksamkeit.[528]

Liegen ein wirksamer und notariell beurkundeter Gesellschafterbeschluß und die Zustimmung der betroffenen Gesellschafter vor, so bedarf es noch der Anmeldung der Gesellschaftsvertragsänderung zur Eintragung in das Handelsregister (§ 54 I 1 GmbHG). Erst mit dieser Eintragung erlangt die Gesellschaftsvertragsänderung, hier die Erhöhung bzw. Neueinführung von Nebenleistungspflichten, ihre rechtliche Wirkung (§ 54 III GmbHG).

Die oben genannten Gestaltungsgrenzen gelten auch für die Neueinführung bzw. Erhöhung von Nebenleistungspflichten. Der Gleichbehandlungsgrundsatz kommt hier jedoch nicht zum Tragen, denn dadurch, daß der betroffene Gesellschafter zustimmen muß, kann eine sachlich ungerechtfertigte Ungleichbehandlung nicht gegen seinen Willen erfolgen.[529]

4.2 Zustimmungspflicht des betroffenen Gesellschafters?

Verweigert ein Gesellschafter seine Zustimmung zur Leistungsvermehrung bzw. späteren erstmaligen Einführung einer Nebenleistungspflicht, so verhindert er die Änderung des Gesellschaftsvertrages und damit unter Umständen auch eine notwendige Anpassung der Unternehmensgrundlage an die veränderten wirtschaftlichen Gegebenheiten. Es stellt sich nun die Frage, ob und unter welchen Bedingungen dieser Gesellschafter verpflichtet ist, (gegen seinen eigenen Willen) einer solchen Leistungsvermehrung zuzu-

---

527 Vgl. Meyer-Landrut (1987), § 53, Rdnr. 20; Hachenburg-P. Ulmer (1991), § 53, Rdnr. 81; Scholz-Priester (1988), § 53, Rdnr. 91; Lutter/Hommelhoff (1995), § 53, Rdnr. 23; Zöllner (1963), S. 112 f.

528 Vgl. Hachenburg-P. Ulmer (1991), § 53, Rdnr. 81.

529 Vgl. Zöllner (1963), S. 113.

stimmen. Als Grundlage einer Zustimmungspflicht kommen hierbei zwei Rechtsinstitute in Betracht, nämlich einmal die Zustimmungspflicht kraft Treuepflicht und zum anderen die Lehre vom Wegfall der Geschäftsgrundlage.[530]

4.2.1 Zustimmungspflicht aufgrund der Treuepflicht des Gesellschafters

Die Treuepflicht der Gesellschafter ist als allgemeines, über § 242 BGB hinausreichendes Rechtsinstitut des Gesellschaftsrechts anerkannt.[531] Der gesellschaftliche Treuepflichtgedanke stammt ursprünglich aus dem Personengesellschaftsrecht. Erste Ansätze hierzu finden sich bereits in der Rechtsprechung des *RG*.[532] Ausgangspunkt für die Treuepflicht waren die (schuld-)vertragliche Grundlage der Personengesellschaft und die daraus resultierenden unmittelbaren vertraglichen Beziehungen der Gesellschafter untereinander.[533] Die diesbezügliche Entwicklung im Recht der GmbH setzte jedoch erst später ein.[534] Heute ist es jedoch unbestritten, daß auch die GmbH-Gesellschafter der Treuepflicht unterliegen.[535] Diese Treuepflicht verlangt vom Gesellschafter, daß er die Interessen der GmbH und die mitgliedschaftlichen Belange seiner Mitgesellschafter wahrt, gegebenenfalls fördert und deren Schädigung unterläßt.[536] Treuepflichten der Gesellschafter bestehen also sowohl gegenüber der GmbH als auch gegenüber den Mitgesellschaftern und umgekehrt.

---

530 Vgl. Westermann (1976), S. 226.

531 Vgl. z.B. BGH (1.4.1953), BGHZ 9, 157, 163; BGH (9.6.1954), BGHZ 14, 25, 38; BGH (5.6.1975), BGHZ 65, 15, 18; Scholz-Winter (1993), § 14, Rdnr. 50; Hachenburg-Raiser (1990), § 14, Rdnr. 52 ff.; Wiedemann (1980), S. 431 ff.; Teichmann (1970), S. 168 ff.; Lutter (1980), S. 102 ff.; Immenga (1970), S. 264.

532 Vgl. RG (13.4.1912), LZ 1912, S. 545; RG (5.10.1912), JW 1913, S. 29 f.; RG (26.2.1937), JW 1937, S. 1986; RG (17.1.1940), RGZ 162, 388, 394.

533 Vgl. Winter (1988), S. 10.

534 Vgl. hierzu Winter (1988), S. 38 ff.

535 Vgl. Karsten Schmidt (1991), S. 483 m.w.N.

536 Vgl. Hueck (1947), S. 18 f.; Hachenburg-Raiser (1989), § 14, Rdnr. 52.

Die Rechtsgrundlage der gesellschaftlichen Treuepflicht ist jedoch umstritten.[537]

Ein Teil des Schrifttums sieht in der Treuepflicht die gesellschaftsrechtliche Verdichtung des Grundsatzes von Treu und Glauben (§ 242 BGB).[538] Andere leiten die Treuepflicht aus der mitgliedschaftlichen Förderpflicht des § 705 BGB ab.[539] Eine dritte Meinung betrachtet die Treuepflicht als eine von jedem Gesellschafter geschuldete Hauptpflicht, die auf dem durch gegenseitiges Vertrauen getragenen Gemeinschaftsverhältnis beruhe.[540] Letztendlich stimmen jedoch diese Ansichten dahingehend überein, daß die Treuepflicht ihren "Grund" im Gesellschaftsvertrag hat.[541] Ähnlich ist auch die Ansicht von *Winter* über die Treuepflicht bei der GmbH. Er sieht im Gesellschaftsvertrag der GmbH die Grundlage der Treuepflicht des Gesellschafters gegenüber der GmbH, die Treuepflicht der Gesellschafter untereinander leitet er aus der durch die Mitgliedschaft vermittelten organisationsrechtlichen Sonderverbindung der Gesellschafter untereinander ab.[542] Die Treuepflicht der Gesellschafter untereinander stelle dabei das Korrelat zu den aufgrund der gemeinsamen Mitgliedschaft in der GmbH eingeräumten Einwirkungsmöglichkeiten auf die Interessen der Mitgesellschafter dar.[543]

M.E. verdient die erstgenannte Ansicht, die in der Treuepflicht die gesellschaftsrechtliche Verdichtung des Grundsatzes von Treu und Glauben (§ 242 BGB) sieht, Zustimmung. Der Grundsatz von Treu und Glauben überlagert als Generalklausel sämtliche Privatrechtsnormen und somit auch die gesellschaftsrechtlichen Normen und den Gesellschaftsvertrag selbst. Diese Generalklausel erfüllt die Funktion einer "Ermächtigungsgrundlage" für außergesetzliche Neubildung von Rechtssätzen und ist gleichzeitig eine Art "Notventil" im Rahmen der ansonsten höher konkretisierten Rechtssätze. Ihre große Unbestimmtheit erlaubt mehr Dynamik im Recht und eine flexible Reaktion auf gesellschaftliche Wandlungen und gewandelte

---

537 Ein Überblick hierzu findet sich bei Winter (1988), S. 43 ff.

538 Vgl. Münchener Kommentar-Roth (1994), § 242, Rdnr. 120; Staudinger-Keßler (1983), Vor § 705, Rdnr. 42; Schmiedel (1970), S. 182 f.

539 Vgl. Soergel-Hadding (1985), § 705, Rdnr. 58; Lutter (1980), S. 102 ff.

540 Vgl. A. Hueck (1947), S. 18 f.

541 So auch Staub-Ulmer (1988), § 105, Rdnr. 233.

542 Vgl. Winter (1988), S. 63 ff.

543 Vgl. Winter (1988), S. 69 u. 75.

Wertvorstellungen.[544] Eine Ableitung der Treuepflicht, die nicht auf dieser Generalklausel basiert, ist m.E. "künstlich".

Für die Existenz der gesellschaftlichen Treuepflichten ist es also ohne Bedeutung, ob es sich um eine personalistisch oder kapitalistisch strukturierte GmbH handelt. Die personalistische Ausgestaltung der GmbH ist also nicht Voraussetzung der Treuepflicht. Die Realstruktur der GmbH wirkt sich jedoch auf den Umfang und die Intensität der Treuepflicht aus.[545] Dementsprechend ist eine Konkretisierung der Treuepflicht allgemein nicht möglich, sie kann nur einzelfallabhängig unter Berücksichtigung der besonderen Umstände und ihrer Wertung erfolgen.[546]

Die Funktion der Treuepflicht ist die einer "generellen Verhaltensregel für die Beziehungen zwischen Gesellschaft und Gesellschaftern wie auch zwischen den letzteren untereinander hinsichtlich ihrer mitgliedschaftlichen Belange".[547] Daraus ergibt sich insbesondere eine Schrankenfunktion bei der Ausübung von Gesellschafterrechten und -befugnissen, die sich besonders auf das Verhältnis von Gesellschaftermehrheit und -minderheit auswirkt. Die Treuepflicht dient sowohl dem Minderheitenschutz als auch dem Schutz der Mehrheit vor der Minderheit (Sperrminorität).[548]

Aus der Treuepflicht resultieren sowohl Unterlassungs- als auch Handlungspflichten der Gesellschafter, was sich insbesondere auch auf das Stimmrecht und somit die Beschlußfassung der Gesellschafter auswirken kann. Dies bedeutet neben dem Verbot des mißbräuchlichen oder grob eigennützigen Stimmverhaltens, daß der Gesellschafter in bestimmten Fällen verpflichtet sein kann, einem Gesellschafterbeschluß zuzustimmen. Daß eine Zustimmungspflicht des Gesellschafters kraft Treuepflicht unter besonderen Voraus-

---

544 Vgl. Münchener Kommentar-Roth (1994), § 242, Rdnr. 1; Alternativkommentar-Teubner (1987), § 242, Rdnr. 5.

545 Vgl. Baumbach/Hueck (1988), § 13, Rdnr. 23; Lutter (1980), S. 105 ff.; Winter (1988), S. 75 ff. u. 185 ff.; Raiser (1987), S. 432 ff.; Wiedemann (1980), S. 434; BGH (5.6.1975), BGHZ 65, 15, 18 f.

546 Vgl. Scholz-Winter (1993), § 14, Rdnr. 53.

547 Baumbach/Hueck (1988), § 13, Rdnr. 25.

548 Vgl. RG (23.10.1928), RGZ 122, 159, 165 f.; BGH (28.1.1980), BGHZ 76, 352, 355 ff.; BGH (19.11.1984), NJW 1985, S. 972 f.; BGH (5.11.1984), NJW 1985, S. 974 f.; Scholz-Winter (1993), § 14, Rdnr. 54; Baumbach/Hueck (1988), § 13, Rdnr. 25.

setzungen auch bei einer Änderung des Gesellschaftsvertrages besteht, ist im Personengesellschaftsrecht seit langem anerkannt.[549] Daß die hier entwickelten Grundsätze zumindest auf die personalistisch ausgestaltete GmbH Anwendung finden, hat der *BGH* ausdrücklich bejaht.[550] Dem hat sich auch das Schrifttum weitgehend angeschlossen.[551] Aufgrund obiger Ableitung der Treuepflicht der GmbH-Gesellschafter, deren Existenz unabhängig von der Realstruktur der GmbH ist, kann jedoch eine Beschränkung der Zustimmungspflicht nur auf personalistisch ausgestaltete GmbHs nicht angenommen werden.[552] Dies wird auch indirekt vom *BGH* bestätigt, indem er Zustimmungspflichten aufgrund der Treuepflicht der Kommanditisten selbst bei Publikumskommanditgesellschaften bejaht hat.[553]

Um nun die Frage beantworten zu können, ob und unter welchen Voraussetzungen der von einer Neueinführung bzw. Erhöhung der Nebenleistungspflichten betroffene Gesellschafter gegen seinen Willen zustimmen muß, erfolgt zunächst eine Darstellung der bisher in Rechtsprechung und Schrifttum entwickelten Kriterien für die Bejahung einer Zustimmungspflicht bei Änderungen des Gesellschaftsvertrages. Sodann gilt es zu untersuchen, ob und inwieweit diese Kriterien auch auf den hier interessierenden Spezialfall der Leistungsvermehrung übertragbar sind.

Eine Zustimmungspflicht seitens des Gesellschafters zur Änderung des Gesellschaftsvertrages einer oHG kann nach Auffassung des *BGH* im allgemeinen nicht angenommen werden, "weil die Parteien grundsätzlich auch in dieser Hinsicht die Befugnis haben, ihre Rechtsbeziehungen zueinander frei und nach ihrem eigenen Belieben zu regeln."[554] Deshalb sei hier eine behutsame Zurückhaltung geboten. "Für die Annahme einer solchen Verpflichtung genügt es noch nicht allein, daß dem widerstrebenden Gesellschafter die Änderung des Vertrages unter Berücksichtigung seiner Belange zuzumuten ist. Es müssen vielmehr außerdem Umstände hinzutreten, die eine sol-

---

549 Vgl. Hachenburg-P. Ulmer (1991), § 53, Rdnr. 70; Staub-P. Ulmer (1988), § 105, Rdnr. 244; gegen eine Zustimmungspflicht aufgrund der Treuepflicht Kollhosser (1974), S. 275 ff., Konzen (1972), S. 339.

550 Vgl. BGH (25.9.1986), BGHZ 98, 276, 279 f.

551 Vgl. Hachenburg-P. Ulmer (1991), § 53, Rdnr. 70 m.w.N.

552 Vgl. Winter (1988), S. 178; Raiser (1992), S. 415.

553 Vgl. BGH (19.11.1984), NJW 1985, S. 972 f. u. BGH (5.11.1984), NJW 1985, S. 974 f.

554 Vgl. BGH (24.4.1954), LM § 105 HGB, Nr. 8.

che Änderung mit Rücksicht auf das bereits bestehende Gesellschaftsverhältnis oder mit Rücksicht auf die Rechtsbeziehungen zwischen den Gesellschaftern, etwa zum Zwecke der Erhaltung wesentlicher Werte, die die Gesellschafter in gemeinsamer Arbeit geschaffen haben, oder zur Vermeidung wesentlicher Verluste, die der andere Gesellschafter erleiden würde, weil er im Hinblick auf das Gesellschaftsverhältnis persönliche Aufwendungen gehabt hat, als erforderlich erscheinen lassen."[555]

In einem anderen Urteil führte der *BGH* zur Zustimmungspflicht bei einer oHG aus, daß es sich dabei immer um Ausnahmefälle handeln müsse, "bei denen für eine verständige Weiterverfolgung des Gesellschaftszwecks eine Anpassung an veränderte Umstände dringend geboten ist."[556] Dies könne in besonders gelagerten Fällen auch einmal für eine Erhöhung der gesellschaftsvertraglich zugesagten Geschäftsführervergütung in Betracht kommen.[557] Im dortigen Fall wurde allerdings eine solche Zustimmungspflicht abgelehnt. Der Kläger, der gesellschaftsvertraglich verpflichtet war, seine volle Arbeitskraft dem Unternehmen zu widmen, erhielt vorweg eine Tätigkeitsvergütung von monatlich 400 DM. Er und die beiden anderen Gesellschafter waren je zu einem Drittel am Gewinn der im Jahre 1950 errichteten oHG beteiligt. Der Kläger wollte die Anpassung der gesellschaftsvertraglichen Tätigkeitsvergütung auf monatlich 1600 DM erzwingen. Der BGH führte dazu aus: "Diese Ertragsbeteiligung steht zu seiner Tätigkeit in keinem sachlich unvertretbaren Verhältnis, das ein richterliches Eingreifen als unumgänglich notwendig erscheinen läßt."[558]

Bejaht wurde dagegen die Zustimmungspflicht aufgrund der gesellschaftlichen Treuepflicht, als ein in Zahlungsschwierigkeiten geratener Gesellschafter im Interesse der Gesellschaft aus dieser ausscheiden wollte. Bis auf einen waren die übrigen Gesellschafter damit einverstanden. Der widerstrebende Gesellschafter mußte dieser Lösung jedoch zustimmen, da er kein schutzwertes Interesse an dem Verbleiben gerade dieses Gesellschafters in der Gesellschaft hatte.[559]

---

555 BGH (24.4.1954), LM § 105 HGB, Nr. 8.
556 BGH (10.6.1965), BGHZ 44, 40, 41.
557 Vgl. BGH (10.6.1965), BGHZ 44, 40, 41.
558 BGH (10.6.1965), BGHZ 44, 40, 42.
559 Vgl. BGH (26.1.1961), BGH, NJW 1961, S. 724 f.

In zwei neueren Entscheidungen bejaht der *BGH* die Zustimmungspflicht der Kommanditisten einer Publikumskommanditgesellschaft zum vorübergehenden Verzicht auf die gesellschaftsvertraglich vereinbarte Verzinsung der Einlagen[560] bzw. Darlehen[561]. Bei Auszahlung der Zinsen hätte der Konkurs der Gesellschaft gedroht. Aufgrund der Treuepflicht müßten die Kommanditisten den zur Erhaltung des Gesellschaftsunternehmens notwendigen Maßnahmen zustimmen, sofern sie für die Kommanditisten bei Berücksichtigung der Belange des Ganzen zumutbar seien. Die Treuepflicht verlange im konkreten Fall, daß der Gesellschafter die Gesellschaft nicht in die Zahlungsunfähigkeit treibe. Die Zumutbarkeit der in Frage stehenden Maßnahme für die Gesellschafter sei gegeben, da ihre vermögensmäßige Position nicht oder nur wenig beeinträchtigt würde: Die Zinszahlungen hätten nicht aus den Gewinnen der Gesellschaft gezahlt werden können, sondern nur aus dem Vermögen der Gesellschaft. Deshalb würde im Falle des Konkurses gemäß § 172 IV HGB im Außenverhältnis ein Haftungsrisiko in Höhe der erhaltenen Beträge begründet.[562]

Ein Gesellschafter, der nicht bereit ist, die durch den Tod eines Gesellschafters aufgelöste oHG fortzusetzen, kann aufgrund der gesellschaftlichen Treuepflicht verpflichtet sein, aus der oHG auszuscheiden, um somit den übrigen Gesellschaftern die Fortsetzung der oHG als werbende Gesellschaft zu ermöglichen. Nach Auffassung des *BGH* ist dies dem widerstrebenden Gesellschafter zuzumuten, wenn die übrigen Gesellschafter ihn von seiner Haftung für die Gesellschaftsverbindlichkeiten befreien und ihm eine Abfindung gewähren, die dem vollen Wert des Gesellschaftsanteils entspricht und nicht hinter dem Betrag zurückbleibt, der dem Gesellschafter im Falle der Liquidation zufließen würde. Allerdings sei "nicht jedes Interesse der Mitgesellschafter, die Gesellschaft fortzusetzen, so schutzwürdig, daß der hierzu nicht bereite Gesellschafter aufgrund seiner Treuepflicht gehalten wäre, sich mit einer vollwertigen Abfindung zu begnügen und auf die Abwicklung zu verzichten; es muß schon ein beachtliches wirtschaftliches Interesse sein."[563]

---

560 Vgl. BGH (19.11.1984), NJW 1985, S. 972 f.
561 Vgl. BGH (5.11.1984), NJW 1985, S. 974 f.
562 Vgl. BGH (19.11.1984), NJW 1985, S. 973; BGH (5.11.1984), S. 975.
563 BGH (21.10.1985), ZIP 1986, S. 92.

Ebenfalls bejaht hat der *BGH* die Zustimmungspflicht des Gesellschafters einer oHG zu einer Gesellschaftsvertragsänderung, wonach der Mitgesellschafter seine Stellung als persönlich haftender Gesellschafter schon bei Lebzeiten auf seinen zur Nachfolge berufenen Erben übertragen darf.[564] Die Zustimmungspflicht zu Gesellschaftsvertragsänderungen, die sich in "besonders gelagerten Ausnahmefällen"[565] ergeben könne, gelte auch für einen Wechsel im Gesellschafterbestand. Aufgrund der gesellschaftlichen Treuepflicht dürfe sich der Gesellschafter einer durch das Gesellschaftsinteresse gebotenen rechtzeitigen Regelung der Nachfolge in das Unternehmen nicht widersetzen, sofern diese ihm unter Berücksichtigung seiner eigenen Belange zuzumuten sei.[566]

Wie oben schon erwähnt wurde, sind die im Personengesellschaftsrecht ausgesprochenen Grundsätze zur Zustimmungspflicht bei Gesellschaftsvertragsänderungen nach Ansicht des *BGH* grundsätzlich auch auf die personalistisch ausgestaltete GmbH anzuwenden, denn sie weise eine deutliche Nähe zu den Personengesellschaften auf. Dies bedeute, daß auch ein GmbH-Gesellschafter aufgrund seiner Treuepflicht verpflichtet sein könne, einer Satzungsänderung zuzustimmen, die mit Rücksicht auf das Gesellschaftsverhältnis dringend geboten und ihm zumutbar sei.[567]

In diesem Fall von grundsätzlicher Bedeutung ging es um die Erhöhung des Stammkapitals von 44 000 DM auf 50 000 DM. Aufgrund der GmbH-Novelle von 1980, durch die das Mindeststammkapital von 20 000 DM auf 50 000 DM angehoben wurde, war diese Kapitalerhöhung erforderlich geworden, um die Auflösung der GmbH von Amts wegen zu vermeiden. Der Kläger, der 50 % der Geschäftsanteile dieser GmbH hielt, verlangte von seinen Mitgesellschaftern, dieser Kapitalerhöhung zuzustimmen. Der *BGH* bejahte in diesem Fall eine Zustimmungspflicht zur Mitwirkung bei dem Kapitalerhöhungsbeschluß. Er führte dazu aus: "Ein solcher Fall einer Zustimmungspflicht liegt bei der Kapitalerhöhung, die aufgrund der GmbH-Novelle 1980 notwendig geworden ist, regelmäßig dann vor, wenn sich aufgrund der Satzungsänderung für den zustimmungsunwilligen Gesellschafter keinerlei Nachteile gegenüber dem Rechts-

564 Vgl. BGH (21.10.1986), NJW 1987, S. 952 ff.
565 Vgl. BGH (21.10.1986), NJW 1987, S. 953.
566 Vgl. BGH (21.10.1986), NJW 1987, S. 954.
567 Vgl. BGH (25.9.1986), BGHZ 98, 276, 279 f.

zustand ergeben, wie er vor dem Inkrafttreten der GmbH-Novelle 1980 bestanden hat. Der Änderungsbeschluß dient unter diesen Umständen der Anpassung des Gesellschaftsvertrages an die neue Rechtslage. Da er bezweckt, die Zwangsauflösung (Art. 12 § 1 Abs. 1 Satz 1 der GmbH-Novelle 1980) zu vermeiden, beinhaltet er nicht eine Veränderung, sondern die Aufrechterhaltung der Geschäftsgrundlage unter den Gesellschaftern"[568].

Im dortigen Fall war der Kläger dazu bereit, die erforderlichen Mittel für die Kapitalerhöhung aufzubringen und sie vor der Durchführung der Kapitalerhöhung zweckbestimmt zu hinterlegen, um eine Ausfallhaftung der Mitgesellschafter nach § 24 GmbHG zu vermeiden. Des weiteren blieb der prozentuale Anteil der Gesellschafter am Gewinn- und Liquidationserlös unverändert, obwohl sich deren Beteiligungsquote durch die Kapitalerhöhung veränderte. Auch auf das Stimmrecht der zustimmungsunwilligen Gesellschafter wirkte sich die Kapitalerhöhung nicht negativ aus, da der Gesellschaftsvertrag für alle Gesellschafterbeschlüsse Einstimmigkeit vorschrieb.[569]

Ebenfalls um die Zustimmungspflicht zu einer aufgrund der GmbH-Novelle 1980 erforderlichen Kapitalerhöhung ging es in dem vom *BGH* am 23.3.1987 entschiedenen Fall[570]. Der *BGH* knüpfte dabei an die bisherige Rechtsprechung an und konkretisierte die Voraussetzungen einer Zustimmungspflicht: "Wenn der Senat in seinem Urteil vom 25. September 1986[571] ausgeführt hat, der Gesellschafter sei regelmäßig verpflichtet, der nach der GmbH-Novelle 1980 erforderlichen Kapitalerhöhung zuzustimmen, wenn ihm dadurch keine Nachteile gegenüber dem bisherigen Rechtszustand entstehen, so kann daraus nicht entnommen werden, daß umgekehrt jeder auch noch so geringfügige Nachteil den Gesellschafter zur Verweigerung seiner Zustimmung berechtigt."[572] Ferner führt der *BGH* auf den konkreten Fall bezogen aus: "Das Guthaben des Beklagten auf den Kapitalkonten dieser Gesellschaft beträgt 4 275 000.- DM. Es drängt sich damit auf, daß die Übernahme eines zusätzlichen Stammanteils in Höhe von 15 000.- DM für den

---

568 BGH (25.9.1986), BGHZ 98, 276, 280.
569 Vgl. BGH (25.9.1986), BGHZ 98, 276, 280 f.
570 Vgl. BGH (23.3.1987), WM 1987, S. 841 f.
571 Vgl. BGH (25.9.1986), BGHZ 98, 276.
572 BGH (23.3.1987), WM 1987, S. 842.

Beklagten kein ihn in irgendeiner Weise spürbar belastendes wirtschaftliches Opfer bedeuten würde."[573]

Die soeben dargestellten höchstrichterlichen Entscheidungen lassen die vielfältige Problematik der Anpassung von Gesellschaftsverträgen durch die Zustimmungspflicht erkennen. Wenngleich es sich in allen dargestellten Entscheidungen, ausgenommen die Fälle, bei denen es um die Stammkapitalerhöhung aufgrund der GmbH-Novelle 1980 ging, um ausgesprochene Einzelfälle handelte, so lassen sich daraus doch abstrakte, in jedem Einzelfall auszufüllende Regeln für die Bejahung einer Zustimmungspflicht aufgrund der gesellschaftlichen Treuepflicht ableiten:[574]

1. Es muß ein besonders gelagerter Ausnahmefall vorliegen.[575]

2. Die in Frage stehende Änderung des Gesellschaftsvertrages muß mit Rücksicht auf das bestehende Gesellschaftsverhältnis oder mit Rücksicht auf die Rechtsbeziehungen der Gesellschafter zueinander erforderlich sein.[576]

3. Die Änderung des Gesellschaftsvertrages muß für den widerstrebenden Gesellschafter unter Berücksichtigung seiner eigenen Belange zumutbar sein.[577]

In der ersten Voraussetzung kommt die äußerste Zurückhaltung des *BGH* zum Ausdruck, die er bei der Bejahung von Zustimmungspflichten aufgrund der Treuepflicht praktiziert. *Zöllner* bezeichnet dieses Konzept deshalb als "Nothilfekonzept"[578].

Die zweite Voraussetzung betrifft die Erforderlichkeit der in Frage stehenden Gesellschaftsvertragsänderung. Diese ist dann gegeben, wenn die Gesellschaftsvertragsänderung im Interesse der Gesellschaft oder der Gesellschafter "dringend geboten"[579] ist, beispielsweise wenn sie verhindert, daß das Gesellschaftsunternehmen zah-

573 BGH (23.3.1987), WM 1987, S. 842.
574 So auch Weipert (1990), S. 145.
575 Vgl. BGH (10.6.1965), BGHZ 44, 40, 41.
576 Vgl. BGH (26.1.1961), NJW 1961, S. 724 f.
577 Vgl. BGH (26.1.1961), NJW 1961, S. 724 f.
578 Zöllner (1979), S. 26.
579 BGH (5.11.1984), NJW 1985, S. 975.

lungsunfähig und somit konkursreif wird.[580] Sichert also die Gesellschaftsvertragsänderung die Erhaltung oder den Fortbestand der Gesellschaft, so ist sie auch erforderlich. Die Vertragsanpassung ist jedoch nicht erst dann erforderlich, wenn sich die Gesellschaft bereits in einer Existenzkrise befindet, sondern bereits dann, wenn die Existenzkrise vorhersehbar ist. Notwendige Maßnahmen für eine vorausschauende Krisenbewältigung erfüllen ebenso die Voraussetzung der Erforderlichkeit.[581] Dies geht aus den Ausführungen des *BGH* deutlich hervor: "Das Gebot, Vorsorge für die Zukunft zu treffen, um den Fortbestand des Unternehmens zu sichern, ist Bestandteil der Pflicht zur verantwortungsbewußten Unternehmensführung."[582] Die Voraussetzung der Erforderlichkeit bedeutet aber auch, daß das schonendste Mittel zur Zielerreichung zu wählen ist. Danach ist eine Gesellschaftsvertragsänderung im obigen Sinne nur erforderlich, wenn es keine Alternative dazu gibt, mit der sich das Ziel ebenso effizient erreichen läßt und die widersprechenden Gesellschafter weniger belastet würden.[583]

Als dritte Voraussetzung muß nach Ansicht des *BGH* gewährleistet sein, daß die Änderung des Gesellschaftsvertrages und die damit gegebenenfalls verbundene Beeinträchtigung der mitgliedschaftlichen Interessen des widerstrebenden Gesellschafters diesem zumutbar sind. Sicher ist diese Voraussetzung jedenfalls dann gegeben, wenn die Gesellschaftsvertragsänderung für den widerstrebenden Gesellschafter keinerlei nachteilige Auswirkungen hat.[584] Daraus folgt jedoch nicht, daß "jeder auch noch so geringfügige Nachteil"[585] für den zustimmungsunwilligen Gesellschafter unzumutbar ist. Vielmehr kann auch ein wirtschaftliches Opfer zumutbar sein, das den Gesellschafter nicht spürbar belastet.[586] Diese Spürbarkeit stellte der *BGH* bei einem Fall in Frage, wo sich die Gewinne des zustimmungsunwilligen Gesellschafters im betreffenden Jahr auf 6 272 000.- DM beliefen, sein Guthaben auf den Kapitalkonten dieser Gesellschaft 4 275 000.- DM betrug und es um die Über-

---

580 Vgl. BGH (19.11.1984), NJW 1985, S. 973; BGH (5.11.1984), NJW 1985, S. 975.

581 Vgl. Weipert (1990), S. 152 f.

582 BGH (20.10.1986), NJW 1987, S. 953.

583 Vgl. Göbel (1992), S. 101; Winter (1988), S. 178.

584 Vgl. BGH (25.9.1986), BGHZ 98, 276, 280.

585 BGH (23.3.1987), WM 1987, S. 842.

586 Vgl. BGH (23.3.1987), WM 1987, S. 842.

nahme einer zusätzlichen Stammeinlage in Höhe von 15 000.- DM ging.[587]

Letztendlich geht es bei der Prüfung der Voraussetzungen für eine Zustimmungspflicht aufgrund der Treuepflicht also um eine einzelfallabhängige Abwägung der widerstreitenden Interessen.[588] Die Vorteile der Gesellschaftsvertragsänderung müssen gegen die Nachteile (Eingriff in die mitgliedschaftlichen Interessen des zustimmungsunwilligen Gesellschafters) abgewogen werden. Maßgebend dabei ist der Grundsatz der Verhältnismäßigkeit.[589] Danach muß die Notwendigkeit der Gesellschaftsvertragsänderung eindeutig schwerer wiegen als die dadurch dem Gesellschafter entstehenden Nachteile. Je dringender und notwendiger die Gesellschaftsvertragsänderung ist, desto eher kommt eine Zustimmungspflicht in Betracht. Je schwerwiegender die Eingriffe in die Rechtsstellung des widerstrebenden Gesellschafters sind, desto höher müssen die Anforderungen an die Gesellschaftsnützlichkeit gestellt werden.[590]

Neben den bisher genannten Voraussetzungen gilt selbstverständlich der Grundsatz der Gleichbehandlung der Gesellschafter.[591] Der widerstrebende Gesellschafter ist bei den oben genannten Voraussetzungen nur dann zur Zustimmung aufgrund der Treuepflicht verpflichtet, wenn durch die Maßnahme, hier die Gesellschaftsvertragsänderung, der Grundsatz der Gleichbehandlung gewahrt wird.[592]

Dieses soeben dargestellte "Nothilfekonzept"[593] zur Anpassung von Gesellschaftsverträgen an veränderte Umstände ist auch im Schrifttum anerkannt.[594] Umstritten dagegen ist die Frage, ob aufgrund der Treuepflicht auch die Zustimmungspflicht zu einer Gesellschaftsvertragsänderung abgeleitet werden kann, durch die die den Gesellschaftern nach dem Gesellschaftsvertrag obliegenden Leistungen, wozu ja auch die Nebenleistungspflichten zählen, erhöht wer-

---

587 Vgl. BGH (23.3.1987), WM 1987, S. 842.
588 Vgl. BGH (20.10.1986), NJW 1987, S. 954.
589 Vgl. Winter (1988), S. 178.
590 Vgl. Winter (1988), S. 179.
591 Vgl. hierzu oben S. 75 ff.
592 Vgl. Winter (1988), S. 179; BGH (19.11.1985), NJW 1985, S. 973.
593 Zöllner (1979), S. 26.
594 Vgl. z.B. Münchener Kommentar-P. Ulmer (1986), § 705, Rdnr. 191 m.w.N.; grundsätzlich gegen die Zustimmungspflicht kraft Treuepflicht Kollhosser (1974), S. 277 ff.

den. Dies resultiert daraus, daß das sog. Belastungsverbot (§§ 707 BGB, 180 I AktG, 53 III GmbHG) zum Kernbereich der Mitgliedschaft gezählt wird.[595] Es ist Bestandteil eines gesetzlichen Minderheitenschutzes: Es dient dem einzelnen Gesellschafter als Schutz vor einer Gesellschaftsvertragsänderung, die ihm zusätzliche Leistungen auferlegt.[596] Es geht also darum, ob die Treuepflicht den gesellschaftsrechtlichen Grundsatz des Belastungsverbots durchbrechen kann. Im Schrifttum wird dies u.a. von *A. Hueck*, *M. Winter*, *Lutter/Hommelhoff*, *Zöllner*, *Timm* und *H. Winter* strikt abgelehnt,[597] während die Gegenansicht dies im "Einzelfall"[598], "unter bestimmten sehr eingeschränkten Umständen"[599] oder "in besonderen Ausnahmefällen"[600] bejaht.[601] Der *BGH* ist der Ansicht, daß das Zustimmungsrecht[602] unter dem Vorbehalt der gesellschafterlichen Treuepflicht steht, d.h. aufgrund der Treuepflicht können die Gesellschafter verpflichtet sein, Gesellschaftsvertragsänderungen zuzustimmen, die in ihre rechtliche und vermögensmäßige Position in der Gesellschaft eingreifen.[603] Die Ansicht des *BGH* verdient m.E. Zustimmung, denn die Treuepflicht dient sowohl dem Mehrheiten- als auch dem Minderheitenschutz.[604] Sie muß infolgedessen grundsätzlich beiden Instituten übergeordnet sein.

Wie eben dargelegt, wird die Überwindung des § 53 III GmbHG durch die Zustimmungspflicht kraft Treuepflicht nur in extremen Ausnahmefällen für zulässig erachtet. Bei dieser allgemeinen Beurteilung bleibt jedoch die Vielgestaltigkeit der Nebenleistungspflich-

---

595 Vgl. Münchener Kommentar-P. Ulmer (1986), § 709, Rdnr. 78.

596 Vgl. Karsten Schmidt (1991), S. 388 f.

597 Vgl. Hueck (1971), S. 209; Winter (1988), S. 180; Baumbach/Hueck-Zöllner (1988), § 55, Rdnr. 23; Timm (1980), S. 289; Scholz-Winter (1993), § 14, Rdnr. 60; Lutter/Hommelhoff (1995), § 53, Rdnr. 20.

598 Karsten Schmidt (1991), S. 388 u. 390.

599 Erman-H.P. Westermann, (1993), § 707, Rdnr. 1.

600 Scholz-Priester (1988), § 53, Rdnr. 93.

601 Vgl. Münchener Kommentar-P. Ulmer (1986), § 707, Rdnr. 1; Wiedemann (1980), S. 395; Baumbach/Hueck (1988), § 13, Rdnr. 24; Göbel (1992), S. 219 f.; Raiser (1981), S. 26; Röttger (1989), S. 145.

602 Damit ist die Möglichkeit des Gesellschafters gemeint, einen Gesellschafterbeschluß scheitern zu lassen, da dieser zu seiner Wirksamkeit der Zustimmung des betroffenen Gesellschafters bedarf; vgl. § 53 III GmbHG.

603 Vgl. BGH (19.11.1984), NJW 1985, S. 973.

604 Vgl. oben S. 112.

ten unberücksichtigt, insbesondere daß Nebenleistungspflichten nicht nur Geldleistungen zum Gegenstand haben können, sondern auch Leistungen, die das private Vermögen des Gesellschafters nicht belasten. Im folgenden mögen einige Beispiele bezüglich der Einführung bzw. Erhöhung von Nebenleistungspflichten verdeutlichen, daß es durchaus Fallgruppen gibt, bei denen m.E. die Überwindung des § 53 III GmbHG kraft Zustimmungspflicht des Gesellschafters in aller Regel zu bejahen sein wird.

Im Recht der GmbH ist es allgemein anerkannt, daß die Gesellschafter einem Wettbewerbsverbot kraft Treuepflicht unterliegen können. So unterliegt der geschäftsführende Gesellschafter regelmäßig einem Wettbewerbsverbot. Aber auch ein nicht geschäftsführender Gesellschafter kann einem Wettbewerbsverbot unterliegen, wenn das Gesellschaftsverhältnis auf eine enge persönliche Bindung oder Zusammenarbeit angelegt ist oder wenn der Gesellschafter einen bestimmenden Einfluß auf die Geschäftsführung ausübt bzw. ausüben kann.[605] Aus der Treuepflicht kann in bestimmten Fällen auch eine Geheimhaltungspflicht des Gesellschafters gegenüber Dritten in Angelegenheiten der GmbH resultieren.[606]

In diesen soeben genannten Fällen ist der betroffene Gesellschafter dann regelmäßig verpflichtet, einer Gesellschaftsvertragsänderung zuzustimmen, die die Aufnahme dieser Pflichten als Nebenleistungspflichten in den Gesellschaftsvertrag zum Gegenstand hat. Dies wird für die betroffenen Gesellschafter regelmäßig zumutbar sein, da sich ja an ihrer Rechtsstellung praktisch nichts ändert. Des weiteren dient eine solche Gesellschaftsvertragsänderung der Rechtssicherheit und -klarheit und ist somit wohl regelmäßig im Interesse der Gesellschaft und der Mitgesellschafter.

Wie oben[607] dargestellt wurde, können die Gesellschafter sich auch in schuldrechtlichen Verträgen gegenüber ihrer GmbH entsprechend verpflichten. Sollen diese bereits existenten schuldrechtlichen Pflichten dann durch Aufnahme in den Gesellschaftsvertrag zu Nebenleistungspflichten werden, so ist auch hier die Zustimmungspflicht des widersprechenden Gesellschafters meistens zu bejahen, sofern

---

605 Vgl. Timm (1981), S. 179; Scholz-Winter (1993), § 14, Rdnr. 59 m.w.N.
606 Vgl. Scholz-Emmerich (1993), § 13, Rdnr. 39; Baumbach/Hueck (1988), § 13, Rdnr. 29.
607 Vgl. oben S. 47 ff. u. 62 ff.

dies im Interesse der Gesellschaft erforderlich ist. Diese Maßnahme dürfte dem Gesellschafter in der Regel auch zumutbar sein, denn am Umfang seiner Pflichten ändert sich nichts, lediglich deren rechtliche Qualität wird verändert. Freilich wird dadurch der Geschäftsanteil belastet, was sich im Falle des Verkaufs negativ auf den Verkaufspreis auswirken kann. Andererseits aber wird der Gesellschafter durch den Verkauf des Geschäftsanteils dann von seinen Nebenleistungspflichten befreit.

Als weiteres Beispiel sei hier die Gewinnverwendung genannt. Nach § 29 II GmbHG können die Gesellschafter durch Beschluß - der, sofern der Gesellschaftsvertrag nichts anderes vorschreibt, mit einfacher Mehrheit zu fassen ist (§ 47 I GmbHG) - bestimmen, daß der Gewinn bzw. ein Teil davon den Rücklagen zugeführt wird. Freilich sind auch hierbei die Schranken der Mehrheitsmacht zu beachten. Danach ist die Bildung von nach vernünftiger kaufmännischer Beurteilung unnötigen oder unvertretbaren hohen Rücklagen unzulässig.[608] Soweit es sich jedoch um notwendige Rücklagen handelt, d.h. "soweit sie erforderlich erscheinen, um das Unternehmen für die Zukunft lebens- und widerstandsfähig zu erhalten"[609], bestehen hinsichtlich des Gewinnthesaurierungsbeschlusses keine Bedenken.

Unter steuerlichen Gesichtspunkten kann es jedoch von Vorteil sein, wenn die Gewinne zunächst vollständig ausgeschüttet und anschließend der GmbH wieder zugeführt werden. Dieses sogenannte "Schütt-aus-hol-zurück"-Verfahren wurde oben schon beschrieben.[610] Die Einführung dieses Verfahrens bedarf gem. § 53 III GmbHG der Zustimmung der betroffenen Gesellschafter. Der Gesellschafter wird jedoch durch das "Schütt-aus-hol-zurück"-Verfahren wirtschaftlich nicht zusätzlich belastet, denn er führt ja nur den Gewinn an die GmbH ab, der nach der Besteuerung bei ihm verbleibt. Wirtschaftlich ist dies für den Gesellschafter gleichbedeutend mit der Gewinnthesaurierung. Für die GmbH ergibt sich aber bei entsprechendem persönlichen Steuersatz des Gesellschafters ein Vorteil, denn der GmbH verbleiben nach Steuern mehr Finanzmittel als wenn der Gewinn gleich den Rücklagen zugeführt wird. Dies kann sich auch positiv auf den Wert des Geschäftsanteils aus-

---

608 Vgl. Scholz-Winter (1993), § 14, Rdnr. 56; Scholz-Emmerich (1993), § 29, R. 122 ff.

609 BGH (10.5.1976), BB 1976, S. 949.

610 Vgl. S. 16.

wirken. Unter dem Gesichtspunkt der Vermögens- und Gewinnmaximierung ist eine solche Gesellschaftsvertragsänderung erforderlich, wenn sich aus dieser Form der "Gewinnthesaurierung" für die GmbH ein spürbarer Vorteil ergibt. Dann ist m.E. bei der Einführung des "Schütt-aus-hol-zurück"-Verfahrens die Zustimmungspflicht des Gesellschafters aufgrund der gesellschaftlichen Treuepflicht regelmäßig zu bejahen.[611]

Als letztes sei hier die Einführung von Erwerbsvorrechten genannt. Auf ihre Nähe zur Vinkulierung wurde oben schon hingewiesen.[612] Bei der nachträglichen Einführung oder Erschwerung der Vinkulierung ist es umstritten, ob dazu die Zustimmung aller Gesellschafter erforderlich ist oder ob die für Gesellschaftsvertragsänderungen erforderliche Mehrheit ausreichend ist.[613] Unstrittig ist für die Einführung von Erwerbsvorrechten gem. § 53 III GmbHG die Zustimmung aller betroffenen Gesellschafter notwendig, da es sich ja um Nebenleistungspflichten handelt.[614] Bei einer personalistisch geprägten GmbH, beispielsweise bei einer Familiengesellschaft, wird m.E. aufgrund der Treuepflicht häufiger eine Zustimmungspflicht zu bejahen sein, sofern das Erwerbsvorrecht im Interesse der GmbH, beispielsweise zur Sicherung ihrer Unabhängigkeit oder ihres Familiencharakters, notwendig ist.[615] Die Zumutbarkeit dürfte hier in aller Regel zu bejahen sein, wenn der Preis, der für den Vorerwerbsfall vorgesehen ist, dem Verkehrswert entspricht. Bei einem Vorkaufsrecht ist dies ja ohnehin gegeben, da der Vorkaufsberechtigte in den Vertrag eintritt, den der veräußerungswillige Gesellschafter mit einem Dritten geschlossen hat.

Da die Treuepflicht dem Belastungsverbot übergeordnet ist, ist es zwar auch theoretisch möglich, daß der Gesellschafter Gesellschaftsvertragsänderungen zustimmen muß, die sein nicht in der

---

611 Etwas zurückhaltender Baumbach/Hueck (1988), § 29, Rdnr. 66: In diesem Fall "kann" die Zustimmungspflicht zu bejahen sein; Lutter (1978), S. 1969: Lutter bejahte die Zustimmungspflicht wohl nur unter dem Aspekt der Anpassung der Gesellschaftsverträge an das damals neue Körperschaftsteuerrecht; Scholz-Priester (1988), § 53, Rdnr. 112: "Im Einzelfall"; a.A. Meyer-Landrut (1987), § 29, Rdnr. 20.

612 Vgl. oben S. 25.

613 Vgl. Lutter/Hommelhoff (1995), § 15, Rdnr. 24 m.w.N.

614 Vgl. oben S. 24 ff.

615 Ähnlich Priester (1988), S. 168, der bei einer Neueinführung der Vinkulierung eine Zustimmungspflicht kraft Treuepflicht im Einzelfall bejaht.

GmbH gebundenes Privatvermögen belasten. Als zumutbar sind gerade noch die Fälle vorstellbar, bei denen der Gesellschafter die neuen finanziellen Belastungen aus seiner Beteiligung an der GmbH einschließlich der Erträgnisse oder der ihr gewährten Darlehen finanzieren kann.[616]

Der Vollständigkeit halber sei noch auf die Realisierung der Zustimmungspflicht kraft Treuepflicht hingewiesen. Muß der Gesellschafter aufgrund der Treuepflicht in einem bestimmten Sinne abstimmen, so richtet sich die Vollstreckung grundsätzlich nach § 894 ZPO, d.h. wird der Gesellschafter zur Zustimmung verurteilt, so gilt seine Erklärung als abgegeben, sobald das Urteil die Rechtskraft erlangt hat.[617] Auf eine Klage kann jedoch in den Fällen verzichtet werden, bei denen ein Mehrheitsbeschluß der Gesellschafter einer Publikumsgesellschaft gefaßt ist und lediglich noch die Zustimmung eines von dem Beschluß betroffenen Minderheitsgesellschafters fehlt, denn der *BGH* entschied: "Beschließen in ihr [der Publikumsgesellschaft] die Gesellschafter mit qualifizierter Mehrheit einen Eingriff in die Gesellschafterrechte, so ist dieser Beschluß, ohne daß die Minderheit auf Zustimmung verklagt werden müßte, wirksam, wenn alle überstimmten oder an der Abstimmung nicht beteiligten Gesellschafter aufgrund ihrer gesellschaftlichen Treuepflicht zur Zustimmung verpflichtet sind."[618]

4.2.2 Zustimmungspflicht aufgrund des Wegfalls[619] der Geschäftsgrundlage

Die Lehre vom Fehlen bzw. Wegfall der Geschäftsgrundlage stellt eine Ausprägung des Grundsatzes von Treu und Glauben (§ 242 BGB) dar.[620] Unter der Geschäftsgrundlage versteht man "die nicht zum eigentlichen Vertragsinhalt erhobenen, aber bei Vertragsschluß zutage getretenen gemeinschaftlichen Vorstellungen beider Vertragsparteien oder die dem Geschäftsgegner erkennbaren und von

616 Ähnlich wohl auch Th. Raiser (1981), S. 26.
617 Vgl. z.B. Münchener Kommentar-Ulmer (1986), § 705, Rdnr. 197 u. Winter (1988), S. 37 m.w.N.
618 BGH (5.11.1984), NJW 1985, 974.
619 Bzw. "Fortfalls".
620 Vgl. Erman-Werner (1993), § 242, Rdnr. 166.

ihm nicht beanstandeten Vorstellungen der einen Vertragspartei von dem Vorhandensein oder dem künftigen Eintritt oder dem Fortbestand gewisser Umstände, auf denen der Vertragswillen sich aufbaut".[621] Eine andere Beschreibung lautet: "Vorhandensein und -bleiben von Umständen, die da sein müssen, um den Vertrag noch als eine brauchbare und sinnvoll angemessene Gestaltung erscheinen zu lassen, ohne daß die Vertragsteile sich der Bedeutung dieser Umstände bewußt gewesen sind".[622] Die Geschäftsgrundlage kann entweder bei Vertragsabschluß gefehlt haben oder aber sie kann nachträglich entfallen sein oder sich verändert haben.[623]

Sinn und Zweck der Lehre vom Wegfall der Geschäftsgrundlage ist es, in rechtsgeschäftlich begründete Rechtsverhältnisse korrigierend einzugreifen, "wenn das zur Vermeidung eines untragbaren, mit Recht und Gerechtigkeit nicht zu vereinbarenden und damit der betroffenen Partei nicht zumutbaren Ergebnisses unabweislich erscheint"[624] oder "wenn anders ein untragbares, mit Recht und Gerechtigkeit schlechthin unvereinbares Ergebnis nicht zu vermeiden wäre."[625] Unter Beachtung der Verhältnismäßigkeit ist dabei diejenige Rechtsfolge zu bestimmen, die die schutzwürdigen Interessen beider Seiten (wieder) in ein angemessenes Gleichgewicht bringt.[626]

Fehlen oder Wegfall bzw. Änderung der Geschäftsgrundlage "führen allerdings nicht ohne weiteres zur völligen Beseitigung des Vertragsverhältnisses. Eine Befreiung einer oder beider Vertragsparteien von ihren vertraglich übernommenen Pflichten kommt vielmehr nur insoweit in Betracht, als Treu und Glauben dies gebieten. In erster Linie ist deshalb zu fragen, ob der Vertrag nicht in einer den berechtigten Interessen beider Parteien Rechnung tragenden Form der wirklichen Sachlage angepaßt werden kann."[627] Die Anpassung des Rechtsverhältnisses hat also grundsätzlich Vorrang vor der Auflösung desselben. Die Geschäftsgrundlagenstörung ist mit einem

---

621 BGH (8.2.1978), JZ 1978, S. 235 f.
622 OLG Nürnberg (16.1.1976), OLGZ 1977, 75, 77.
623 Vgl. Staudinger-Jürgen Schmidt (1983), § 242, Rdnr. 837.
624 BGH (8.2.1978), JZ 1978, S. 236.
625 BGH (25.5.1977), NJW 1977, S. 2263.
626 Vgl. Münchener Kommentar-Roth (1994), § 242, Rdnr. 499; Erman-Werner (1993), § 242, Rdnr. 179.
627 BGH (13.11.1975), NJW 1976, S. 567.

möglichst geringen Eingriff in die ursprüngliche Regelung zu beseitigen.[628]

Kurz gesagt setzt die Anwendung der Lehre vom Wegfall der Geschäftsgrundlage voraus, daß sich die Geschäftsgrundlage wesentlich geändert hat und es somit für die von der Störung betroffene Partei unzumutbar ist, daß das Rechtsverhältnis in seiner ursprünglichen Form aufrechterhalten wird.

Dies gilt jedoch nicht, wenn das durch die Störung eingetretene Risiko von einer Partei zu tragen ist.[629] Dies ist beispielsweise dann der Fall, wenn sich aus dem Vertrag ergibt, daß eine Partei ein (bestimmtes) Risiko übernommen hat, wie dies beispielsweise bei Spekulationsgeschäften eindeutig der Fall ist.[630] Ähnlich liegt der Fall, wenn die Störung bzw. der Wegfall der Geschäftsgrundlage vorhersehbar war. Dann können in der Regel keine Rechte aus diesem Rechtsinstitut abgeleitet werden.[631] Es ist dann davon auszugehen, daß die Parteien das Risiko bewußt in Kauf genommen haben, denn ansonsten hätten sie ja im Vertrag gegen dieses Risiko Vorsorge getroffen. Dies kann jedoch nur gelten, wenn eine Absicherung gegen dieses Risiko auch möglich war. Andernfalls, wenn eine Absicherung aus rechtlichen oder tatsächlichen Gründen nicht möglich war, kann trotz Vorhersehbarkeit der Wegfall der Geschäftsgrundlage zu bejahen sein.[632] Allerdings darf die Vorhersehbarkeit nicht "verabsolutiert"[633] werden, nicht jede nur denkbare und statistisch nicht unwahrscheinliche Entwicklung hat als vorhersehbar zu gelten.

Letztendlich geht es bei der Geschäftsgrundlagenstörung um eine Wertentscheidung, die zu verdeutlichen hat, warum das Risiko einer solchen Unangemessenheit ausnahmsweise nicht bei derjenigen Partei verbleiben soll, die davon betroffen ist, sondern auch von der anderen Partei zu tragen ist.[634]

---

628 Vgl. Münchener Kommentar-Roth (1994), § 242, Rdnr. 544.
629 Vgl. BGH (1.6.1979), BGHZ 74, 370, 373.
630 Vgl. Palandt-Heinrichs (1994), § 242, Rdnr. 127.
631 Str., vgl. Münchener Kommentar-Roth (1994), § 242, Rdnr. 543 m.w.N.
632 Vgl. Köhler (1979), S. 503.
633 Zöllner (1979), S. 54, Fn. 88a.
634 Vgl. Münchener Kommentar-Roth (1994), § 242, Rdnr. 498.

Die Lehre vom Wegfall der Geschäftsgrundlage besitzt nicht nur im Schuldrecht ihre Gültigkeit, sondern ist grundsätzlich auf alle Rechtsgeschäfte, insbesondere auf Verträge aller Art anwendbar.[635] Sie ist somit grundsätzlich auch im Gesellschaftsrecht anwendbar. Es bestehen nach Ansicht des *BGH* keine Bedenken, daß ein Gesellschaftsvertrag nach den Regeln vom Fortfall der Geschäftsgrundlage angepaßt werde. Dafür "spricht schon der Umstand, daß danach eine Ergänzung oder Änderung des Gesellschaftsvertrages nur verlangt werden kann, wenn Umfang und Inhalt der aus dem Vertrag sich ergebenden Rechte und Pflichten der Parteien nach dem inneren Sinn und Zweck des Rechtsgeschäfts unter Berücksichtigung aller Umstände des Einzelfalls gemäß § 242 BGB eine Anpassung an die wirkliche Sachlage erfordern; dabei dürfen nur solche Eingriffe vorgenommen werden, die unumgänglich notwendig erscheinen, um ein mit Treu und Glauben zu vereinbarendes Ergebnis zu erzielen."[636] Dabei kann es auch zu einer Erweiterung der gesellschaftlichen Pflichten, bei der GmbH z.B. der Nebenleistungspflichten, kommen, denn es ist anerkannt, daß eine Vertragsanpassung aufgrund dieser Lehre auch dazu führen kann, daß der Umfang der Pflichten herabgesetzt oder erweitert wird.[637] Nichts anderes kann m.E. für die Anwendung dieser Lehre im Gesellschaftsrecht gelten.[638]

Soweit aus den veröffentlichten Entscheidungen ersichtlich war, prüfte der *BGH* in seiner Entscheidung vom 12.1.1956[639] erstmals die Zustimmungspflicht aufgrund der Lehre vom Wegfall der Geschäftsgrundlage. Beide Parteien waren Gesellschafter einer oHG. Sie mußten im Jahre 1939 im Zuge der sog. Arisierung aus der oHG ausscheiden und emigrierten in die USA. Im Jahre 1951 übernahmen beide Gesellschafter die Gesellschaft im Rahmen des Rückerstattungsverfahrens. Seit der Rückerstattung war nur der Kläger nach Deutschland zurückgekehrt und in der Firma tätig. Der Beklagte lehnte die Rückkehr nach Deutschland und die persönliche Mitarbeit in der oHG ab. Der Kläger beantragte deswegen die Übernahme des Unternehmens gemäß § 142 HGB. Der Beklagte dagegen war der Auffassung, daß der Kläger aufgrund von Treu und

---

635 Vgl. Erman-Werner (1993), § 242, Rdnr. 171.
636 BGH (18.3.1974), WM 1974, S. 833.
637 Vgl. Soergel-Teichmann (1990), § 242, Rdnr. 267.
638 A.A. Pabst (1976), S. 168 ff.
639 Vgl. BGH (12.1.1956), WM 1956, S. 351.

Glauben und des Wegfalls der Geschäftsgrundlage verpflichtet sei, einer Änderung des Gesellschaftsvertrages zuzustimmen, wonach er von den Pflichten eines geschäftsführenden Gesellschafters entbunden werde. Die Klage hatte in allen Instanzen Erfolg. Die Zustimmungspflicht aufgrund der Lehre vom Wegfall der Geschäftsgrundlage wurde vom *BGH* verneint, da nach dessen Ansicht keine Störung bzw. kein Wegfall der Geschäftsgrundlage vorlag. Weitere Voraussetzungen für die Zustimmungspflicht aufgrund der Lehre vom Wegfall der Geschäftsgrundlage wurden vom *BGH* nicht näher dargelegt.

In dem bereits oben erwähnten Fall,[640] bei dem der Kläger die Anpassung seiner Tätigkeitsvergütung erzwingen wollte, prüfte der *BGH* auch eine Zustimmungspflicht aufgrund des Wegfalls der Geschäftsgrundlage. Dies verneinte er, da die Parteien bei ihren Verhandlungen vor Abschluß des Gesellschaftsvertrages erwogen hatten, daß Umsatz und Gewinn sich im Laufe der Jahre erhöhen würden, es aber trotzdem unterlassen hatten, für diesen Fall eine Erhöhung der Tätigkeitsvergütung festzulegen.[641] Nach Meinung des *BGH* fehlte es schon an einer wesentlichen Voraussetzung für die Anwendung dieses Rechtsinstituts, nämlich dem Fortfall bzw. einer Veränderung der Geschäftsgrundlage. Des weiteren sei die Tätigkeitsvergütung nicht unangemessen. Der Geschäftsführer einer Personenhandelsgesellschaft finde den "Lohn" für seine Arbeit in erster Linie in seiner Gewinnbeteiligung. Eine vom Gewinn unabhängige Tätigkeitsvergütung müsse nicht notwendig in einem angemessenen Verhältnis zu den Lebenshaltungskosten stehen und deshalb bei Änderung der wirtschaftlichen Verhältnisse neu festgesetzt werden.[642]

In seiner Entscheidung vom 18.3.1974[643] kam der *BGH* zu dem Schluß, daß die Scheidung der Ehe der einer KG angehörenden Eheleute unter Umständen wegen Wegfalls der Geschäftsgrundlage den Anspruch auf Änderung der Nachfolgeklauseln begründen könne. Im vorliegenden Fall schloß der Kläger mit der beklagten Ehefrau einen Gesellschaftsvertrag, der u.a. vorsah, daß im Falle des Ablebens des Klägers seine Ehefrau (Beklagte) die Komplemen-

---

640 Vgl. oben S. 114.
641 Vgl. BGH (10.6.1965), BGHZ 44, 40.
642 Vgl. BGH (10.6.1965), BGHZ 44, 40, 41.
643 Vgl. BGH (18.3.1974), WM 1974, S. 831 ff.

tärstellung einnehmen und weitere Kapitalanteile übernehmen sollte. Nach der Scheidung der Ehe verlangte der Kläger die Zustimmung der Beklagten zu einer Änderung dieser Nachfolgeklausel. Der BGH bejahte grundsätzlich die Zustimmungspflicht der Beklagten zu einer Änderung der Nachfolgeklausel, verwies den Fall jedoch zurück, da die von der Vorinstanz vorgenommene Gesellschaftsvertragsänderung seiner Ansicht nach fehlerhaft war.

Die Lehre vom Wegfall der Geschäftsgrundlage als ein auf Treu und Glauben (§ 242 BGB) fußendes Rechtsinstitut dient dazu, im Einzelfall ein unzumutbares Interessenungleichgewicht zu korrigieren, allerdings nur, sofern hierzu keine anderen Mittel zur Verfügung stehen. Die Lehre vom Wegfall der Geschäftsgrundlage wirkt also subsidiär.[644] Es stellt sich nun die Frage, wie das Verhältnis der Zustimmungspflicht aufgrund der Treuepflicht und derjenigen aufgrund des Wegfalls der Geschäftsgrundlage zueinander ist, denn in den Bereichen, in denen sich beide Rechtsinstitute überschneiden, wird die subsidiär wirkende Geschäftsgrundlagenlehre von der Zustimmungspflicht kraft Treuepflicht verdrängt.

Der *BGH* prüft zwar teilweise beide Rechtsinstitute nebeneinander,[645] auf das Verhältnis der Geschäftsgrundlagenlehre zur gesellschaftlichen Treuepflicht geht er leider nicht ein.

Im Schrifttum wird das Verhältnis beider Rechtsinstitute kontrovers diskutiert. Nach Ansicht von *Kollhosser* ist die Zustimmungspflicht kraft Treuepflicht "sachlich" weiter, da auch die Veränderung von Umständen außerhalb der Geschäftsgrundlage bedeutsam werden könne. Andererseits dagegen müsse das Bedürfnis nach Vertragsanpassung bei der Zustimmungspflicht kraft Treuepflicht drängender sein als beim Wegfall der Geschäftsgrundlage, insofern sei die Treuepflichtlehre strenger bei der Abwägung. *Zöllner* sieht beide Rechtsinstitute wie zwei sich stark überschneidende Kreise an.[646] Im Überschneidungsbereich seien beide Rechtsinstitute nebeneinander anwendbar.[647] *H.P. Westermann* sieht in der Zustimmungspflicht zur Anpassung des Gesellschaftsvertrages die "gesellschaftsrechts-spezifische Ausprägung der Lehre vom Fortfall der Geschäfts-

---

644 Vgl. Erman-Werner (1993), § 242, Rdnr. 171.

645 Vgl. BGH (12.1.1956), WM 1956, S. 351 ff; BGH (10.6.1965), BGHZ 44, 40 ff.

646 Vgl. Zöllner (1979), S. 53.

647 Vgl. Zöllner (1979), S. 56 f.

grundlage"[648]. Er ist der Ansicht, daß sich beide Rechtsinstitute hinsichtlich ihrer Eingreifkriterien und möglichen Folgerungen gleichen. Zur Lösung konkreter Einzelfälle würde sich allerdings "hier die eine, dort die andere Lehre"[649] eher anbieten. Nach *Haarmann* besteht zwischen beiden Rechtsinstituten materiell Identität.[650] *Pabst* sieht in der Zustimmungspflicht kraft Treuepflicht das allgemeinere Rechtsinstitut, da sie auch Umstände außerhalb der Geschäftsgrundlage berücksichtige.[651] Der Bereich der Geschäftsgrundlage sei der Überschneidungsbereich beider Rechtsinstitute, hier ergebe "sich insofern ein Verhältnis der Spezialität mit Vorrang der Lehre von der Geschäftsgrundlage."[652]

M.E. kann keine der soeben genannten Ansichten überzeugen. Wesentlich bei der Zustimmungspflicht aufgrund der Treuepflicht sind die Erforderlichkeit und Zumutbarkeit der Gesellschaftsvertragsänderung,[653] während es bei der Lehre vom Wegfall der Geschäftsgrundlage darauf ankommt, daß das Festhalten am bisherigen Gesellschaftsvertrag für eine Partei aufgrund des Wegfalls der Geschäftsgrundlage unzumutbar ist.[654] Die Zustimmungspflicht aufgrund des Wegfalls der Geschäftsgrundlage unterliegt also engeren Voraussetzungen: Es muß sich um Störungen der Geschäftsgrundlage handeln, während bei der Zustimmungspflicht kraft Treuepflicht zudem auch Umstände von Bedeutung sein können, die nicht Bestandteil der Geschäftsgrundlage sind.[655] Auch durch eine entsprechend weite Auslegung der Geschäftsgrundlage lassen sich die beiden Rechtsinstitute diesbezüglich nicht nivellieren.[656]

Hinsichtlich der Dringlichkeit, derer es für die Bejahung der Zustimmungspflicht bedarf, ist die Lehre vom Wegfall der Geschäftsgrundlage ebenso das engere Instrument.[657] Während es bei der Zustimmungspflicht kraft Treuepflicht ausreicht, daß die Gesellschaftsvertragsänderung im Interesse der Gesellschaft oder Gesellschafter

---

648 H.P. Westermann (1976), S. 240.
649 H.P. Westermann (1976), S. 240.
650 Vgl. Haarmann (1979), S. 55 f.
651 Vgl. Pabst (1976), S. 178.
652 Pabst (1976), S. 178.
653 Vgl. oben S. 118 ff.
654 Vgl. oben S. 126.
655 Vgl. Pabst (1976), S. 178; Kollhosser (1974), S. 280.
656 A.A. Hey (1990), S. 82.
657 A.A. Kollhosser (1974), S. 280.

erforderlich ist, bedarf es für die Anwendung der Regeln vom Wegfall der Geschäftsgrundlage eines Rechtsverhältnisses, das ohne Anpassung zu einem untragbaren, mit Recht und Gerechtigkeit schlechthin unvereinbaren Ergebnis führen würde.[658] Eine schlichte Unangemessenheit reicht hierzu nicht aus.[659] Freilich wird es in vielen Fällen so sein, daß sowohl die Vertragsanpassung im Interesse der Gesellschafter oder Gesellschaft erforderlich als auch ein Festhalten am bisherigen Gesellschaftsvertrag unzumutbar ist. Es verbleibt allerdings ein Bereich, in dem das Problem der Zustimmungspflicht aufgrund der Dringlichkeitsstufe nicht mit der Lehre der Geschäftsgrundlage gelöst werden kann, sondern wo nur mit der Zustimmungspflicht kraft Treuepflicht eine Gesellschaftsvertragsänderung erzwungen werden kann. Umgekehrt lassen sich jedoch die Fälle, bei denen eine Anpassung aufgrund des Wegfalls der Geschäftsgrundlage erzwungen werden kann, auch mit Hilfe der Zustimmungspflicht kraft Treuepflicht lösen. Dies gilt auch für die Tatbestände der einschlägigen höchstrichterlichen Entscheidungen. M.E. hätte man dabei ebenso mit der gesellschaftlichen Treuepflicht argumentieren können.[660]

Zur weiteren Veranschaulichung soll folgendes Beispiel dienen: Im Gesellschaftsvertrag einer zweigliedrigen GmbH wurden den Gesellschaftern unterschiedliche Nebenleistungspflichten auferlegt. Bei Abfassung des Gesellschaftsvertrages gingen beide Gesellschafter davon aus, daß diese Nebenleistungspflichten gleichwertig, d.h. äquivalent sind. Zwar handelt es sich hier formal nicht wie bei einem Austauschvertrag um Leistung und Gegenleistung, wirtschaftlich gesehen aber kann dies doch der Fall sein: Jeder Gesellschafter verpflichtet sich bei einer Nebenleistungspflicht definitionsgemäß nur gegenüber der GmbH. In vielen Fällen wird er diese Nebenleistungspflicht jedoch nur auf sich nehmen, wenn er dafür eine gleichwertige, d.h. äquivalente Gegenleistung erhält. Diese kann darin bestehen, daß ihm seitens der GmbH beispielsweise bestimmte Sonderrechte gewährt werden. Eine andere Möglichkeit besteht darin, daß, wie hier angenommen werden soll, die Nebenleistungspflicht des anderen Gesellschafters dieser Gegenleistung entspricht. In den "Genuß" dieser "Gegenleistung" kommt der Gesellschafter zwar nicht unmittelbar, jedoch mittelbar als Gesellschafter

---

658 Vgl. BGH (25.5.1977), NJW 1977, S. 2263.
659 Vgl. Münchener Kommentar-Roth (1994), § 242, Rdnr. 497.
660 Ebenso Pabst (1976), S. 88.

dieser GmbH. Diese mittelbare Äquivalenz kann durch tiefgreifende, unvorhergesehene wirtschaftliche Umwälzungen, z.B. Entwertung des Geldes, starke Veränderungen der Preise, erhebliche Erschwernis für den Schuldner der Sachleistung oder durch unvorhergesehenes Eingreifen des Gesetzgebers, empfindlich gestört werden.[661] Für die benachteiligte Partei stellt sich dann die Frage, ob und nach welchen Regeln sie eine Anpassung des Gesellschaftsvertrages erzwingen kann.

In diesem Beispielfall könnte man m.E. die Zustimmungspflicht sowohl mit der Treuepflicht als auch mit der Lehre vom Wegfall der Geschäftsgrundlage folgendermaßen begründen:

- Die Gesellschaftsvertragsanpassung zur Beseitigung der schweren Äquivalenzstörung ist im Interesse des benachteiligten Gesellschafters erforderlich und dem begünstigten Gesellschafter auch zumutbar, da er ja bei Vertragsschluß mit einer (subjektiven) Gleichwertigkeit einverstanden war. Der begünstigte Gesellschafter muß deshalb aufgrund der gesellschaftlichen Treuepflicht der Gesellschaftsvertragsänderung, wodurch ihm zum Ausgleich seines Vorteils weitere Nebenleistungspflichten auferlegt werden, zustimmen.

- Durch die tiefgreifenden, unvorhergesehenen wirtschaftlichen Umwälzungen ist ein Ergebnis entstanden, das mit Recht und Gerechtigkeit schlechthin unvereinbar ist und für die benachteiligte Partei nicht zumutbar ist. Aufgrund des Wegfalls der Geschäftsgrundlage muß der begünstigte Gesellschafter der Gesellschaftsvertragsänderung, wodurch ihm zum Ausgleich seines Vorteils weitere Nebenleistungspflichten auferlegt werden, zustimmen. Dadurch wird der Gesellschaftsvertrag in einer den berechtigten Interessen beider Parteien Rechnung tragenden Form der wirklichen Sachlage angepaßt.

Bildlich gesprochen stellt der Anwendungsbereich der Zustimmungspflicht kraft Treuepflicht einen Kreis dar, in dem sich ein kleinerer Kreis befindet, der den Anwendungsbereich der Lehre vom Wegfall der Geschäftsgrundlage im Gesellschaftsrecht umfaßt. Der Anwendungsbereich der Geschäftsgrundlagenlehre ist also nur eine Teil-

---

661 Allgemein für Austauschverträge vgl. Erman-Werner (1993), § 242, Rdnr. 176.

menge des Anwendungsbereichs der Zustimmungspflicht kraft Treuepflicht. Da es sich bei der Lehre vom Wegfall der Geschäftsgrundlage jedoch um ein Rechtsinstitut handelt, das subsidiär wirkt,[662] wird es m.E. von der Zustimmungspflicht kraft Treuepflicht vollständig verdrängt. Zu Unrecht prüft der *BGH* beide Rechtsinstitute, denn wo immer es um die Zustimmungspflicht der Gesellschafter zu Gesellschaftsvertragsänderungen geht, wird die Geschäftsgrundlagenlehre von der Zustimmungspflicht kraft Treuepflicht verdrängt.[663] Insofern erübrigt sich von vornherein die Prüfung einer Zustimmungspflicht aufgrund des Wegfalls der Geschäftsgrundlage, denn für sie bleibt dort kein Raum.

4.2.3 Austrittsrecht aus wichtigem Grund für zustimmungspflichtigen Gesellschafter ?

Nachdem eben dargelegt wurde, unter welchen Voraussetzungen ein Gesellschafter verpflichtet ist, einer Erhöhung bzw. Neueinführung von Nebenleistungspflichten zuzustimmen, stellt sich nun die Frage, ob dem zustimmungspflichtigen Gesellschafter dann ein Austrittsrecht aus wichtigem Grund zusteht.

Dem GmbH-Gesetz ist eine Austrittsmöglichkeit des GmbH-Gesellschafters fremd. Es ist aber heute allgemein anerkannt, daß dem Gesellschafter der GmbH ein Austrittsrecht aus wichtigem Grund zusteht.[664] Voraussetzung für dieses Austrittsrecht ist das Vorliegen eines wichtigen Grundes. Ein solcher ist gegeben, "wenn Umstände vorliegen, die dem austrittswilligen Gesellschafter den weiteren Verbleib in der Gesellschaft unzumutbar machen."[665] Das kann beispielsweise dann der Fall sein, wenn die rechtlichen und

---

662 Vgl. Erman-Werner (1993), § 242, Rdnr. 171.

663 So im Ergebnis auch Hey (1990), S. 84 u. 118 ff., der in der Zustimmungspflicht kraft Treuepflicht ein spezielles gesellschaftsrechtliches Instrument sieht, das die Geschäftsgrundlagenlehre verdrängt; a.A. dagegen Pabst (1976), S. 175 ff., der von der Spezialität der Lehre von der Geschäftsgrundlage ausgeht und ihr gegenüber der Zustimmungspflicht kraft Treuepflicht den Vorrang gewährt; Zöllner (1979), S. 56 geht davon aus, daß beide Rechtsinstitute im Überschneidungsbereich nebeneinander anwendbar sind.

664 Vgl. Hachenburg-Ulmer (1990), Anh. § 34, Rdnr. 44 m.w.N.

665 BGH (16.12.1991), ZIP 1992, S. 240.

wirtschaftlichen Grundlagen des Gesellschaftsverhältnisses oder die Gesellschafterstellung selbst ohne freiwillige Mitwirkung des Gesellschafters in für den betreffenden Gesellschafter unzumutbarer Weise beeinträchtigt wird.[666]

Die Frage, ob nun dem zustimmungspflichtigen Gesellschafter ein Austrittsrecht aus wichtigem Grund zusteht, wird von *Röhricht* bejaht: "Das Austrittsrecht gilt zum einen in der Richtung, daß es auch zugunsten des Gesellschafters gelten muß, der in besonders gelagerten Ausnahmefällen aufgrund seiner Treuepflicht gehalten ist, sich einer von ihm abgelehnten aber von seinen Mitgesellschaftern im Gesellschaftsinteresse gewünschten Änderung nicht zu widersetzen. In solchen Fällen darf der Gesellschafter zwar nicht die Änderung blockieren. Sie gibt ihm aber das Recht, aus der damit tiefgreifend umgestalteten Gesellschaft auszuscheiden."[667]

Dieser Auffassung kann m.E. nicht zugestimmt werden. Vergleicht man die Voraussetzungen für ein Austrittsrecht aus wichtigem Grund mit denen der Zustimmungspflicht kraft Treuepflicht[668], so kommt man zu dem Schluß, daß beides sich ausschließt. Während ein Gesellschafter kraft Treuepflicht nur zur Zustimmung verpflichtet ist, wenn die Gesellschaftsvertragsänderung, hier die Erhöhung bzw. Neueinführung von Nebenleistungspflichten, für ihn **zumutbar** ist, so steht ihm andererseits nur ein Austrittsrecht aus wichtigem Grund zu, wenn ihm ein Verbleiben in der GmbH **nicht zumutbar** ist. Ist also ein Gesellschafter aufgrund der Treuepflicht verpflichtet, der Erhöhung bzw. Neueinführung von Nebenleistungspflichten zuzustimmen, so steht ihm m.E. **kein** Austrittsrecht aus wichtigem Grund zu, denn diese Gesellschaftsvertragsänderung, der er kraft Treuepflicht zustimmen muß, ist für ihn ja letztlich gerade zumutbar.

---

666 Vgl. Scholz-Winter (1993), § 15, Rdnr. 119; Hachenburg-Ulmer (1990), Anh. § 34, Rdnr. 51 f.

667 Röhricht (1991), S. 380. So auch Baumbach/Hueck (1988), Anh. § 34, Rdnr. 16.

668 Die Zustimmungspflicht kraft des Wegfalls der Geschäftsgrundlage braucht nun nicht mehr erwähnt zu werden, denn sie wird durch die Zustimmungspflicht kraft Treuepflicht vollständig verdrängt.

4.3 Die Abdingbarkeit des § 53 III GmbHG (Mehrheitsklausel)

Oben[669] wurde sowohl auf die Anpassungszwänge allgemein als auch im Hinblick auf eine Einführung bzw. Erhöhung der Nebenleistungspflichten hingewiesen. Eine Möglichkeit, Anpassungszwänge besser zu bewältigen, könnte die Etablierung einer Mehrheitsklausel für die Einführung bzw. Erhöhung von Nebenleistungspflichten sein. Die Mehrheitsklausel wird vor allem im Recht der Personenhandelsgesellschaften viel diskutiert, da dort, sofern der Gesellschaftsvertrag nichts anderes vorsieht, Gesellschaftsverträge nur durch einstimmigen Beschluß aller Gesellschafter geändert werden können.[670] Im Recht der GmbH ist zwar gemäß § 53 II GmbHG für Gesellschaftsvertragsänderungen die Dreiviertelmehrheit der abgegebenen Stimmen ausreichend, jedoch verlangt § 53 III GmbHG für die Erhöhung bzw. Einführung von Nebenleistungspflichten ausdrücklich die "Zustimmung sämtlicher beteiligter Gesellschafter".

Nachdem im vorangegangenen Abschnitt untersucht wurde, unter welchen Voraussetzungen zustimmungsunwillige Gesellschafter zur Zustimmung gezwungen werden können, soll nun dargestellt werden, ob und wie im Gesellschaftsvertrag eine Mehrheitsklausel vereinbart werden kann, die die mehrheitliche Einführung bzw. Erhöhung von Nebenleistungspflichten auch dann ermöglicht, wenn die zustimmungsunwilligen Gesellschafter **nicht** zur Zustimmung verpflichtet sind. Es geht also darum, ob und inwieweit § 53 III GmbHG abdingbar ist. Eine solche Mehrheitsklausel könnte beispielsweise folgendermaßen lauten: "Für eine Abänderung des Gesellschaftsvertrages, deren Gegenstand die Einführung bzw. Erhöhung der Nebenleistungspflichten im Sinne von § 3 II GmbHG ist, ist abweichend von § 53 III GmbHG die Zustimmung der betroffenen Gesellschafter nicht erforderlich. Für eine solche Gesellschaftsvertragsänderung ist allein ein Beschluß der Gesellschafter, der mit einer Mehrheit von drei Vierteilen der abgegebenen Stimmen zustande kommt, ausreichend."

Nicht zu verwechseln ist die hier in Frage stehende Mehrheitsklausel mit den beschlußabhängigen Nebenleistungspflichten[671] und den

---

669 S. 104 f.

670 Vgl. statt aller Staub-Ulmer (1988), § 105, Rdnr. 189.

671 Vgl. oben S. 35.

durch ein Leistungsbestimmungsrecht[672] näher zu bestimmenden Nebenleistungspflichten. Bei ihnen wird durch den Gesellschafterbeschluß nicht erst der Gesellschaftsvertrag geändert, sondern der Beschluß dient jeweils der Durchführung des bereits entsprechend lautenden Gesellschaftsvertrages.[673]

4.3.1 Die Mehrheitsklausel - antizipierte Zustimmung oder Gestaltungsrecht ?

Hinsichtlich der dogmatischen Legitimation der Mehrheitsklausel werden im Schrifttum zwei Erklärungsmodelle diskutiert:

Nach der Theorie der antizipierten Zustimmung stellt die Mehrheitsklausel die im voraus erteilte Zustimmung zum Gesellschafterbeschluß dar: "Die konkreten Vertragsänderungen werden schon bei Abschluß des Gesellschaftsvertrages von allen Vertragspartnern beschlossen und lediglich im späteren Stadium von der Mehrheit rechtstechnisch ausgelöst und endgültig in Kraft gesetzt."[674]

Eine andere Ansicht sieht in der Mehrheitsklausel ein Gestaltungsrecht, d.h. jeder Gesellschafter habe sich durch die Vereinbarung einer Mehrheitsklausel der späteren Mehrheitsentscheidung unterworfen. Der Gesellschafter habe der Mehrheit durch seine Zustimmung zur Mehrheitsklausel eine Gestaltungsbefugnis eingeräumt.[675]

Folgt man der Theorie der antizipierten Zustimmung, so muß die Mehrheitsklausel gewissen Bestimmtheitserfordernissen genügen. Letztendlich sind diese Bestimmtheitsanforderungen aber die gleichen wie bei einer statutarischen Vereinbarung, die von vornherein gelten soll, denn die Bestimmtheitsanforderungen, die sich aus den allgemeinen Grundsätzen des Vertragsrechts ergeben, gelten unabhängig davon, zu welchem Zeitpunkt die Zustimmung erfolgt. Somit liegt bei der Vereinbarung der Mehrheitsklausel Einstimmigkeit vor. Mehrheits- und Einstimmigkeitsprinzip unterscheiden sich demnach nur hinsichtlich des Zeitpunktes der Zustimmung. Die Mehrheits-

---

672 Vgl. oben S. 67.
673 Vgl. Flume (1977), S. 215 u. 219 f.; Teichmann (1970), S. 153 f.
674 Martens (1973), S. 415.
675 Vgl. Bötticher (1964), S. 28 ff.

klausel i.S. einer antizipierten Zustimmung ist folglich mit dem Sinn des Mehrheitsprinzips, nämlich flexibel nicht vorhersehbare Änderungen zu ermöglichen, nicht vereinbar.[676] Sie unterscheidet sich inhaltlich nicht von beschlußabhängigen Nebenleistungspflichten und Leistungsbestimmungsrechten.

M.E. ist die Interpretation der Mehrheitsklausel als Gestaltungsrecht zutreffend, denn nur diese Interpretation ist mit dem Sinn und Zweck des Mehrheitsprinzips vereinbar. Aber auch nach dieser Auffassung bedarf es einer gewissen Bestimmtheit der Mehrheitsklausel, um festzustellen, wie weit die Gestaltungsbefugnis der Mehrheit bzw. die Unterwerfung der Minderheit reichen soll. Welches Maß an Bestimmtheit erforderlich ist, ist allerdings streitig. Im Schrifttum wird dies, vorwiegend im Recht der Personenhandelsgesellschaften, unter dem Stichwort des Bestimmtheitsgrundsatzes diskutiert.

4.3.2 Der Bestimmtheitsgrundsatz im Recht der Personenhandelsgesellschaften

Im Recht der Personenhandelsgesellschaften können Änderungen des Gesellschaftsvertrages grundsätzlich der Mehrheitsentscheidung unterstellt werden.[677] Um die Minderheit vor einem Machtmißbrauch der Mehrheit zu schützen, hat die Rechtsprechung Mehrheitsklauseln jedoch von Beginn an restriktiv ausgelegt.[678] "Denn bei den unübersehbaren Möglichkeiten von Gesellschaftsvertragsänderungen und deren möglicherweise weittragenden Bedeutung könne nicht angenommen werden, daß eine uneingeschränkte Unterwerfung der Minderheit unter den Willen der Mehrheit beabsichtigt sei."[679] Der Minderheitenschutz durch den Bestimmtheitsgrundsatz vollzieht sich somit nicht durch eine materielle Kontrolle der Ausübung der Mehrheitskompetenz, sondern durch besondere Anforderungen an die Kompetenzgrundlage.[680] Der Bestimmtheits-

---

676 Vgl. Göbel (1992), S. 127 f.; Leenen (1983), S. 376.
677 Vgl. Marburger (1984), S. 2252 m.w.N.
678 Vgl. Marburger (1984), S. 2253 m.w.N.
679 BGH (13.7.1967), BGHZ 48, 251, 253.
680 Vgl. Winter (1988), S. 30.

grundsatz läßt sich durch folgende "Steigerungstrias"[681] beschreiben:

"(1) Die pauschale Bestimmung im Gesellschaftsvertrag, daß die Gesellschafter mit Mehrheit entscheiden, deckt nur Beschlüsse über die laufenden Geschäfte der Gesellschaft.

(2) Können nach dem Gesellschaftsvertrag auch Änderungen des Gesellschaftsvertrags mehrheitlich beschlossen werden, so erfaßt eine solche Klausel, auch wenn sie eine Dreiviertelmehrheit vorsieht, im Zweifel nur übliche, nicht dagegen außergewöhnliche Vertragsänderungen.

(3) Soll auch für außergewöhnliche Vertragsänderungen, namentlich solche, für die das Gesetz (wenn auch in dispositiven Vorschriften) ausdrücklich Einstimmigkeit verlangt, ein Mehrheitsbeschluß genügen, so muß sich das für jeden einzelnen Beschlußgegenstand aus dem Gesellschaftsvertrag entweder ausdrücklich oder im Wege der Auslegung unzweideutig ergeben."[682]

Zu den außergewöhnlichen Vertragsänderungen hat die Rechtsprechung u.a. die Erhöhung der Beiträge[683] gerechnet. Das *RG* führte dazu aus: "Es steht den Gesellschaftern frei, ihre Unterordnung unter einen künftigen Mehrheitsbeschluß, wodurch die Beitragspflichten in bestimmter Richtung erhöht werden, schon im Gesellschaftsvertrage zu erklären."[684] Eine allgemein gehaltene Bestimmung genüge nicht. "Vielmehr muß der erklärte Vertragswille dahingehen, daß gerade die eine Sonderregelung enthaltende Bestimmung des § 707 BGB. über die Beitragspflicht abgeändert werden und diese Pflicht dem Mehrheitsbeschluß unterliegen solle."[685] Dies müsse sich jedoch nicht ausdrücklich aus dem Gesellschaftsvertrag ergeben, maßgebend sei der wahre Wille der Vertragsschließenden, wenn er nur mit hinreichender Deutlichkeit ermittelt werde.[686] Des weiteren wird von einer solchen Mehrheitsklausel die Angabe gewisser Grenzen verlangt, in denen sich der Erhöhungsbeschluß zu bewegen hat, denn eine schrankenlose Unterwerfung des Schuld-

---

681 Martens (1973), S. 416.

682 Marburger (1984), S. 2253.

683 Auf die inhaltliche Entsprechung von Beiträgen und Nebenleistungspflichten wurde oben S. 55 f. schon hingewiesen.

684 RG (23.11.1917), RGZ 91, 166, 168.

685 RG (15.5.1936), RGZ 151, 321, 327.

686 Vgl. RG (15.5.1936), RGZ 151, 321, 326 f.

ners unter den Willen des Gläubigers würde gegen die guten Sitten verstoßen.[687]

Mitte der 70er Jahre wurden erste Anzeichen dafür sichtbar, daß der *BGH* dem Bestimmtheitsgrundsatz auch kritisch gegenüberstand. In zwei Entscheidungen billigte er Mehrheitsbeschlüsse bei Publikumskommanditgesellschaften, ohne daß die Mehrheitsklauseln dem bis dahin geltenden Bestimmtheitsgrundsatz genügten. Im einen Fall ging es um einen Kapitalerhöhungsbeschluß, der jedoch nur das Recht, nicht aber die Pflicht zur erhöhten Kapitalbeteiligung begründete.[688] Im anderen Fall ging es um eine Publikumsgesellschaft, deren Vertragszweck sich als unerreichbar herausgestellt hatte. Es war nun darüber zu entscheiden, ob die Gesellschaft aufzulösen ist oder mit geändertem Zweck fortgesetzt werden sollte. Auch hier hielt der *BGH* einen Mehrheitsbeschluß aufgrund einer allgemeingehaltenen Mehrheitsklausel für zulässig.[689]

In seiner Entscheidung vom 13.3.1978 gab der *BGH* dann den Bestimmtheitsgrundsatz für die Publikumspersonengesellschaft auf: "In der Publikumspersonengesellschaft sind vertragsändernde Mehrheitsbeschlüsse grundsätzlich auch dann zulässig, wenn der Gesellschaftsvertrag das vorsieht, ohne die Beschlußgegenstände näher zu bezeichnen."[690] In einer späteren Entscheidung sah der *BGH* in einer Mehrheitsklausel, die nachträglich und einstimmig in den Gesellschaftsvertrag einer körperschaftlich strukturierten Familien-KG aufgenommen wurde, den "einstimmigen Verzicht aller Gesellschafter auf die Anwendung des Bestimmtheitsgrundsatzes".[691] In der Entscheidung vom 15.6.1987[692] wendete der *BGH* den Bestimmtheitsgrundsatz jedoch uneingeschränkt auf eine Mehrheitsklausel einer Familien-KG mit 65 Kommanditisten an.

Zutreffend weist *Marburger* darauf hin, daß die Redewendung des *BGH*[693] vom "Verzicht" auf den Bestimmtheitsgrundsatz sprachlich

---

687 Vgl. RG (29.10.1915), RGZ 87, 261, 266; RG (23.11.1917), RGZ 91, 166, 169; RG (15.5.1936), RGZ 151, 321, 327; BGH (14.6.1976), WM 1976, 1055.

688 Vgl. BGH (24.11.1975), BGHZ 66, 82.

689 Vgl. BGH (12.5.1977), BGHZ 69, 160.

690 BGH (13.3.1978), BGHZ 71, 53.

691 BGH (15.11.1982), BGHZ 85, 350, 359.

692 Vgl. BGH (15.6.1987), NJW 1988, S. 411 ff.

693 Vgl. BGH (15.11.1982), BGHZ 85, 350, 359.

mißglückt ist. Auf eine Auslegungsregel könne nicht verzichtet werden, sie gelte unabhängig vom Parteiwillen, allerdings nur als Regel, im Zweifel.[694] Bei einer Mehrheitsklausel stellt sich also niemals die Frage, ob der Bestimmtheitsgrundsatz wirksam abbedungen wurde,[695] sondern nur, ob der Beschluß unter Berücksichtigung des Bestimmtheitsgrundsatzes von der Mehrheitsklausel erfaßt wird.[696]

Im Schrifttum ist der Bestimmtheitsgrundsatz allerdings umstritten. Für die Kritiker geht der Bestimmtheitsgrundsatz zu weit. Durch ihn werde der Gesellschaftermehrheit die Möglichkeit genommen, sich an die laufend sich verändernden steuerlichen und wirtschaftlichen Rahmenbedingungen gesellschaftsrechtlich anzupassen, und zwar ohne daß überhaupt danach gefragt werde, ob der jeweilige Mehrheitsbeschluß rechtlich schutzwürdige Interessen der Minderheit beeinträchtigen würde.[697] Des weiteren sei der durch den Bestimmtheitsgrundsatz angestrebte Minderheitenschutz kaum noch gewährleistet, denn die Kautelarjurisprudenz habe sich auf die Erfordernisse der Rechtsprechung eingestellt. So würden Mehrheitsklauseln mit einem umfassenden Katalog aller erdenklichen Beschlußgegenstände, für die das Mehrheitsprinzip gelten solle, in den Gesellschaftsvertrag aufgenommen. Die Warnfunktion gehe dabei verloren.[698] Der Bestimmtheitsgrundsatz stelle somit eine "rein intellektuelle Hürde"[699] zum Nachteil derjenigen dar, die juristisch ungenügend beraten sind. Ferner stelle die Mehrheitsklausel eine Verfahrensregel dar, die allen, die sich hierauf einigen, dasselbe gebe und nehme, sie sei deshalb wertungsneutral.[700]

Aus diesen Gründen solle der *BGH* vom Bestimmtheitsgrundsatz insgesamt Abschied nehmen.[701] Da die Rechtsprechung ohnehin materielle Gerechtigkeitsgesichtspunkte bei der Auslegung nach dem Bestimmtheitsgrundsatz einfließen lasse, also eine verdeckte Inhaltskontrolle praktiziert habe, sei es ehrlicher, eine offene gericht-

---

694 Vgl. Marburger (1989), S. 153 f.
695 So aber BGH (15.6.1987), NJW 1988, S. 411.
696 Treffend Karsten Schmidt (1991), S. 376.
697 Vgl. Hadding (1979), S. 643; Hennerkes/Binz (1983), S. 715.
698 Vgl. Fischer (1974), S. 41 f.; Hennerkes/Binz (1983), S. 714; Wiedemann (1977), S. 694; Hadding (1979), S. 643; Mecke (1988), S. 2262 f.
699 Hennerkes/Binz (1983), S. 715.
700 Vgl. Leenen (1983), S. 378 f.
701 Vgl. Hennerkes/Binz (1983), S. 715.

liche Kontrolle des jeweiligen Mehrheitsbeschlusses vorzunehmen, deren Maßstäbe aus materiellen Gerechtigkeitskriterien (§ 138 BGB, gesellschaftliche Treuepflicht) abzuleiten seien.[702] Trotz dieser Kritik hält ein Großteil des Schrifttums am Bestimmtheitsgrundsatz fest.[703]

Die Mehrheitsklausel als Gestaltungsrecht bedarf einer gewissen Bestimmtheit, damit für die Gesellschafter die Reichweite ihrer Unterwerfung unter den Willen einer bestimmten Mehrheit erkennbar ist. Als Auslegungsregel, ob im konkreten Fall die Mehrheitsklausel des Gesellschaftsvertrags die Mehrheit der Gesellschafter dazu berechtigt, die Verhältnisse der Gesellschaft umzugestalten, ist m.E. der Bestimmtheitsgrundsatz durchaus brauchbar.

4.3.3 Die Kernbereichslehre im Recht der Personenhandelsgesellschaften

Eine weitere Einschränkung des Mehrheitsprinzips resultiert aus der sog. Kernbereichslehre. Dahinter steht der allgemeine Rechtsgrundsatz, so der *BGH*, "daß nämlich eine sachlich unbegrenzte Einschränkung der wirtschaftlichen und damit auch der persönlichen Freiheit eines einzelnen nicht gebilligt werden kann"[704]. In dieser Entscheidung ging es um den Ausschluß des Stimmrechts eines Kommanditisten. Der *BGH* führte dazu aus: "Der mögliche Ausschluß eines Kommanditisten von seinem Stimmrecht findet daher dort seine Grenze, wo Gesellschafterbeschlüsse in Frage stehen, die in die Rechtsstellung dieses Kommanditisten eingreifen, indem sie z.B. seine Beteiligung als Kommanditist oder seine Haftsumme durch eine Neufassung des Gesellschaftsvertrages ändern, oder indem sie auf diesem Wege seine Gewinnbeteiligung oder die Höhe seines Auseinandersetzungsguthabens schmälern."[705] Dieses Urteil wurde vom Schrifttum zustimmend aufgenommen. Der Bereich von Beschlußgegenständen, für den das Stimmrecht des Komman-

---

702 Vgl. Hadding (1979), S. 642 f.; Hennerkes/Binz (1983), S. 715; P. Ulmer (1976), S. 950; Wiedemann (1980), S. 411 f.; Fischer (1974), S. 41 ff.; Leenen (1983), S. 387 ff.

703 Vgl. Karsten Schmidt (1991), S. 373 m.w.N.

704 BGH (14.5.1956), BGHZ 20, 363, 369.

705 BGH (14.5.1956), BGHZ 20, 363, 369 f.

ditisten nicht beschränkt werden kann, wurde im Schrifttum als "Kernbereich" bezeichnet. Die darauffolgende Auseinandersetzung befaßte sich mit der näheren Konkretisierung eines Katalogs stimmrechtsfester Beschlußgegenstände.[706] Ferner entwickelten sich aus dieser Diskussion unterschiedliche Kernbereichsbegriffe bzw. -definitionen, die im einzelnen jedoch umstritten sind.

Der engste Kernbereichsbegriff ist der "zwingende Kernbereich"[707] der Mitgliedschaft. Er umfaßt die unverzichtbaren Rechte, d.h. diese können nicht durch den Gesellschaftsvertrag abbedungen werden. Daraus resultiert für den Gesellschafter ein Mindestmaß an Schutz, auf den er auch selbst nicht verzichten kann. Als Beispiel sei das jedem Gesellschafter zustehende Austrittsrecht aus wichtigem Grund genannt.[708] Der "unentziehbare" oder "mehrheitsfeste"[709] Kernbereich der Mitgliedschaft umfaßt die Rechte, die zwar im Gesellschaftsvertrag abdingbar sind, dem Gesellschafter aber nicht ohne seine Zustimmung genommen werden können. Darunter fallen beispielsweise Vorzugs- oder Sonderrechte.[710] Schließlich sei hier noch der "stimmrechtsfeste"[711] Kernbereich genannt. Hierbei handelt es sich um den Bereich, bei dem das Stimmrecht des Gesellschafters nicht ausgeschlossen werden kann.[712] Dieser Kernbereichsbegriff resultierte aus dem oben erwähnten Urteil[713] und war der Ausgangspunkt für die Entwicklung der Kernbereichslehre.

Zu Beginn der Entwicklung der Kernbereichslehre hatte der stimmrechtsfeste Kernbereich in Verbindung mit dem Bestimmtheitsgrundsatz durchaus eine Schutzwirkung: Durch die Einschränkung des Mehrheitsprinzips mittels des Bestimmtheitsgrundsatzes wuchs gleichzeitig die Bedeutung des zwingenden Stimmrechts des einzelnen Gesellschafters, denn wenn für Beschlüsse das Einstimmigkeitsprinzip gilt, so ist die Position des Gesellschafters durch ein zwingendes Stimmrecht umfassend geschützt, denn er kann ja den Beschluß durch seine Gegenstimme blockieren. Mit der Wirkungslosigkeit bzw. der Aufgabe des Bestimmtheitsgrundsatzes vermin-

---

706 Vgl. Röttger (1989), S. 6 m.w.N.
707 Röttger (1989), S. 96.
708 Vgl. Röttger (1989), S. 96.
709 Karsten Schmidt (1991), S. 386.
710 Vgl. Karsten Schmidt (1991), S. 386 f.
711 Karsten Schmidt (1991), S. 386.
712 Vgl. Karsten Schmidt (1991), S. 389 f.
713 Vgl. BGH (14.5.1956), BGHZ 20, 363.

dert sich jedoch die Schutzwirkung des stimmrechtsfesten Kernbereichs. Das zwingende Stimmrecht des einzelnen Gesellschafters nützt diesem wenig, wenn er aufgrund einer nach dem Bestimmtheitsgrundsatz wirksamen Mehrheitsklausel überstimmt wird. Aufgrund dieser Entwicklung ist man dazu übergegangen, die Minderheit durch die Definition eines "unentziehbaren" oder "mehrheitsfesten" Kernbereichs zu schützen.[714]

Hinter der soeben kurz beschriebenen Kernbereichslehre verbirgt sich also nichts anderes als die terminologische Zusammenfassung von Rechten und Rechtspositionen, die aus besonderen Gründen besonderen Schutz gegenüber der Ausübung von Mehrheitskompetenzen erfahren.[715] Kurz gesagt es geht darum, welche Rechte bzw. Normen unter welchen Bedingungen und in welchem Ausmaß im Gesellschaftsvertrag abbedungen werden können.

Wenngleich der überwiegende Teil des Schrifttums Mehrheitsklauseln für Beitragserhöhungen zuläßt, sofern diese den Erfordernissen des Bestimmtheitsgrundsatzes genügen und im Hinblick auf § 138 BGB eine Obergrenze für Beitragserhöhungen beinhalten,[716] mehren sich die Stimmen, die eine Erhöhung der Beiträge durch eine Mehrheitsklausel, die den Anforderungen des Bestimmtheitsgrundsatzes genügt, aufgrund der Kernbereichslehre für unzulässig halten.[717] Allerdings hält ein Teil dieser Stimmen es für zulässig, daß die Zustimmung zum Beitragserhöhungsbeschluß antizipiert, also im voraus erteilt wird. Die Mehrheitsklausel als Ausdruck eines antizipierten Einverständnisses müsse dabei besonderen Anforderungen genügen: "Sie muß sich eindeutig auf mehrheitliche Eingriffe in die zum Kernbereich gehörenden Rechte beziehen und muß Ausmaß und Umfang des zulässigen Eingriffs erkennen lassen. Insbesondere bei Beitragserhöhungen ist für die Wirksamkeit der Klausel die Angabe einer Obergrenze zu verlangen."[718] Noch etwas weiter geht dabei wohl *Löffler*: Die vorab erteilte Zustimmung der betroffenen

---

714 Vgl. Röttger (1989), S. 8 f.

715 Vgl. Martens (1992), S. 626.

716 Vgl. Löffler (1989), S. 2658 m.w.N.

717 Vgl. Mecke (1988), S. 2263 f.; Immenga (1974), S. 422 ff.; Wiedemann (1980), S. 362; Röttger (1989), S. 142 ff.; Löffler (1989), S. 2658; Münchener Kommentar-P. Ulmer (1986), § 709, Rdnrn. 77 u. 83; Hüffer (1987), S. 408.

718 Münchener Kommentar-P. Ulmer (1986), § 709, Rdnr. 77.

Gesellschafter müsse inhaltlich den gleichen Anforderungen entsprechen wie die aktuelle Einwilligung.[719]

Karsten Schmidt dagegen hält das Belastungsverbot für abdingbar, sofern die Klausel im Gesellschaftsvertrag die Voraussetzungen des Bestimmtheitsgrundsatzes erfüllt.[720] Ganz anders dagegen *Immenga*, nach seiner Ansicht ist der Kernbereich zwingend und nicht durch eine Mehrheitsentscheidung zu relativieren. Die vom Kernbereich erfaßten Regelungsgegenstände bedürften einer bei jeder Beschlußfassung zu aktualisierenden Zustimmung des betroffenen Gesellschafters.[721] Er ordnet das Zustimmungserfordernis somit den unverzichtbaren, also auch nicht durch den Gesellschaftsvertrag abdingbaren Rechten zu.

In zwei neueren Entscheidungen nahm auch der *BGH* zur Kernbereichslehre Stellung: "... grundsätzlich zustimmungsbedürftig sind Gesellschafterbeschlüsse, die in **unentziehbare**[722] Rechte (in den Kernbereich der gesellschaftsrechtlichen Position) eines Gesellschafters eingreifen."[723] In seiner nur wenige Tage später ergangenen Entscheidung führte der *BGH* aus, "daß vertragsändernde Mehrheitsentscheidungen nicht zulässig sind, soweit sie in die Rechtsstellung der Gesellschafter - in ihre rechtliche und vermögensmäßige Position in der Gesellschaft - eingreifen; den Gesellschaftern steht insoweit ein **unverfügbarer**[724] Kernbereich von Rechten zu."[725] Im übrigen aber nahm der *BGH* keine Stellung zum Inhalt des Kernbereichs. Statt zur Klärung des Inhalts des Kernbereichs beizutragen, stiftete er vielmehr Verwirrung, indem er in der älteren Entscheidung von **unentziehbaren** Rechten und in der jüngeren vom **unverfügbaren** Kernbereich von Rechten sprach, obwohl es bei beiden Fällen um die Aufhebung der Verzinsung der Kapitaleinlagen bei einer KG ging, also insofern vergleichbare Sachverhalte vorlagen. Da unentziehbare Rechte im Gesellschaftsvertrag abdingbar sind, während mit den unverfügbaren Rechten wohl die unverzichtbaren gemeint sein

---

719 Vgl. Löffler (1989), S. 2661; so auch Mecke (1988), S. 2263; Röttger (1989), S. 147 f.; Hüffer (1987), S. 408.

720 Vgl. Karsten Schmidt (1991), S. 388.

721 Vgl. Immenga (1974), S. 425; so wohl auch Wiedemann (1980), S. 362.

722 Hervorhebung vom Verfasser.

723 BGH (5.11.1984), NJW 1985, S. 974.

724 Hervorhebung vom Verfasser.

725 BGH (19.11.1984), NJW 1985, S. 973.

dürften, die auch mit Zustimmung des Gesellschafters nicht abdingbar sind,[726] ist es somit unklar, was der *BGH* letztendlich meinte.

Nicht klarer wird der Standpunkt des *BGH*, wenn man noch die Entscheidung vom 27.1.1975, die der *BGH* in der älteren Entscheidung vom 5.11.1984 zitiert, in die Interpretation miteinbezieht. Dort lautet der 2. Leitsatz: "Ein einem Gesellschafter bereits entstandener Zinsanspruch kann ihm grundsätzlich nicht ohne seine Zustimmung durch Beschluß der Gesellschafterversammlung wieder entzogen werden, es sei denn, daß dies im Gesellschaftsvertrag eindeutig bestimmt ist."[727] Danach wiederum kann ein Recht des Gesellschafters auf Vorzugsverzinsung durch einen Mehrheitsbeschluß entzogen werden, sofern dies im Gesellschaftsvertrag eindeutig bestimmt ist.

Zusammenfassend läßt sich sagen, daß über den Kernbereich als Grenze der Mehrheitsherrschaft zwei unterschiedliche Auffassungen existieren: Die eine Auffassung relativiert den mehrheitsfesten Kernbereich dadurch, daß sie in diesem Bereich Mehrheitsbeschlüsse anerkennt, soweit diese den Anforderungen einer antizipierten Zustimmung genügen.[728] Die andere Auffassung sieht im mehrheitsfesten Kernbereich eine starre Grenze für die Zulässigkeit von Mehrheitsbeschlüssen, die auch durch eindeutige gesellschaftsvertragliche Bestimmungen nicht durchbrochen werden kann.[729]

Die zuletzt genannte Auffassung verdient m.E. Zustimmung, denn nur in dieser Interpretation erhält der Kernbereich eine eigenständige Bedeutung. Nach der erstgenannten Ansicht dagegen stellt der Kernbereich die Vertragsänderungen dar, die nach dem Bestimmtheitsgrundsatz den schärftsten Anforderungen unterliegen. Für diesen Bereich steht aber schon der (bewährte) Begriff "außergewöhn-

---

726 Vgl. hierzu oben S. 143.

727 BGH (27.1.1975), WM (1975), S. 662.

728 Vgl. Münchener Kommentar-P. Ulmer (1986), § 709, Rdnr. 77; Löffler (1989), S. 2661; Mecke (1988), S. 2263; Röttger (1989), S. 147 f.; Hüffer (1987), S. 408; geringere Anforderungen an die Mehrheitsklausel stellt Karsten Schmidt (1991), S. 388, er beläßt es beim Bestimmtheitsgrundsatz wie bisher.

729 Vgl. Immenga (1974), S. 425; Wiedemann (1980), S. 362.

liche Gesellschaftsvertragsänderungen" zur Verfügung. Ein Grund, von diesem abzuweichen, ist nicht ersichtlich.[730]

4.3.4 Konsequenzen für die Abdingbarkeit des § 53 III GmbHG

Ebenso wie die Zulässigkeit mehrheitlicher Beitragserhöhungen im Recht der Personenhandelsgesellschaften umstritten ist, so ist es auch im Recht der GmbH strittig, ob und unter welchen Voraussetzungen § 53 III GmbHG abdingbar ist. Eine Ansicht geht davon aus, daß § 53 III GmbHG zwingendes Recht ist und somit der Gesellschaftsvertrag nicht im vorhinein bestimmen kann, daß Nebenleistungspflichten durch Mehrheitsbeschluß ohne Zustimmung der betroffenen Gesellschafter eingeführt werden können.[731] Eine andere Ansicht dagegen hält § 53 III GmbHG unter bestimmten Voraussetzungen für abdingbar. Der Gesellschaftsvertrag könne vorsehen, daß abweichend von § 53 III GmbHG die Zustimmung zu bestimmten Leistungsvermehrungen nicht erforderlich sei. Art und Rahmen der Leistungsvermehrung müßten dabei im Gesellschaftsvertrag vorgegeben sein. Ein genereller Dispens von Abs. III sei allerdings nicht möglich.[732] Diese Ansicht läuft letzten Endes auf eine antizipierte Zustimmung hinaus. Unklar ist hierbei jedoch, ob auch wirklich die Abdingbarkeit von § 53 III GmbHG gemeint ist. *Priester* hält es nämlich für zulässig, daß der Gesellschaftsvertrag für bestimmte Fälle eine Leistungsvermehrung durch einfachen Gesellschafterbeschluß zuläßt.[733] Somit kann er keine Gesellschaftsvertragsänderung gemeint haben, denn für diese bedarf es nach § 53 II GmbHG **mindestens** einer Mehrheit von drei Vierteilen der abgegebenen Stimmen. Folglich ist wohl eher davon auszugehen, daß *Priester* § 53 III GmbHG für unabdingbar hält, es aber für zulässig erachtet, daß Nebenleistungspflichten im Gesellschaftsvertrag an einen Gesellschafterbeschluß als Bedingung gekoppelt

---

730 So auch Göbel (1992), S. 183 ff.

731 Vgl. Zöllner (1963), S. 112; Lutter/Hommelhoff (1995), § 53, Rdnr. 20.

732 Vgl. Scholz-Priester (1988), § 53, Rdnr. 50; Baumbach/Hueck-Zöllner (1988), § 53, Rdnr. 17; Martens (1992), S. 616 f.

733 Vgl. Scholz-Priester (1988), § 53, Rdnr. 50.

werden oder daß der Gesellschaftermehrheit ein Leistungsbestimmungsrecht eingeräumt wird.[734]

P. Ulmer und *Zimmermann* halten im Gegensatz zu den bisher dargestellten Meinungen einen generellen Dispens von § 53 III GmbHG für zulässig, allerdings nur dann, wenn dem betroffenen Gesellschafter ein Austrittsrecht entsprechend § 27 I GmbHG eingeräumt wird.[735] *Karsten Schmidt* hält eine Generalklausel über die Leistungsvermehrung durch Mehrheitsbeschluß für unwirksam. Zulässig sei jedoch eine Regelung, die dem Bestimmtheitsgrundsatz gerecht werde.[736]

Die Rechtsprechung zu § 53 III GmbHG ist spärlich. Die Entscheidung des *RG* vom 29.10.1915[737], auf die auch *Priester*[738] hinweist, sagt nichts über die Abdingbarkeit dieser Norm aus. In dieser Entscheidung bejahte das RG lediglich die Zulässigkeit, der Gesellschafterversammlung bezüglich der Nebenleistungspflichten ein Leistungsbestimmungsrecht i.S. von §§ 315 ff. BGB einzuräumen. Der Gesellschafterbeschluß als Ausfluß eines Leistungsbestimmungsrechts stellt jedoch keine Gesellschaftsvertragsänderung dar.[739]

In seiner Entscheidung vom 15.5.1936[740] scheint das *RG* von einer Abdingbarkeit des § 53 III GmbHG auszugehen: "Nach § 53 Abs. 3 das. kann .. eine Vermehrung der den Gesellschaftern nach dem Gesellschaftsvertrage obliegenden Leistungen nur mit Zustimmung sämtlicher beteiligter Gesellschafter beschlossen werden. Nimmt man auch an, daß diese Bestimmung nachgiebigen Rechts ist, also durch den Gesellschaftsvertrag geändert werden kann ..., so fehlt doch diese Abweichung vom Gesetz in der Satzung der Beklagten."[741]

---

734 Auf die Verwechselungsgefahr von mehrheitlichen Gesellschaftsvertragsänderungen mit bedingten Nebenleistungspflichten und Leistungsbestimmungsrechten wurde oben S. 136 bereits hingewiesen.

735 Vgl. Hachenburg-P. Ulmer (1991), § 53, Rdnr. 74; Rowedder-Zimmermann (1990), § 53, Rdnr. 54.

736 Vgl. Karsten Schmidt (1991), S. 388 f.

737 Vgl. RG (29.10.1915), RGZ 87, 261.

738 Vgl. Scholz-Priester (1988), § 53, Rdnr. 50.

739 Vgl. Flume (1977), S. 215.

740 Vgl. RG (15.5.1936), RGZ 151, 321.

741 RG (15.5.1936), RGZ 151, 321, 324.

Die Ausführungen des *BGH* zur Abdingbarkeit dieser Norm sind interpretationsbedürftig: "Es kann ... der Gesellschafter einer GmbH, der ein Stimmrecht in der Gesellschaft nicht hat, nicht ohne seine Mitwirkung (Zustimmung) in seiner Rechtsstellung als Gesellschafter verkürzt oder gegenüber anderen Gesellschaftern zu seinen Lasten ungleich behandelt werden; des weiteren können ihm auch nicht ohne seine Mitwirkung (Zustimmung) erhöhte Pflichten auferlegt werden."[742] Hierbei stellt sich die Frage, ob der *BGH* die Zustimmung des Gesellschafters als unverzichtbar, also gesellschaftsvertraglich unabdingbar, ansah oder ob der Gesellschafter nur zwingend an diesem Beschluß mitwirken muß. Letzteres könnte dann bedeuten, daß eine Leistungsvermehrung auch gegen den Willen des Gesellschafters möglich ist, sofern dieser am Beschluß mitgewirkt oder sich einer späteren leistungsvermehrenden Gesellschaftsvertragsänderung im vorhinein unterworfen hat.

Die Frage, ob § 53 III GmbH abdingbar ist, muß m.E. bejaht werden. Daraus, daß dieses Zustimmungserfordernis ausdrücklich im Gesetz verankert wurde, kann nicht geschlossen werden, daß es zwingend, d.h. unabdingbar ist. Diese Norm dient dem Schutz des betroffenen Gesellschafters vor mehrheitlichen Leistungsvermehrungen, was jedoch nicht bedeutet, daß der Gesellschafter auf diesen Schutz im Gesellschaftsvertrag nicht generell verzichten kann. Im Recht der GmbH unterliegt das Innenverhältnis grundsätzlich der Dispositionsfreiheit der Gesellschafter.[743] Einschränkungen dieser Dispositionsfreiheit finden sich in §§ 38 II[744], 51a III, 53 II[745] GmbHG. § 53 III GmbHG enthält dagegen keine Andeutung, die dahingehend interpretiert werden könnte, daß diese Norm unabdingbar ist. § 53 III GmbHG kann deshalb im Gesellschaftsvertrag abbedungen werden. Diese Norm aus Gründen des Minderheitenschutzes als unabdingbar anzusehen und dem unverzichtbaren Kernbereich zuzuordnen, geht m.E. zu weit und ist vom GmbHG her nicht gedeckt. Ganz im Gegenteil, wenn man im Recht der Personenhandelsgesellschaften mehrheitliche Beitragserhöhungen zuläßt, dann

---

742 BGH (14.5.1956), BGHZ 20, 363, 369.

743 Vgl. Hachenburg-P. Ulmer (1990), Einl., Rdnr. 21.

744 Der Widerruf der Bestellung der Geschäftsführer aus wichtigem Grund kann gesellschaftsvertraglich nicht abbedungen werden.

745 Der Gesellschaftsvertrag kann zwar noch andere Erfordernisse aufstellen, nicht aber eine geringere als die Dreiviertelmehrheit für Gesellschaftsvertragsänderungen vorsehen.

müssen erst recht auch mehrheitliche Leistungsvermehrungen im Recht der GmbH zulässig sein, denn für die Willensbildung der Gesellschafter bei der GmbH sieht das Gesetz das Mehrheitspinzip vor, während es im Recht der Personenhandelsgesellschaften, wenn auch nicht unabdingbar, das Einstimmigkeitsprinzip vorsieht.

Allerdings wird man sich auch im Recht der GmbH Gedanken darüber machen müssen, welche Anforderungen an die Abbedingung des § 53 III GmbHG zu stellen sind. Bei der Konkretisierung dieser Anforderungen kann m.E. auf die Gedanken des Bestimmtheitsgrundsatzes zurückgegriffen werden. Aus der gesellschaftsvertraglichen Regelung muß deutlich hervorgehen, daß es der Zustimmung der betroffenen Gesellschafter gemäß § 53 III GmbHG nicht bedarf, wenn es um die Neueinführung bzw. Erhöhung von Nebenleistungspflichten geht, sondern daß dafür z.B. die für eine Änderung des Gesellschaftsvertrages erforderliche Mehrheit ausreichend ist. Eine nähere Festlegung, um welche Art von Nebenleistungspflicht es sich handelt, ist m.E. nicht erforderlich. Eine solches Konkretisierungserfordernis würde letztendlich dazu führen, daß sämtliche Arten von Nebenleistungspflichten im Gesellschaftsvertrag aufgezählt werden müßten, damit die Gesellschafter dann im Anpassungsfall die ausreichende Flexibilität besäßen, die geeignete Nebenleistungspflicht einzuführen bzw. zu erhöhen, um den geänderten Rahmenbedingungen Rechnung zu tragen. Schließlich ist auch im Recht der Personengesellschaften dem Bestimmtheitsgrundsatz genüge getan, wenn die Mehrheitsklausel besagt, daß die Bestimmung des § 707 BGB über die Beitragspflicht abgeändert werden und die Beitragspflicht dem Mehrheitsbeschluß unterliegen soll.[746] Die Angabe, um welche Art von Beitragspflicht es sich handelt, ist also nicht notwendig.

Außerdem stellt sich die Frage, ob für die Nebenleistungspflichten eine Obergrenze anzugeben ist, denn eine unbeschränkte Unterwerfung unter den Willen der Mehrheit verstößt nach Ansicht des *RG* gegen die guten Sitten.[747] Eine unbeschränkte Unterwerfung ist aber dem Wesen der GmbH nicht fremd, denn es ist gem. § 27 GmbHG möglich, den Gesellschaftern eine unbeschränkte Nachschußpflicht aufzuerlegen. Allerdings steht dem Gesellschafter dann

---

746 Vgl. RG (15.5.1936), RGZ 151, 321, 327.

747 Vgl. RG (29.10.1915), RGZ 87, 261, 266; RG (23.11.1917), RGZ 91, 166, 169; RG (15.5.1936), RGZ 151, 321, 327.

ein Abandonrecht (§ 27 I GmbHG) zu, wodurch er sich der unbeschränkten Nachschußpflicht entledigen kann, freilich bedeutet dies auch gleichzeitig den Verlust seiner Gesellschafterstellung. Es kann m.E. somit also nicht sittenwidrig sein, daß im Gesellschaftsvertrag § 53 III GmbHG abbedungen wird, sofern den Gesellschaftern zugleich **ausdrücklich** ein Austrittsrecht entsprechend § 27 I GmbHG eingeräumt wird. Im Gegensatz zur unbeschränkten Nebenleistungspflicht ist es bei dieser Mehrheitsklausel erforderlich, daß das Austrittsrecht ausdrücklich im Zusammenhang mit der Mehrheitsklausel im Gesellschaftsvertrag festgelegt wird, um die Tragweite der Unterwerfung zu verdeutlichen. Die Unbeschränktheit der Unterwerfung ist nämlich im Gegensatz zur unbeschränkten Nebenleistungspflicht bei der Mehrheitsklausel nicht für jedermann sofort erkennbar, insbesondere dann, wenn der Gesellschafter weder juristisch beraten noch in juristischen Angelegenheiten bewandert ist und die Vielgestaltigkeit der Nebenleistungspflichten nicht kennt.

Die oben vorgeschlagene Mehrheitsklausel[748] muß somit um ein Austrittsrecht ergänzt werden. Diese, m.E. zulässige Klausel, lautet dann wie folgt: "Für eine Abänderung des Gesellschaftsvertrages, deren Gegenstand die Einführung bzw. Erhöhung der Nebenleistungspflichten im Sinne von § 3 II GmbHG ist, ist abweichend von § 53 III GmbHG die Zustimmung der betroffenen Gesellschafter nicht erforderlich. Für eine solche Gesellschaftsvertragsänderung ist allein ein Beschluß der Gesellschafter, der mit einer Mehrheit von drei Vierteilen der abgegebenen Stimmen zustande kommt, ausreichend. Wird eine solche Gesellschaftsvertragsänderung beschlossen, so steht jedem Gesellschafter das Recht zu, seinen Geschäftsanteil entsprechend § 27 I GmbHG preiszugeben und somit aus der GmbH auszuscheiden."

Durch eine solche Klausel werden m.E. auch die Minderheitsinteressen nicht über Gebühr beeinträchtigt. Zum einen erklärt sich ja jeder Gesellschafter bei Gründung der GmbH mit dem Inhalt des Gesellschaftsvertrages einverstanden. Die vorgeschlagene Klausel drückt auch deutlich aus, inwieweit sich der Gesellschafter dem Mehrheitswillen unterwirft. Wenngleich vielleicht nicht jedem Gesellschafter die Vielfältigkeit der Nebenleistungspflichten bekannt ist, so wird er doch durch das ausdrücklich vereinbarte Austrittsrecht ausreichend gewarnt. Des weiteren sind die Gesellschafter hinsicht-

---

748 Vgl. oben S. 136.

lich der Ausübung ihrer Stimmrechtsmacht gewissen inhaltlichen Schranken unterworfen: Der Beschluß darf weder gesetzwidrig noch sittenwidrig sein und ist an den Gleichbehandlungsgrundsatz, den "Verbandszweck" und die Treuepflicht gebunden.[749] Diese Instrumente gewährleisten m.E. einen ausreichenden Minderheitenschutz und erleichtern zugleich eine flexible Anpassung des Gesellschaftsvertrages an im einzelnen noch nicht vorhersehbare Umstände.

4.3.5 Die Änderung der Mehrheitsklausel

Wurde beispielsweise im Gesellschaftsvertrag § 53 III GmbHG abbedungen, wie es oben vorgeschlagen wurde, und soll diese Klausel, aus welchen Gründen auch immer, rückgängig gemacht bzw. verändert werden, so stellt sich die Frage, welche Mehrheit für diese Gesellschaftsvertragsänderung erforderlich ist. Im Schrifttum wird die Ansicht vertreten, daß für eine Änderung der Mehrheitsklausel mindestens die Mehrheit erforderlich ist, die die Mehrheitsklausel selbst für Gesellschaftsvertragsänderungen vorschreibt.[750]

Die Gesellschafter haben sich durch ihr Einverständnis mit einer solchen Klausel dem Willen einer ganz bestimmten, weder einer geringeren noch einer höheren Mehrheit unterworfen. Bei der hier vorgeschlagenen Klausel zur Abbedingung von § 53 III GmbHG haben sich die Gesellschafter dem Willen der Mehrheit unterworfen, die Dreiviertel der abgegebenen Stimmen bei der Beschlußfassung aufbringt. Nach der erwähnten Ansicht würden also zu einer Änderung dieser Klausel Dreiviertel der abgegebenen Stimmen ausreichen. Diese Ansicht verkennt jedoch, daß durch eine Veränderung der Mehrheitsklausel, je nach dem, ob sie verschärft oder herabgesetzt wird, entweder die Minderheits- oder Mehrheitsinteressen negativ beeinträchtigt werden: Wird das Mehrheitserfordernis herabgesetzt,[751] so geht dies zu Lasten der Minderheit, denn die Sperr-

749 Vgl. Karsten Schmidt (1991), S. 503 ff.

750 Vgl. Münchener Kommentar-P. Ulmer (1986), § 709, Rdnr. 70; Baumbach/Hueck-Zöllner (1988), § 53, Rdnr. 34; Scholz-Priester (1988), § 53, Rdnr. 84; Hachenburg-P. Ulmer (1991), § 53, Rdnr. 87.

751 Bei der hier vorgeschlagenen Klausel wäre allerdings eine Herabsetzung des Mehrheitserfordernisses nicht mehr möglich, da die Dreiviertelmehrheit für Gesellschaftsvertragsänderungen bei der GmbH zwingend ist (§ 53 II GmbHG).

minorität hat sich dadurch erhöht. Im umgekehrten Fall dagegen geht die Veränderung der Mehrheitsklausel zu Lasten der Mehrheit, die sich gegebenenfalls nicht mehr durchsetzen kann, da die Sperrminorität sich verringert hat. In beiden Fällen werden Gesellschafterinteressen beeinträchtigt, was durch die ursprüngliche Unterwerfung unter die Mehrheitsklausel nicht gedeckt ist. Der oben genannten Ansicht des Schrifttums kann deshalb nicht zugestimmt werden. Bei einer Veränderung der Mehrheitsklausel ist m.E. in jedem Falle die Zustimmung **aller** Gesellschafter erforderlich.[752]

---

752 Vgl. hierzu auch Röttger (1989), S. 138, der jedoch nur für die Herabsetzung der erforderlichen Mehrheit einen einstimmigen Beschluß aller Gesellschafter fordert.

5. LEISTUNGSSTÖRUNGEN BEI DER ERBRINGUNG VON NEBENLEISTUNGSPFLICHTEN

Die Nebenleistungspflichten sind gesellschaftsrechtlicher Natur, deshalb finden auf das Nebenleistungsverhältnis in erster Linie die für das Gesellschaftsrecht maßgebenden Normen Anwendung. Das GmbHG selbst enthält keine Vorschriften über die rechtliche Durchführung der Nebenleistungspflichten, maßgebend ist somit zunächst der Gesellschaftsvertrag.[753] In den meisten Fällen wird dieser jedoch nicht die rechtliche Behandlung des Nebenleistungsverhältnisses, insbesondere die Leistungsstörungen, erschöpfend regeln, so daß sich die Frage stellt, ob und inwieweit die schuldrechtlichen Bestimmungen des BGB subsidiär auf das Nebenleistungsverhältnis Anwendung finden. Die Nebenleistungspflichten beruhen zwar auf dem Gesellschaftsvertrag der GmbH, dieser ist jedoch kein schuldrechtlicher Vertrag, vielmehr spricht man beim Gesellschaftsvertrag der GmbH von einem Organisationsvertrag.[754] Das Nebenleistungsverhältnis selbst hat jedoch auch schuldrechtlichen Charakter.[755] Wie das Schuldverhältnis (§ 241 BGB) so ist auch das Nebenleistungsverhältnis ein Rechtsverhältnis, kraft dessen der Gläubiger (hier: die GmbH) berechtigt ist, von dem Schuldner (hier: der nebenleistungspflichtige Gesellschafter) eine Leistung zu fordern. Die Schwierigkeit der rechtlichen Behandlung des Nebenleistungsverhältnisses resultiert nun daraus, daß auf dieses zwei Normenkreise einwirken, zum einen das Gesellschaftsrecht und zum andern die schuldrechtlichen Bestimmungen des BGB.[756]

5.1 Die Anwendbarkeit der allgemeinen schuldrechtlichen Bestimmungen des Bürgerlichen Gesetzbuchs

Nach Ansicht der Rechtsprechung sind die Vorschriften des Bürgerlichen Gesetzbuchs auf die Nebenleistungspflichten grundsätzlich anwendbar. "Die Verpflichtungen, die gemäß § 3 Abs. 2 des Gesetzes übernommen werden, sind gesellschaftliche, aber sie ent-

---

753 Vgl. Baumbach/Hueck (1988), § 3, Rdnr. 48; Amend (1936), S. 24.

754 Vgl. Hachenburg-P. Ulmer (1990), § 2, Rdnr. 5.

755 Vgl. RG (29.10.1915), RGZ 87, 261, 265.

756 Vgl. Amend (1936), S. 23 f.

behren darum doch nicht eines schuldrechtlichen Charakters."[757] Allerdings sei nur eine entsprechende Anwendung der schuldrechtlichen Grundsätze unter Berücksichtigung der Besonderheiten des Gesellschaftsverhältnisses zulässig.[758]

Im Schrifttum ist es unumstritten, daß die schuldrechtlichen Bestimmungen auf das Nebenleistungsverhältnis anzuwenden sind. Uneins ist man sich jedoch darüber, ob diese Normen unmittelbare oder nur entsprechende Anwendung finden. Ein Teil des Schrifttums lehnt wie die Rechtsprechung die **unmittelbare** Anwendung der schuldrechtlichen Bestimmungen des BGB angesichts der gesellschaftsrechtlichen Grundlage der Nebenleistungspflichten ab. Die schuldrechtlichen Bestimmungen könnten nur **entsprechend** auf das Nebenleistungsverhältnis angewendet werden.[759] Der andere Teil des Schrifttums differenziert zwischen gesellschaftsrechtlichem Grundverhältnis und schuldrechtlichem Ausführungsvertrag[760]. In den Fällen, in denen die Nebenleistung lediglich aufgrund einer gesellschaftsvertraglichen Verpflichtung, also ohne Zwischenschaltung eines Ausführungsvertrags bewirkt werde, seien die schuldrechtlichen Vorschriften **entsprechend** anwendbar. Haben die Parteien dagegen einen Ausführungsvertrag ausdrücklich oder konkludent geschlossen, so seien die schuldrechtlichen Vorschriften **unmittelbar** anwendbar. Jedoch ergäben sich auch hierbei Einschränkungen bei der Anwendung der schuldrechtlichen Vorschriften aufgrund der bestehenden gesellschaftsrechtlichen Verpflichtung.[761]

Der Ansicht, daß die schuldrechtlichen Vorschriften auf die Ausführungsverträge unmittelbar anwendbar sind, kann nicht gefolgt werden. Nach der zutreffenden Ansicht von *Rohrer* kommt den Ausführungsverträgen keine eigenständige Bedeutung zu.[762] Sie sind satzungskonkretisierendes und satzungsergänzendes Recht; sie lassen

757 RG (29.10.1915), RGZ 87, 261, 265.
758 Vgl. RG (29.9.1909), RGZ 72, 4,8; BGH (9.6.1960), NJW 1960, S. 1859.
759 Vgl. Kölner Kommentar-Lutter (1988), § 55, Rdnr. 10; Großkommentar AktG-Barz (1973), § 55, Rdnr. 12; Geßler-Hefermehl/Bungeroth (1984), § 55, Rdnr. 20; Orel (1961), S. 78 f.; Achterrath (1937), S. 35 f.; Amend (1936), S. 31; Feine (1929), S. 346.
760 Zum schuldrechtlichen Ausführungsvertrag vgl. oben S. 69.
761 Vgl. Hachenburg-P. Ulmer (1990), § 3, Rdnr. 91; Scholz-Emmerich (1993), § 3, Rdnr. 56; Rowedder-Rittner (1990), § 3, Rdnrn. 43 ff.
762 Vgl. Rohrer (1991), S. 70.

sich zwar nicht als formelles, aber doch als Satzungsrecht im materiellen Sinne bezeichnen.[763] Somit ist das Ausführungsverhältnis, unabhängig davon, ob es innerhalb oder außerhalb des Gesellschaftsvertrages konkretisiert wird, stets gesellschaftsrechtlicher Natur, weswegen die schuldrechtlichen Vorschriften nur entsprechend anwendbar sind.[764]

Die Diskussion, ob die schuldrechtlichen Bestimmungen unmittelbar oder nur entsprechend anwendbar sind, ist letztendlich für die Praxis nicht relevant, sondern nur von theoretischem Interesse, denn beide Ansichten führen zum gleichen Ergebnis.[765]

5.2 Leistungsstörungen bei nicht gegenseitigen Nebenleistungspflichten

Bei der rechtlichen Behandlung der Leistungsstörungen nach dem BGB ist die Frage, ob dem gestörten Leistungsverhältnis ein gegenseitiger oder sonstiger Vertrag zugrunde liegt, von großer Bedeutung, denn die §§ 320-327 BGB gelten ausschließlich für gegenseitige Verträge. Gegenseitige Verträge liegen vor, wenn eine Pflicht nur um der Gegenpflicht willen besteht, d.h. die Verpflichtung zur Leistung nur deshalb eingegangen wird, weil sich der Gegner zu einer Gegenleistung verpflichtet.[766] Gegenseitige Verträge sind beispielsweise der Kauf-, Tausch-, Miet-, Pacht-, Dienst- und Werkvertrag.[767] Aufgrund ihres schuldrechtlichen Charakters lassen sich auch die Nebenleistungspflichten in gegenseitige und nicht gegenseitige Nebenleistungspflichten unterteilen. Ist beispielsweise der Gesellschafter verpflichtet, bestimmte Lagerhallen zu Marktpreisen an die GmbH zu vermieten, so liegt eine gegenseitige Nebenleistungspflicht vor, muß der Gesellschafter dagegen aufgrund der Nebenleistungspflicht ein bestimmtes Grundstück der GmbH unentgeltlich übertragen, so handelt es sich um eine nicht gegenseitige Nebenleistungspflicht.

---

763 Vgl. Rohrer (1991), S. 58 f.
764 Vgl. Rohrer (1991), S. 70.
765 Vgl. Baumbach/Hueck (1988), § 3, Rdnr. 48.
766 Vgl. Fikentscher (1992), S. 44, Rdnr. 41.

5.2.1 Unmöglichkeit

Ist die Erfüllung einer Nebenleistungspflicht von vornherein, also schon bei Abschluß des Gesellschaftsvertrags, objektiv unmöglich, d.h. kann die Nebenleistungspflicht von keinem Menschen erbracht werden, liegt eine **objektive ursprüngliche Unmöglichkeit** vor.[768] Darauf ist § 306 BGB entsprechend anwendbar, d.h. das Nebenleistungsverhältnis, also die entsprechende Bestimmung im Gesellschaftsvertrag, ist grundsätzlich nichtig.[769] Die Nichtigkeit dieser Klausel berührt dagegen nicht Gültigkeit des Gesellschaftsvertrages der GmbH, § 139 BGB findet hier insofern keine Anwendung. Eine Nichtigkeit des ganzen Gesellschaftsvertrages und somit die rückwirkende Entziehung der Grundlage der Gesellschaft wäre mit den Interessen des Rechtsverkehrs und der beteiligten Dritten am Bestand der GmbH nicht vereinbar.[770] Betrifft die objektive ursprüngliche Unmöglichkeit nur einen Teil der Nebenleistungspflicht, so stellt sich die Frage, ob die Nichtigkeit nur die Teilleistung betrifft oder ob die ganze Nebenleistungspflicht davon betroffen ist. Hier ist § 139 BGB ergänzend heranzuziehen, d.h. die Wirksamkeit des möglichen Teils der Nebenleistungspflicht ist dann anzunehmen, wenn die Gesellschafter auch bei Kenntnis der teilweisen Unmöglichkeit die Nebenleistungspflicht statuiert hätten. Eine solche Entscheidung kann jedoch nur im konkreten Einzelfall getroffen werden.[771]

Kannte der Gesellschafter bei Abschluß des Gesellschaftsvertrages die Unmöglichkeit der Nebenleistungspflicht oder hätte er sie kennen müssen, so muß er der GmbH den Schaden ersetzen, den diese dadurch erleidet, daß sie auf die Gültigkeit der Nebenleistungspflicht vertraut (sog. negatives oder Vertrauensinteresse). Diese Schadens-

---

767 Vgl. Staudinger-Otto (1979), Vorb. zu §§ 320-322, Rdnr. 3.

768 Gemeint ist nicht nur die Unmöglichkeit im physikalisch-naturgesetzlichen Sinn, sondern auch die juristische Unmöglichkeit, beispielsweise wenn die geschuldete Sache vor der Lieferung beschlagnahmt wird. Vgl. Fikentscher (1992), S. 212, Rdnr. 315.

769 Vgl. Orel (1961), S. 105; Reuss (1929), S. 61 f. Man beachte aber § 437 BGB, der für den Rechtskauf eine Ausnahme vom Grundsatz des § 306 BGB enthält, d.h. der Vertrag ist trotz objektiver ursprünglicher Unmöglichkeit wirksam. Vgl. Fikentscher (1992), S. 415, Rdnr. 690.

770 Vgl. Hachenburg-P. Ulmer (1990), § 2, Rdnr. 86 f.

771 Vgl. Orel (1961), S. 105; Reuss (1929), S. 62.

ersatzpflicht ergibt sich aus der entsprechenden Anwendung des § 307 I BGB.[772]

Subjektive ursprüngliche Unmöglichkeit liegt vor, wenn nur der betreffende Vertragspartner, hier der nebenleistungspflichtige Gesellschafter, nicht in der Lage ist, die Leistung zu erbringen, ein anderer Gesellschafter oder eine dritte Person dagegen die Nebenleistungspflicht erbringen könnte. Dieser Fall der Unmöglichkeit ist im BGB nicht geregelt. Es ist jedoch unstreitig, daß der Vertrag gültig ist und der Schuldner grundsätzlich für das Bestehen seiner Leistungsfähigkeit zum Zeitpunkt des Vertragsschlusses ohne Rücksicht auf ein etwaiges Verschulden einzustehen hat.[773] Der Schuldner haftet danach auf Erfüllung des Vertrages, er hat also gegebenenfalls Schadensersatz wegen Nichterfüllung zu leisten.[774] Diese Rechtsfolgen gelten auch für das Nebenleistungsverhältnis.[775]

Tritt die Unmöglichkeit der Leistung erst nach Entstehung des Schuldverhältnisses ein, so liegt eine **nachträgliche Unmöglichkeit** vor. Bei der nachträglichen Unmöglichkeit behandelt das BGB die objektive und subjektive Unmöglichkeit gleich (§ 275 II BGB). Gemäß entsprechender Anwendung des § 275 I BGB wird der nebenleistungspflichtige Gesellschafter von der Verpflichtung zur Leistung frei, soweit er die Unmöglichkeit nicht zu vertreten hat. Ist jedoch die Leistung nur der Gattung nach bestimmt und noch nicht konkretisiert und ist sie noch aus der Gattung möglich, so hat der Gesellschafter die Unmöglichkeit zu vertreten, auch wenn ihn kein Verschulden trifft (§ 279 BGB).[776] Erhält der nebenleistungspflichtige Gesellschafter infolge des Umstandes, welcher die Leistung unmöglich macht, einen Ersatz oder einen Ersatzanspruch, so kann die GmbH entsprechend § 281 I BGB die Herausgabe des Ersatzes bzw. die Abtretung des Ersatzanspruches verlangen.[777]

Hat der Gesellschafter dagegen die Unmöglichkeit der Nebenleistungspflicht zu vertreten, so wird er zwar von seiner Pflicht zur Erbringung der Leistung frei, muß aber aufgrund entsprechender

---

772 Vgl. Heider (1933), S. 27 f.; Orel (1961), S. 105.
773 Vgl. Staudinger-Löwisch (1979), § 306, Rdnr. 30 m.w.N.
774 Vgl. Staudinger-Löwisch (1979), § 306, Rdnr. 32.
775 Vgl. Orel (1961), S. 105.
776 Vgl. Heider (1933), S. 31.
777 Vgl. Achterrath (1937), S. 40.

Anwendung des § 280 I BGB der GmbH Schadensersatz wegen Nichterfüllung leisten.[778] Auch § 281 I BGB ist entsprechend anwendbar. Ist von der Unmöglichkeit nur ein Teil der Verpflichtung betroffen, so beziehen sich die soeben genannten Rechtsfolgen nur auf diese unmögliche Teilleistung. Bei zu vertretender Unmöglichkeit des Schuldners hat der Gläubiger, hier also die GmbH, jedoch die Möglichkeit, den möglichen Teil der Leistung abzulehnen und Schadensersatz wegen Nichterfüllung der ganzen Verbindlichkeit zu verlangen. Entsprechend § 280 II BGB setzt dies jedoch voraus, daß die teilweise Erfüllung der Nebenleistungspflicht für die GmbH kein Interesse hat.

Nun stellt sich natürlich die Frage, welche Auswirkungen die verschiedenen Arten der Unmöglichkeit auf das Gesellschaftsverhältnis an sich haben. Grundsätzlich sind bei den Leistungsstörungen folgende vier Auswirkungen auf das Gesellschaftsverhältnis denkbar:

- die Leistungsstörung stellt einen wichtigen Grund für die Auflösung der GmbH dar (§ 61 GmbHG)
- die Leistungsstörung berechtigt den betroffenen Gesellschafter zum Austritt aus wichtigem Grund
- aufgrund der Leistungsstörung kann der betroffene Gesellschafter aus der GmbH ausgeschlossen werden
- die Leistungsstörung verpflichtet den betroffenen Gesellschafter zur Zustimmung kraft Treuepflicht zu einer Gesellschaftsvertragsänderung, die die neuen Umstände berücksichtigt.

Allgemein kann diese Frage nicht beantwortet werden, vielmehr kommt es im Einzelfall darauf an, welche Bedeutung die Nebenleistungspflicht für die GmbH und den Gesellschafter hat.

Ist die Nebenleistungspflicht aufgrund ihres Gegenstandes für die Verfolgung des Gesellschaftszwecks wesentlich und steht nicht ihr monetärer Wert im Vordergrund, so kann den übrigen Gesellschaftern das Recht zustehen, den betreffenden Gesellschafter auszuschließen. Verhindert die Unmöglichkeit gar die Zweckerreichung der GmbH, so liegt zweifellos ein wichtiger Grund zur Auflösung der GmbH i.S. von § 61 GmbHG vor.[779] Letzteres wäre beispielsweise dann der Fall, wenn als Nebenleistungspflicht ein Patent der GmbH

---

778 Vgl. Rohrer (1991), S. 72.
779 So auch Finke (1931), S. 66.

zur Verfügung gestellt werden sollte und die GmbH ausschließlich zur Verwertung dieses Patentes gegründet worden wäre.

Anders dagegen liegt der Fall dann, wenn die Nebenleistungspflicht Einlagencharakter hat und es nicht so sehr auf den Gegenstand der Nebenleistungspflicht ankommt, sondern mehr auf deren monetären Wert. Hier kommt dann eine Zustimmungspflicht des betroffenen Gesellschafters zu einer Gesellschaftsvertragsänderung in Betracht, die ihm eine Geldleistungspflicht in entsprechender Höhe[780] oder eine andere gleichwertige Sachleistungspflicht auferlegt. Es wird nämlich den übrigen Gesellschaftern kaum zuzumuten sein, daß dieser Gesellschafter seiner Nebenleistungspflicht nicht nachkommen muß (so z.B. bei der vom Gesellschafter nicht zu vertretenden nachträglichen Unmöglichkeit), aber ansonsten den gleichen Gewinnanteil erhält wie sie. Erhält der Gesellschafter beispielsweise von seiner Versicherung eine Ersatzleistung, so wird regelmäßig die Zustimmungspflicht kraft Treuepflicht zur "Ersatz-Nebenleistungspflicht" zu bejahen sein. Dies ist allerdings nur in den Fällen der ursprünglichen Unmöglichkeit relevant, denn bei der nachträglichen Unmöglichkeit gilt ja ohnehin § 281 BGB, wonach der Gesellschafter das stellvertretende commodum zu leisten hat. Bei zu bejahender Zustimmungspflicht des Gesellschafters steht ihm grundsätzlich kein Austrittsrecht aus wichtigem Grund zu, ebensowenig kann er von den übrigen Gesellschaftern aus wichtigem Grund ausgeschlossen werden. Austritt und Ausschluß aus wichtigem Grund sind hier nur dann möglich, sofern der Konflikt nicht aufgrund der Zustimmungspflicht kraft Treuepflicht gelöst werden kann.

Es sind aber auch Fälle denkbar, bei denen die Unmöglichkeit der Erfüllung der Nebenleistungspflicht gleichzeitig den persönlichen Ruin des Gesellschafters bedeuten würde, so daß dieser nicht mehr in der Lage wäre, eine entsprechende "Ersatz-Nebenleistungspflicht" zu leisten. Dazu folgendes Beispiel: Ein Gesellschafter ist i.S. von § 3 II GmbHG verpflichtet, seinen LKW, der sein gesamtes Vermögen darstellt, der GmbH zu übertragen. Durch einen selbstverschuldeten Unfall wird der unversicherte LKW vor der Übergabe an die GmbH zerstört. In einem solchen Fall wird man sowohl dem

---

780 Bei einer objektiven ursprünglichen Unmöglichkeit der Sacheinlagepflicht ist der Gesellschafter dann ja auch zur Geldeinlage verpflichtet; vgl. hierzu Hachenburg-P. Ulmer (1990), § 5, Rdnr. 87.

Gesellschafter als auch der GmbH ein Austrittsrecht bzw. Ausschlußrecht aus wichtigem Grund einräumen müssen.

5.2.2 Verzug

Voraussetzung für den **Schuldnerverzug**, hier also Verzug des nebenleistungspflichtigen Gesellschafters, ist entsprechend den §§ 284 f. BGB grundsätzlich die zu vertretende Nichtleistung trotz Fälligkeit und Möglichkeit der Leistung und trotz Mahnung des Gläubigers.[781] Ist für die Leistung eine Zeit nach dem Kalender bestimmt, so kommt der nebenleistungspflichtige Gesellschafter auch ohne Mahnung in Verzug (§ 284 II BGB entsprechend). Die Rechtsfolgen des Schuldnerverzugs bestimmen sich nach den §§ 286 ff. BGB. Der Gesellschafter hat entsprechend § 286 I BGB der GmbH den durch den Verzug entstehenden Schaden zu ersetzen, schuldet aber weiterhin die Erfüllung der Leistung. Entsprechend § 286 II BGB kann die GmbH jedoch die Leistung ablehnen, wenn deren Erfüllung für sie infolge des Verzugs kein Interesse hat. Die GmbH kann dann Schadensersatz wegen Nichterfüllung verlangen.

Die Auswirkungen auf das Gesellschaftsverhältnis sind im Einzelfall von der Bedeutung der Nebenleistungspflicht für die GmbH abhängig. Wird die Zweckerreichung der GmbH durch den Schuldnerverzug nicht unerheblich beeinträchtigt, so kann der GmbH das Recht zustehen, den Gesellschafter auszuschließen. Denkbar sind auch Fälle, bei denen der Schuldnerverzug einen wichtigen Grund zur Auflösung der GmbH i.S. von § 61 GmbHG darstellt.

Nimmt die GmbH eine ihr angebotene Leistung nicht an, so kommt sie entsprechend § 293 BGB in **Annahmeverzug**. Die §§ 293-304 BGB gelten auch für das Nebenleistungsverhältnis entsprechend.[782] So hat der nebenleistungspflichtige Gesellschafter während des Annahmeverzugs der GmbH nur Vorsatz und grobe Fahrlässigkeit zu vertreten (§ 300 I BGB entsprechend) und er kann auch Ersatz der Mehraufwendungen verlangen, die er für das erfolglose Angebot sowie für die Aufbewahrung und Erhaltung des geschuldeten Gegenstandes machen mußte (§ 304 BGB entsprechend).

---

781 Vgl. Fikentscher (1992), S. 241, Rdnr. 359.

Besondere Auswirkungen auf das Gesellschaftsverhältnis werden sich beim Annahmeverzug der GmbH in der Regel nicht ergeben. Nur in ganz besonderen Ausnahmefällen wird man dem betroffenen Gesellschafter ein Austrittsrecht aus wichtigem Grund zugestehen müssen.

5.2.3 Positive Forderungsverletzung

Als positive Forderungsverletzung bezeichnet man jede Leistungsstörung im weitesten Sinne, die nicht den gesetzlich geregelten Formen der Leistungsstörungen wie Unmöglichkeit und Verzug zugeordnet werden kann.[783] Sie ist gesetzlich nicht geregelt, wird aber entsprechend den §§ 280, 286 BGB auf nicht gegenseitige und entsprechend den §§ 325, 326 BGB auf gegenseitige Verträge angewandt.[784] Die positive Forderungsverletzung setzt die Schlechterfüllung einer (Haupt-)Leistungspflicht oder die Nichterfüllung weiterer Verhaltenspflichten voraus. Durch die Pflichtverletzung muß dem Gläubiger ein Schaden entstanden sein. Des weiteren muß der Schuldner die Pflichtverletzung zu vertreten haben.[785] Sind diese Voraussetzungen gegeben, so kann der Gläubiger - neben der Erfüllung - Ersatz für den durch die Forderungsverletzung entstandenen Schaden verlangen.

Die Regeln über die positive Forderungsverletzung sind ohne weiteres auf die Nebenleistungspflichten entsprechend anwendbar.[786] Was die Auswirkungen auf das Gesellschaftsverhältnis anbelangt, so hängen diese wiederum von der Bedeutung der Nebenleistungspflicht im einzelnen ab. Ist die Zweckerreichung der GmbH nicht unerheblich beeinträchtigt, so kann ein wichtiger Grund zur Ausschließung des Gesellschafters vorliegen, unter Umständen sogar auch ein wichtiger Grund zur Auflösung der GmbH i.S. von § 61 GmbHG. Ebenso sind Fälle denkbar, bei denen eine Gesellschafts-

---

782 Vgl. Achterrath (1937), S. 40.

783 Vgl. Münchener Kommentar-Emmerich (1994), Vor § 275, Rdnr. 218.

784 Vgl. z.B. Fikentscher (1992), S. 258, Rdnr. 387.

785 Vgl. z.B. Brox (1995), S. 168 Rdnrn. 293 ff.; Fikentscher (1992), S. 260, Rdnr. 389.

786 Vgl. Orel (1961), S. 107 f.; Achterrath (1937), S. 40; Finke (1931), S. 63.

vertragsänderung die sachgerechteste Lösung ist, wozu der betroffene Gesellschafter aufgrund der Treuepflicht zustimmen muß.

5.3 Leistungsstörungen bei gegenseitigen Nebenleistungspflichten

Die Regelungen über Leistungsstörungen bei nicht gegenseitigen Nebenleistungspflichten gelten grundsätzlich auch für die gegenseitigen Nebenleistungspflichten, jedoch werden diese durch die entsprechende Anwendung der §§ 323 ff. BGB ergänzt und teilweise abgeändert, denn bei gegenseitigen Nebenleistungspflichten muß ja im Falle der Leistungsstörung auch darüber entschieden werden, was mit dem Anspruch auf die Gegenleistung zu geschehen hat. Ferner ist zu beachten, daß wenn im folgenden vom Schuldner oder Gläubiger die Rede ist, sowohl die GmbH als auch der nebenleistungspflichtige Gesellschafter gemeint sein kann, denn je nach dem, ob die Nebenleistung oder die entsprechende Gegenleistung betrachtet wird, ist der Gesellschafter oder die GmbH der Schuldner bzw. Gläubiger.

5.3.1 Unmöglichkeit

Liegt **objektive ursprüngliche Unmöglichkeit** vor, so ist das Nebenleistungsverhältnis, also die entsprechende Bestimmung im Gesellschaftsvertrag, nichtig. Die Ausführungen zur objektiven ursprünglichen Unmöglichkeit bei nicht gegenseitigen Nebenleistungspflichten gelten auch bei gegenseitigen Nebenleistungspflichten. Aufgrund der Nichtigkeit des Nebenleistungsverhältnisses entfällt der Gegenleistungsanspruch des Gesellschafters bzw. der GmbH.

Die **subjektive ursprüngliche Unmöglichkeit** kann sowohl die Nebenleistungspflicht des Gesellschafters als auch die Gegenleistung der GmbH betreffen. Bei rein schuldrechtlichen gegenseitigen Verträgen kann der andere Vertragsteil dann entweder Schadensersatz wegen Nichterfüllung verlangen oder vom Vertrag zurücktreten.[787] Während die Schadensersatzpflicht problemlos auf das Nebenlei-

---

787 Vgl. Staudinger-Löwisch (1979), § 306, Rdnr. 32.

stungsverhältnis übertragen werden kann, ist die Frage, ob dem Gesellschafter bzw. der GmbH bei gegebenen Voraussetzungen ein Rücktrittsrecht zusteht, sehr umstritten.

Buchholz, Feine, Amend und *Heider* sind der Ansicht, daß das Rücktrittsrecht gemäß §§ 325 f. BGB auf das Nebenleistungsverhältnis (entprechend) anwendbar ist und der Bestand des Gesellschaftsverhältnisses dadurch grundsätzlich nicht berührt wird.[788] Als Folge des Rücktritts der GmbH bzw. des Gesellschafters jedoch ziehen *Feine, Amend* und *Heider* je nach Lage des Einzelfalls, beispielsweise bei einer Kartell-GmbH, einen Ausschluß des Gesellschafters durch Zwangsamortisation bzw. die Auflösung der GmbH in Betracht.[789] Andere Autoren nehmen dagegen an, daß das Rücktrittsrecht nur auf einzelne Teilleistungen bei wiederkehrenden Nebenleistungspflichten anwendbar ist. Künftig geschuldete Teilleistungen bzw. das Nebenleistungsverhältnis als solches würden von dem Rücktritt nicht erfaßt. Die Rechtsfolgen von Leistungsstörungen für das Gesellschaftsverhältnis würden sich nach den gesellschaftsrechtlichen Rechtsbehelfen beim Vorliegen eines wichtigen Grundes bestimmen.[790]

Beide Ansichten verdienen m.E. keine Zustimmung. Die rechtliche Natur der Nebenleistungspflicht, d.h. ihre untrennbare Verbindung mit der Mitgliedschaft,[791] steht einem Rücktrittsrecht entgegen.[792] Die Bindung der Nebenleistungspflicht an den Geschäftsanteil macht ja gerade ihren Charakter aus und unterscheidet sie von den rein schuldrechtlichen Nebenabreden. Durch die Vereinbarung einer Nebenleistungspflicht hat man die Pflicht in erster Linie dem Gesellschaftsrecht unterstellt und "verdinglicht", man wollte eben gerade nicht, daß die Pflicht von der Mitgliedschaft gelöst werden kann. Die Ansicht, daß die Rücktrittsbestimmungen der §§ 325 f. BGB auf das Nebenleistungsverhältnis entsprechend anwendbar sind, ist m.E. sinnwidrig und deshalb abzulehnen. Zunächst ist davon auszu-

---

788 Vgl. Buchholz (1924), S. 320 f.; Feine (1929), S. 341, 351; Amend (1936), S. 31 f.; Heider (1933), S. 19, 24, 39.

789 Vgl. Amend (1936), S. 54 ff; Feine (1929), S. 348 u. 463; Heider (1933), S. 21 ff.

790 So wohl Hachenburg-P. Ulmer (1990), § 3, Rdnr. 101; Rowedder-Rittner (1990), § 3, Rdnr. 45; Lutter/Hommelhoff (1995), § 3, Rdnr. 48; Meyer-Landrut (1987), § 3, Rdnr. 30.

791 Vgl. RG (30.10.1923), RGZ 108, 20, 22 f.

792 So auch Achterrath (1937), S. 41; Orel (1961), S. 102 f.

gehen, daß durch die Schadensersatzpflicht die Interessen hinreichend ausgeglichen werden. Erst wenn besondere Umstände gegeben sind, kommen Rückwirkungen auf das Gesellschaftsverhältnis an sich in Betracht. Je nach Bedeutung der Nebenleistungspflicht für die GmbH und den Gesellschafter kommen Austritt bzw. Ausschluß des Gesellschafters und Auflösung der GmbH aus wichtigem Grund sowie die Zustimmungspflicht kraft Treuepflicht in Betracht. Diesbezüglich kann auf die Ausführungen zu den Leistungsstörungen bei nicht gegenseitigen Nebenleistungspflichten verwiesen werden.

Bei der **nachträglichen Unmöglichkeit** unterscheidet das BGB danach, von wem die Unmöglichkeit zu vertreten ist. Ist die Unmöglichkeit von keiner Vertragspartei zu vertreten, so erlischt prinzipiell der Anspruch auf die Gegenleistung (§ 323 I BGB). Der Anspruch auf die Gegenleistung bleibt jedoch bestehen, wenn der Gläubiger nach § 281 BGB das "stellvertretende commodum" verlangt. Bei einer Wertdifferenz zwischen dem Ersatz(anspruch) und dem Werte der geschuldeten Leistung vermindert sich die Gegenleistung jedoch gemäß § 323 II BGB. § 324 BGB regelt die vom Gläubiger zu vertretende Unmöglichkeit. Danach behält der Schuldner den Anspruch auf die Gegenleistung. Die gleiche Rechtsfolge tritt nach § 324 II BGB ein, wenn der Gläubiger die Unmöglichkeit zwar nicht zu vertreten hat, sich aber zum Zeitpunkt der Unmöglichkeit im Annahmeverzug befand. Im umgekehrten Fall, d.h. wenn der Schuldner es selbst zu vertreten hat, daß die von ihm zu erbringende Leistung unmöglich geworden ist, kann der andere Teil (Gläubiger) Schadensersatz wegen Nichterfüllung verlangen oder vom Vertrage zurücktreten (§ 325 I 1 BGB). Er kann statt dessen aber auch die für den Fall des § 323 BGB bestimmten Rechte geltend machen (§ 326 I 3 BGB).

Bis auf das Rücktrittsrecht, das ja nach der hier vertretenen Auffassung auf das Nebenleistungsverhältnis nicht anwendbar ist, lassen sich diese Rechtsfolgen der nachträglichen Unmöglichkeit ohne Bedenken auf das Nebenleistungsverhältnis übertragen. Bezüglich der Auswirkungen auf das Gesellschaftsverhältnis an sich kann auf die bisherigen Ausführungen, insbesondere die zur subjektiven ursprünglichen Unmöglichkeit, verwiesen werden.

5.3.2 Verzug

Bei gegenseitigen Verträgen bestehen nur hinsichtlich des **Schuldnerverzugs** Besonderheiten. Was den Verspätungsschaden anbelangt, so gilt § 286 I BGB auch bei gegenseitigen Verträgen,[793] d.h. der Schuldner hat den durch Verzug entstandenen Schaden zu ersetzen. Was jedoch den Schadensersatz wegen Nichterfüllung anbelangt, so gilt bei gegenseitigen Verträgen § 326 BGB. Danach kann der Gläubiger Schadensersatz wegen Nichterfüllung verlangen oder vom Vertrag zurücktreten. Dies setzt voraus, daß der Vertragspartner im Schuldnerverzug ist und der Gläubiger ihm eine Frist mit der Drohung setzte, daß er nach Ablauf der Frist die Leistung ablehnen wird (§ 326 I BGB). Die Nachfristsetzung ist nach § 326 II BGB entbehrlich, wenn die Erfüllung des Vertrags infolge des Verzugs für den Gläubiger kein Interesse mehr hat. Auch diese Rechtsfolgen sind bis auf das Rücktrittsrecht auf das Nebenleistungsverhältnis übertragbar. Hinsichtlich der Auswirkungen auf das Gesellschaftsverhältnis treten auch hier keine neuen Aspekte auf, es kann also auch hier wiederum auf die bisherigen Ausführungen verwiesen werden.

5.3.3 Positive Forderungsverletzung

Was zur positiven Forderungsverletzung bei nicht gegenseitigen Nebenleistungspflichten gesagt wurde, gilt auch hier, der Gläubiger kann den durch die Schlechterfüllung entstandenen Schaden ersetzt verlangen. Analog § 326 II BGB kann der Gläubiger Schadensersatz wegen Nichterfüllung verlangen oder vom Vertrag zurücktreten, wenn das Interesse des Gläubigers an der Erfüllung des Vertrages infolge der Pflichtverletzung weggefallen ist oder der Vertragszweck durch die Pflichtverletzung so gefährdet wird, daß dem Gläubiger die Fortsetzung des Vertrages nicht mehr zugemutet werden kann.[794] Bis auf das Rücktrittsrecht können auch diese Regeln auf das Nebenleistungsverhältnis übertragen werden, hinsichtlich der Auswirkungen auf das Gesellschaftsverhältnis ergeben sich auch hierbei keine neuen Gesichtspunkte.

---

793 Vgl. Münchener-Kommentar-Thode (1994), § 286, Rdnr. 2.

5.4 Leistungsstörungen bei wiederkehrenden bzw. Dauer-Nebenleistungspflichten

Treten bei dieser Art von Nebenleistungspflichten Leistungsstörungen auf, so beziehen sich die oben genannten Rechtsfolgen zunächst nur auf die einzelne Teilleistung, d.h. beispielsweise der Schadensersatzanspruch wegen Nichterfüllung betrifft nur die gestörte Einzelleistung.[795] Es wäre schließlich nicht sachgerecht, wenn beispielsweise bei einer jährlich wiederkehrenden Zuckerrübenlieferungspflicht infolge einer Unmöglichkeit, die nur eine Jahreslieferung betrifft, die Rechtsfolgen das ganze Nebenleistungsverhältnis, d.h. die vergangenen und die zukünftigen Lieferungen betreffen würden. Insofern sind die Nebenleistungspflichten ähnlich wie Sukzessivlieferungsverträge zu behandeln. Nicht auf das Nebenleistungsverhältnis übertragbar ist dagegen das bei den Sukzessivlieferungsverträgen gewährte Kündigungsrecht.[796] Die Nebenleistungspflicht ist mit dem Geschäftsanteil fest verbunden und nicht durch Kündigung von diesem trennbar. Vielmehr kommen auch hier nur die gesellschaftsrechtlichen Rechtsbehelfe Austritt und Ausschluß aus wichtigem Grund, Zustimmungspflicht kraft Treuepflicht und Auflösung der GmbH aus wichtigem Grund zur Anwendung. Führt also die Leistungsstörung bei einer Teilleistung dazu, daß bereits geleistete und/oder noch zu leistende Teilleistungen für die GmbH kein Interesse haben, so beziehen sich die bei den einzelnen Arten der Leistungsstörungen genannten Rechtsfolgen auf die gesamte bzw. noch den ausstehenden Teil der Nebenleistungspflicht. Was die Auswirkungen auf das Gesellschaftsverhältnis an sich anbelangt, so ergeben sich auch hier keine neuen Gesichtspunkte. Ob das Gesellschaftsverhältnis an sich betroffen ist, hängt im Einzelfall von der Bedeutung der Nebenleistungspflicht ab.

5.5 Der Maßstab des Vertretenmüssens beim nebenleistungspflichtigen Gesellschafter

Es stellt sich die Frage, ob als Maßstab des Vertretenmüssens § 276 I 1 BGB oder § 708 BGB heranzuziehen ist. Nach § 708 BGB

---

794 Vgl. Brox (1995), S. 172, Rdnr. 302.

795 Vgl. Hachenburg-P. Ulmer (1990), § 3, Rdnr. 96.

796 A.A. Feine (1929), S. 351 f.; Rohrer (1991), S. 73 ff.

hat ein Gesellschafter bei der Erfüllung ihm obliegender Verpflichtungen nur für diejenige Sorgfalt einzustehen, welche er in eigenen Angelegenheiten anzuwenden pflegt; von der Haftung wegen grober Fahrlässigkeit ist er jedoch nicht befreit (§ 277 BGB). Nach § 276 I 1 BGB sind dagegen grundsätzlich Vorsatz und jede Fahrlässigkeit zu vertreten. Gemäß § 276 I 2 BGB handelt fahrlässig, "wer die im Verkehr erforderliche Sorgfalt außer acht läßt." Ist der Gesellschafter Kaufmann i.S. des HGB, so schuldet er nach § 347 I HGB die Sorgfalt eines ordentlichen Kaufmanns.[797]

Der überwiegende Teil des Schrifttums ist der Ansicht, daß dem nebenleistungspflichtigen Gesellschafter bei der GmbH das Haftungsprivileg des § 708 BGB nicht zusteht, sondern § 276 BGB maßgebend ist.[798] Die Nichtanwendbarkeit des § 708 BGB im Gesellschaftsrecht der GmbH wird folgendermaßen begründet: "Diese Beschränkung der Haftung ist für die bürgerlich-rechtliche Gesellschaft deshalb vorgeschrieben, weil diese lediglich eine vertragliche Verbindung mehrerer Personen mit dem Ziel der Erreichung eines gemeinsamen Zweckes ist, demgemäß auch das Gesellschaftsvermögen nur ein von dem Vermögen der Gesellschafter getrenntes Sondervermögen darstellt, das allen Gesellschaftern zur gesamten Hand zusteht. Jeder Gesellschafter handelt also bei der Erfüllung der ihm obliegenden Verpflichtungen in der Hauptsache auch in Wahrnehmung eigener Interessen. Die Gesellschaft m.b.H. stellt dagegen immer ein von den Gesellschaftern verschiedenes Rechtssubjekt mit eigenem Vermögen dar. Hier handelt der Gesellschafter ausschließlich in Erfüllung von Verpflichtungen, die ihm einer dritten Person gegenüber obliegen, und es können demnach hier hinsichtlich der Haftung der Gesellschafter nur die allgemeinen Grundsätze über die Erfüllung von Schuldverhältnissen Anwendung finden."[799]

Eine Minderheit schließt jedoch die Anwendung des § 708 auf das Nebenleistungsverhältnis nicht aus.[800] So sei auf die konkrete Ausprägung der GmbH abzustellen. Würde gerade durch die Neben-

---

797 Vgl. Hachenburg-P. Ulmer (1990), § 3, Rdnr. 94; Achterrath (1937), S. 36.

798 Vgl. Hachenburg-P. Ulmer (1990), § 3, Rdnr. 94; Kölner Kommentar-Lutter (1988), § 55, Rdnr. 14; Buchholz (1924), S. 283 f.; Orel (1961), S. 99 f.; Amend (1936), S. 25; Finke (1931), S. 53; Achterrath (1937), S. 36.

799 Buchholz (1924), S. 284.

800 Vgl. Rohrer (1991), S. 87; Heider (1933), S. 37.

leistungspflichten ein besonders enges Verhältnis zwischen den Gesellschaftern geschaffen, so müßten die Gesellschafter nur entsprechend § 708 BGB haften.[801] Für *Heider* gilt bei einer Kartell-GmbH der Verschuldensmaßstab des § 708 BGB, denn die Interessenlage gleiche dort der der bürgerlich-rechtlichen Gesellschaft. Die Interessen seien hier nicht entgegengerichtet, Kartell-GmbH und Gesellschafter würden vielmehr ein gemeinsames Ziel verfolgen.[802]

Hintergrund des § 708 BGB ist der, "daß Personen, die miteinander einen Gesellschaftsvertrag einzugehen beabsichtigen, sich gegenseitig so nehmen wollten, wie sie einmal seien, daß jeder Teil von vornherein die Individualität des anderen ins Auge fasse und daher nur verlange, daß er in den gemeinschaftlichen Angelegenheiten dieselbe Sorgfalt übe wie in seinen eigenen."[803] Die mildere Haftung des Gesellschafters sei also im Hinblick auf den persönlichen Charakter des Gesellschaftsverhältnisses geschaffen worden.[804] Deshalb ist m.E. § 708 BGB auch auf die GmbH anwendbar, allerdings nur, wenn die GmbH personalistisch geprägt ist, d.h. ihrer inneren Struktur nach einer Personengesellschaft ähnelt.

---

801 Vgl. Rohrer (1991), S. 87.
802 Vgl. Heider (1933), S. 37.
803 RG (18.1.1934), RGZ 143, 212, 215.
804 Vgl. RG (18.1.1934), RGZ 143, 212, 215.

6. BEFREIUNG VON DEN NEBENLEISTUNGSPFLICHTEN

6.1 Befreiung von den Nebenleistungspflichten unter Beibehaltung der Gesellschafterstellung

6.1.1 Erfüllung

Nach § 362 I BGB erlischt ein Schuldverhältnis durch Erfüllung, d.h. wenn die geschuldete Leistung an den Gläubiger bewirkt wird. Durch entsprechende Anwendung dieser Norm gilt dies auch für die Nebenleistungspflicht, sie erlischt, wenn der Gesellschafter korrekt an die GmbH geleistet hat.[805] Bei Dauer-Nebenleistungspflichten oder wiederkehrenden Nebenleistungspflichten erlöschen jedoch immer nur die aus diesem Verhältnis entspringenden Einzelforderungen, die Nebenleistungspflicht als solche bleibt jedoch in aller Regel, d.h. sofern im Gesellschaftsvertrag nichts Abweichendes geregelt ist, bis zur Beendigung der Mitgliedschaft weiterbestehen.[806]

6.1.2 Bedingte Nebenleistungspflichten

Wie oben[807] bereits dargestellt wurde, können Nebenleistungspflichten mit einer aufschiebenden oder auflösenden Bedingung verknüpft werden. Dementsprechend erlischt dann die Nebenleistungspflicht, wenn die Bedingung für den Wegfall der Nebenleistungspflicht eintritt (§ 158 II BGB entsprechend). So ist es beispielsweise bei den höchstpersönlichen Nebenleistungspflichten, die nach der hier vertretenen Auffassung bedingte Nebenleistungspflichten darstellen; sie erlöschen, wenn der betreffende Gesellschafter aus der GmbH ausscheidet.

---

805 Vgl. Orel (1961), S. 128.
806 Vgl. Orel (1961), S. 80.
807 Vgl. S. 35.

6.1.3 Änderung des Gesellschaftsvertrags

Die Nebenleistungspflicht als materieller Bestandteil des Gesellschaftsvertrages kann jederzeit unter Einhaltung der Erfordernisse einer Gesellschaftsvertragsänderung gemäß § 53 GmbHG aufgehoben werden,[808] denn Nebenleistungspflichten unterliegen im Gegensatz zu Stammeinlagen und Nachschüssen nicht der Kapitalbindung zugunsten der Gläubiger.[809] Erforderlich ist dazu ein notariell beurkundeter Gesellschafterbeschluß, der mit einer Mehrheit von drei Vierteilen der abgegebenen Stimmen zustande kommen muß (§ 53 I u. II GmbHG). Eine Zustimmung sämtlicher beteiligter Gesellschafter ist hierbei nicht erforderlich, denn es handelt sich bei der Aufhebung einer Nebenleistungspflicht nicht um eine Leistungsvermehrung i.S. des § 53 III GmbHG. Das Mehrheitserfordernis des § 53 II GmbHG ist ein zwingendes Mindesterfordernis, von dem im Gesellschaftsvertrag nicht abgewichen werden kann.[810] Den Gesellschaftern steht es jedoch frei, gemäß § 53 II GmbHG noch andere Erfordernisse für eine Änderung des Gesellschaftsvertrags aufstellen.

Handelt es sich bei der aufzuhebenden Nebenleistungspflicht zugleich um ein (Sonder-)Recht, d.h. soll durch die Gesellschaftsvertragsänderung ein Pflichtrecht[811] aufgehoben werden, so ist hierzu zusätzlich die Zustimmung der betroffenen Gesellschafter notwendig. Dies ist beispielsweise bei den Erwerbsvorrechten der Fall.[812]

Selbstverständlich sind auch bei einer Änderung des Gesellschaftsvertrags zwecks Aufhebung von Nebenleistungspflichten die Schranken der Mehrheitsmacht, insbesondere das Gleichbehandlungsgebot zu beachten.[813] Danach ist es beispielsweise unzulässig, wenn die Gesellschafterversammlung eine Darlehenspflicht für einen Gesellschafter aufhebt, während ein anderer Gesellschafter weiterhin mit dieser Darlehenspflicht belastet ist, ohne daß diese

---

808 Nach § 397 I BGB erlischt das Schuldverhältnis, "wenn der Gläubiger dem Schuldner die Schuld erläßt." Im Recht der GmbH entspricht die Gesellschaftsvertragsänderung zur Aufhebung von Nebenleistungspflichten dem Erlaßvertrag für schuldrechtliche Verpflichtungen.

809 Vgl. Hachenburg-P. Ulmer (1990), § 3, Rdnr. 112.

810 Vgl. Hachenburg-P. Ulmer (1991), § 53, Rdnr. 82.

811 Vgl. oben S. 52.

812 Vgl. Reichert (1985), S. 1501 f.

813 Vgl. z.B. Hachenburg-P. Ulmer (1991), § 53, Rdnr. 64.

Differenzierung sachlich gerechtfertigt wäre. Freilich steht es dem benachteiligten Gesellschafter frei, einer solchen Ungleichbehandlung zuzustimmen, denn das Gleichbehandlungsgebot ist abdingbar.[814]

6.1.4 Anfechtung?

Gemäß § 142 I BGB ist ein anfechtbares Rechtsgeschäft, das angefochten wird, von Anfang an als nichtig anzusehen. Ob nun die Übernahme von Nebenleistungspflichten anfechtbar ist, ist sehr umstritten. *P. Ulmer* ist der Ansicht, daß bei Nebenleistungspflichten die Geltendmachung von Willensmängeln (Irrtum, Täuschung, Drohung) gegenüber dem Leistungsverlangen der GmbH zulässig ist.[815] Die Nebenleistungspflichten seien zwar Teil des Gesellschaftsvertrags, sie bildeten aber keinen Teil der Einlagen und des Stammkapitals. Deshalb würden für die Nebenleistungspflichten nicht die strengen, dem Bestandsschutz der GmbH und der Kapitalerhaltung dienenden Grundsätze gelten, die eine Anfechtung der auf Übernahme einer Stammeinlage gerichteten Erklärung der Gesellschafter nach erfolgter Eintragung der GmbH ausschließen. Nach *P. Ulmer* gilt dies jedoch nicht ausnahmslos. Bildeten die Nebenleistungspflichten einen untrennbaren Teil der Stammeinlage und würde eine Anfechtung der hierauf gerichteten Verpflichtung notwendig auch die Einlageleistung selbst berühren, so erstrecke sich der für die Einlage geltende Bestandsschutz auch auf die Nebenleistungspflicht. Als Beispiel nennt er die Übernahme eines Konkurrenzverbots durch den Einleger eines Handelsgeschäfts im Interesse der Einbringung von Kundschaft und good will.[816]

Die Gegenansicht verneint die entsprechende Anfechtbarkeit generell.[817] Die Nebenleistungspflicht als Bestandteil der Mitgliedschaft könne nur mit der Mitgliedschaft zusammen, nicht aber von dieser

---

814 Vgl. oben S. 75 ff.

815 Vgl. Hachenburg-P. Ulmer (1990), § 3, Rdnr. 73; ebenso Scholz-Emmerich (1993), § 3, Rdnr. 46; Baumbach/Hueck (1988), § 3, Rdnr. 49; Buchholz (1924), S. 277 ff.; Feine (1929), S. 347 ff.; Amend (1936), S. 14; Heider (1933), S. 34; Finke (1931), S. 59.

816 Vgl. Hachenburg-P. Ulmer (1990), § 3, Rdnr. 73.

817 Vgl. Rowedder-Rittner (1990), § 3, Rdnr. 31; Orel (1961), S. 130; Fischer (1954), S. 428.

losgelöst angegriffen werden.[818] Dem ist zuzustimmen. Es liegt eben im Wesen der Nebenleistungspflicht, daß sie das Schicksal des Geschäftsanteils grundsätzlich teilt, das unterscheidet sie ja gerade von den rein schuldrechtlichen Nebenabreden. Darum ist eine Anfechtung der Nebenleistungspflichten m.E. mit dem Wesen der Nebenleistungspflicht nicht vereinbar und deshalb unzulässig.

Liegt ein nach den Regeln des BGB zu bejahender Anfechtungsgrund vor, z.B. arglistige Täuschung (§ 123 I BGB), so kann die Übernahme der betreffende Nebenleistungspflicht nach der hier vertretenen Auffassung zwar nicht durch Anfechtung angegriffen werden, dies bedeutet aber nicht, daß der "Anfechtungsgrund" keine Auswirkung auf das Gesellschaftsverhältnis hat. Es kommt dann je nach der Bedeutung der Nebenleistungspflicht die Auflösung, der Austritt oder Ausschluß aus wichtigem Grund sowie die Zustimmungspflicht kraft Treuepflicht in Betracht. Hierzu kann auf die bisherigen Ausführungen zur Zustimmungspflicht kraft Treuepflicht und zu den Leistungsstörungen verwiesen werden.

6.1.5 Kündigung der Nebenleistungspflicht aus wichtigem Grund ?

"Der Gedanke, daß bei allen Dauerleistungsverhältnissen für den Verpflichteten unter Umständen eine einseitige Lösung der Bindung so oder so möglich sein muß, durchzieht das ganze heutige Privatrecht."[819] Teilweise regelt das Gesetz die Lösung von Dauerschuldverhältnissen, so z.B. durch § 626 I BGB, wonach ein Dienstverhältnis aus wichtigem Grund gekündigt werden kann. Wo das Gesetz keine Kündigung vorsieht, ist grundsätzlich eine Kündigung aus wichtigem Grund wegen Unzumutbarkeit des Festhaltens am Vertrag gemäß § 242 BGB möglich.[820] Vor diesem Hintergrund stellt sich hier die Frage, ob ein Gesellschafter unter Beibehaltung seiner Gesellschafterstellung das Nebenleistungsverhältnis aus wichtigem Grund kündigen kann.

---

818 Vgl. Orel (1961), S. 130.
819 RG (7.2.1930), RGZ 128, 1, 16.
820 Vgl. Fikentscher (1992), S. 40, Rdnr. 36.

Das *RG* schloß aufgrund der Rechtsnatur der Nebenleistungspflichten eine Kündigung des Nebenleistungsverhältnisses zunächst aus.[821] Nachdem nun am 2.11.1923 die Verordnung gegen den Mißbrauch wirtschaftlicher Machtstellungen (sog. Kartellverordnung) in Kraft trat, deren § 8 I dem Mitglied eines Kartells die Möglichkeit zur Kündigung aus wichtigem Grund gab, änderte das *RG* seine Rechtsprechung. In seiner Entscheidung vom 2.7.1926 bejahte das *RG* die Kündigungsmöglichkeit von Kartellpflichten, die als Nebenleistungspflichten einer Kartell-GmbH statuiert waren. Die Kündigung würde zwar zur Beendigung der Kartellpflichten für den kündigenden Gesellschafter führen, seine Mitgliedschaft würde er dadurch jedoch nicht ohne weiteres verlieren.[822] Der GmbH stehe dann das Recht zu, den Geschäftsanteil des Kündigenden gegen Entgelt einzuziehen, da die Fortdauer dessen Mitgliedschaft mit dem Erlöschen seiner Kartellverpflichtungen nicht vereinbar sei.[823] Wenige Jahre später hat das *RG* die Kündigungsmöglichkeit des Nebenleistungsverhältnis aus wichtigem Grund unter Beibehaltung der Gesellschafterstellung allgemein auf Nebenleistungspflichten, auch wenn es sich dabei nicht um Verpflichtungen kartellrechtlicher Art handelt, ausgedehnt.[824]

Ein Teil des Schrifttums hat sich der neueren Rechtsprechung des *RG* angeschlossen, die eine Kündigung (aus wichtigem Grund) des Nebenleistungsverhältnisses unter Fortbestand der Mitgliedschaft für zulässig hält.[825] Der andere Teil des Schrifttums hält eine solche Kündigung für unzulässig.[826] Die letztere Ansicht verdient m.E. den Vorzug. Die Nebenleistungsverhältnis als Bestandteil der Mitgliedschaft kann nicht unabhängig vom Geschäftsanteil durch Kündigung beendet werden. Ist der Gesellschafter durch Nebenlei-

---

821 Vgl. RG (7.6.1910), RGZ 73, 429, 433; RG (30.10.1923), RGZ 108, 20, 22 f.

822 Vgl. RG (2.7.1926), RGZ 114, 212, 216.

823 Vgl. RG (2.7.1926), RGZ 114, 212, 217; bestätigt durch RG (17.5.1929), RGZ 125, 114, 118.

824 Vgl. RG (7.2.1930), RGZ 128, 1, 15 ff.

825 Vgl. Baumbach/Hueck (1988), § 3, Rdnr. 52; Rohrer (1991), S. 106 ff.; Feine (1929), S. 351 f.; Meyer-Landrut (1987), § 3, Rdnr. 34; Finke (1931), S. 91; Hüffer (1995), § 55, Rdnr. 9; einschränkend Hachenburg-P. Ulmer (1990), § 3, Rdnr. 113.

826 Rowedder-Rittner (1990), § 3, Rdnr. 52; Orel (1961), S. 129; Lutter/Hommelhoff (1995), § 3, Rdnr. 46; Achterrath (1937), S. 52 f.; Wiedemann (1965), S. 91; Karsten Schmidt (1991), S. 862.

stungspflichten in einer für ihn unzumutbaren Weise belastet, so steht ihm ein Austrittsrecht aus wichtigem Grund zu, sofern er sich nicht durch eine anderweitige Möglichkeit, insbesondere durch Veräußerung, vom Geschäftsanteil trennen kann.[827] Das ist eben die Konsequenz aus der "Verdinglichung" einer Verpflichtung durch deren Ausgestaltung als Nebenleistungspflicht.

Nichts anderes kann für die in § 13 GWB vorgesehene Kündigungsmöglichkeit des Kartellmitglieds aus wichtigem Grund gelten. Nach § 13 I 2 GWB liegt ein wichtiger Grund insbesondere dann vor, "wenn die wirtschaftliche Bewegungsfreiheit des Kündigenden unbillig eingeschränkt oder durch eine nicht gerechtfertigte ungleiche Behandlung im Verhältnis zu den übrigen Beteiligten beeinträchtigt wird." Liegt nun ein Kartell in der Rechtsform einer GmbH vor und sind die Kartellpflichten als Nebenleistungspflichten statuiert, so kann der Gesellschafter diese Kartellpflichten nach § 13 I 1 GWB aus wichtigem Grunde fristlos "kündigen". Diese "Kündigung" ist bei der GmbH als Austrittserklärung aus wichtigem Grund aufzufassen.[828] Bis zur endgültigen Vollziehung des Austritts aus der GmbH ruhen in diesem Fall die Nebenleistungspflichten des Gesellschafters.[829] Nicht anzunehmen dagegen ist das endgültige Erlöschen der Nebenleistungspflichten; dies hängt davon ab, auf welche Art und Weise der Austritt erfolgt. Der Gesellschaft steht das Recht zu, entweder den Geschäftsanteil einzuziehen oder dessen Abtretung an sich oder eine von ihr benannte Person abzutreten.[830] Bei der Einziehung erlöschen die Nebenleistungspflichten endgültig, bei der Abtretung an eine andere Person als die Gesellschaft selbst dagegen gehen die Nebenleistungspflichten auf den Erwerber über und die Nebenleistungspflichten leben wieder auf.

---

827 Vgl. Hachenburg-P. Ulmer (1990), Anh. § 34, Rdnrn. 49 u. 53.

828 So wohl auch Immenga/Mestmäcker (1992), § 13, Rdnr. 26.

829 Vgl. Hachenburg-P. Ulmer (1990), Anh. § 34, Rdnr. 59 mit Hinweis auf OLG (25.4.1984), BB 1984, S. 2016, das den Fortbestand eines statutarischen Wettbewerbsverbots nach der Austrittserklärung des Gesellschafters verneint.

830 Vgl. Hachenburg-P. Ulmer (1990), Anh. § 34, Rdnr. 56.

6.2 Befreiung von den Nebenleistungspflichten durch Wegfall der Gesellschafterstellung

6.2.1 Abtretung des Geschäftsanteils

Durch die Abtretung des Geschäftsanteils verliert der bisherige Gesellschafter seine Gesellschafterstellung und wird somit von der Pflicht zur Erbringung zukünftiger Nebenleistungspflichten frei.[831] Durch die Abtretung des Geschäftsanteils geht die Pflicht zur Erbringung der Nebenleistungen, sofern es sich dabei nicht um höchstpersönliche Nebenleistungspflichten handelt, auf den Erwerber über, denn die Nebenleistungspflichten sind ja Bestandteil der Mitgliedschaft. Gemäß § 16 III GmbHG haftet der veräußernde Gesellschafter jedoch für die zum Zeitpunkt der Anmeldung der Geschäftsanteilsabtretung bei der GmbH fälligen rückständigen Nebenleistungspflichten neben dem Erwerber weiter.[832]

Ob und inwieweit eine Nebenleistungspflicht fällig war, kann allerdings im Einzelfall schwierig zu beurteilen sein. Dies zeigt eine im Jahre 1914 ergangene Entscheidung des *RG*.[833] Nach dem dort dargestellten Sachverhalt mußten die Gesellschafter Rüben anbauen. Bis zum 1. Februar eines jeden Jahres mußten sie bei der GmbH anmelden, auf welchen Grundstücken sie Rüben bauen wollen, ferner mußten sie den von der GmbH gelieferten Samen verwenden, sich ihrer Aufsicht unterwerfen und die gesamte auf dem angemeldeten Lande gezogene Ernte im Herbst der GmbH abliefern. Der beklagte ehemalige Gesellschafter meldete entsprechend seiner Verpflichtung das Land, das er anzubauen gedachte, bezog den Samen von der GmbH und bestellte damit das angemeldete Land. Im August des Jahres, also noch vor der Ernte der Rüben, veräußerte der Beklagte seinen Geschäftsanteil. Das *RG* hatte nun zu entscheiden, ob der ehemalige Gesellschafter der GmbH die Rübenernte schuldete. Das wurde vom *RG* bejaht. Es sah in der beschriebenen Nebenleistungspflicht eine einheitliche und unteilbare Leistung, deren Erfüllung am 1. Februar beginne und mit der Ablieferung der

---

831 Vgl. Scholz-Emmerich (1993), § 3, Rdnr. 55; Hachenburg-P. Ulmer (1990), § 3, Rdnr. 105; Rowedder-Rittner (1990), § 3, Rdnr. 48.

832 Vgl. Scholz-Emmerich (1993), § 3, Rdnr. 55; Hachenburg-P. Ulmer (1990), § 3, Rdnr. 106; Rowedder-Rittner (1990), § 3, Rdnr. 48; RG (22.6.1940), DR 1940, S. 2013.

833 Vgl. RG (23.1.1914), JW 1914, S. 477.

Rüben ende. Daß eine solche einheitliche und unteilbar Leistung, die längere Monate in Anspruch nehme, durch die dazwischen kommende Veräußerung des Geschäftsanteils in zwei Teile zerschnitten werden sollte, von denen der eine dem Veräußerer, der andere dem Erwerber obläge, sei sachlich unmöglich und deswegen undenkbar.

6.2.2 Einziehung (Amortisation) des Geschäftsanteils

Gemäß § 34 GmbHG können die Gesellschafter im Gesellschaftsvertrag die Einziehung des Geschäftsanteils vorsehen. Im Gesellschaftsvertrag können die Gesellschafter sowohl eine freiwillige Einziehung[834] als auch eine Zwangseinziehung unter Festsetzung der hierfür maßgebenden Gründe vorsehen.[835] Hinsichtlich ihrer Wirkung beschränkt sich die Einziehung nicht nur darauf, den betroffenen Geschäftsanteil dem bisherigen Gesellschafter zu entziehen, sondern sie führt zugleich zur Vernichtung des Geschäftsanteils. Damit erlöschen sämtliche mit dem Geschäftsanteil verbundenen Mitgliedschaftsrechte und -pflichten, also auch sämtliche Nebenleistungspflichten.[836] Die zum Zeitpunkt der Einziehung bereits fälligen Nebenleistungspflichten muß der bisherige Anteilsinhaber jedoch noch erfüllen.[837]

6.2.3 Preisgabe des Geschäftsanteils (Abandon)

Sowohl bei der unbeschränkten Nachschußpflicht (§ 27 GmbHG) als auch, zumindest nach der hier vertretenen Auffassung, bei der unbeschränkten Nebenleistungspflicht haben die betreffenden Gesellschafter die Möglichkeit, sich durch Preisgabe ihres Geschäftsanteils von der eingeforderten Nachschußpflicht bzw. Nebenleistungspflicht zu befreien. Auch hierbei stellt sich die Frage nach dem Schicksal der Nebenleistungspflicht. Zwei Fälle sind dabei zu unterscheiden, nämlich die Preisgabe aufgrund einer unbeschränkten Nachschuß-

834 Hierbei ist die Zustimmung des Anteilsberechtigten erforderlich.

835 Vgl. Hachenburg-P. Ulmer (1990), § 34, Rdnr. 8.

836 Vgl. Rowedder-Rowedder (1990), § 34, Rdnr. 30; Hachenburg-P. Ulmer (1990), § 34, Rdnr. 57.

837 Vgl. Hachenburg-P. Ulmer (1990), § 34, Rdnr. 57.

pflicht und die aufgrund einer unbeschränkten Nebenleistungspflicht.

Die Preisgabe des Geschäftsanteils durch den Gesellschafter (§ 27 I 1 GmbHG) bzw. die fingierte Preisgabe durch die Gesellschaft (§ 27 I 2 GmbHG) bewirkt, daß der Gesellschafter in seiner Verfügung über den Geschäftsanteil zugunsten der GmbH beschränkt ist, d.h. ihn weder wirksam veräußern noch belasten kann. Im übrigen jedoch bleibt er zunächst bis zur Verwertung des Geschäftsanteils Gesellschafter mit allen Rechten und Pflichten, er schuldet also beispielsweise weiterhin Nachschüsse und Nebenleistungen. Die Preisgabe bewirkt jedoch eine Haftungsbeschränkung.[838] Handelt es sich um Nachschüsse, derentwegen die Preisgabe erklärt wurde, so haftet der Gesellschafter für **diese** Forderung nur mit dem preisgegebenen Geschäftsanteil. Wurde aufgrund einer unbeschränkten Nebenleistungspflicht der Geschäftsanteil preisgegeben, so gilt entsprechendes. Die Haftungsbeschränkung bezieht sich also nur auf die konkrete Forderung, derentwegen die Preisgabe erfolgte.

Was nun das Schicksal der Nebenleistungspflicht anbelangt, so ergibt sich für den Fall, daß die Preisgabe aufgrund eingeforderter Nachschüsse erfolgte, keine Besonderheit. Für den Zeitraum zwischen Preisgabe und Verwertung des Geschäftsanteils bleibt der preisgebende Gesellschafter ja Gesellschafter und muß etwaige Nebenleistungspflichten erfüllen. Mit der Verwertung des Geschäftsanteils gehen die Nebenleistungspflichten mit dem Geschäftsanteil durch Veräußerung auf den Erwerber über. Es kann also auf die Ausführungen zum Abschnitt "Abtretung des Geschäftsanteils" verwiesen werden.[839] Scheitert die Verwertung des Geschäftsanteils im Wege der öffentlichen Versteigerung, wie sie in § 27 II 1 GmbHG vorgesehen ist, so fällt der Geschäftsanteil der GmbH selbst zu, die ihn dann für eigene Rechnung veräußern kann (§ 27 III GmbHG). Solange die GmbH selbst den Geschäftsanteil hält, ruhen die Nebenleistungspflichten, wird der Anteil dann jedoch veräußert, so leben die Nebenleistungspflichten wieder auf und sind zu leisten.[840]

---

838 Vgl. Scholz-Emmerich (1993), § 27, Rdnr. 19 ff.; Hachenburg-Welf Müller (1990), § 27, Rdnr. 45 f.

839 Vgl. oben S. 176.

840 Vgl. Lutter/Hommelhoff (1995), § 33, Rdnr. 9; Meyer-Landrut (1987), § 33, Rdnr. 13; Hachenburg-Hohner (1990), § 33, Rdnr. 57.

Erfolgt die Preisgabe aufgrund einer fälligen (unbeschränkten) Nebenleistungspflicht, so schuldet der Gesellschafter die Nebenleistungspflicht weiterhin, haftet dafür aber nur mit seinem Geschäftsanteil. Mit der Verwertung des Geschäftsanteils nach § 27 II GmbHG oder dessen Übergang auf die Gesellschaft gemäß § 27 III GmbHG erlischt dann diejenige (Teil-)Nebenleistungspflicht, derentwegen die Preisgabe erfolgte. Bis in Höhe der Forderung steht der Erlös aus der Verwertung der GmbH zu, ein etwaiger Überschuß gebührt dem (ausgeschiedenen) Gesellschafter. Im übrigen aber geht die im Gesellschaftsvertrag vorgesehene Nebenleistungspflicht als solche auf den Erwerber über.[841]

Folgendes Beispiel soll dies verdeutlichen: Die Gesellschafter sind gemäß § 3 II GmbHG gesellschaftsvertraglich verpflichtet, der GmbH Zuschüsse in unbeschränkter Höhe zu gewähren, sofern die Gesellschafterversammlung mit einfacher Mehrheit einen Finanzierungsbedarf feststellt und die Inanspruchnahme der Gesellschafter beschließt. Die Gesellschafter können dann von ihrem Preisgaberecht Gebrauch machen. Mit der Verwertung des Geschäftsanteils scheidet der betreffende Gesellschafter aus dieser GmbH aus, seine Pflicht, Zuschüsse in der von der Gesellschafterversammlung beschlossenen Höhe an die GmbH zu leisten, erlischt, die unbeschränkte Zuschußpflicht an sich bleibt aber bestehen und ist mit dem Geschäftsanteil im Wege der Verwertung auf die GmbH oder eine andere Person übergegangen. Beschließt nun die Gesellschafterversammlung erneut, Zuschüsse von den Gesellschaftern einzufordern, so ist dann auch der Rechtsnachfolger desjenigen Gesellschafters, der seinen Geschäftsanteil preisgab, verpflichtet, an die GmbH die von der Gesellschafterversammlung beschlossenen Zuschüsse zu leisten.

6.2.4 Kaduzierung

Die §§ 21-25 GmbHG regeln das sog. Kaduzierungsverfahren, wodurch ein Gesellschafter, der die eingeforderten Einzahlungen auf seine Stammeinlage nicht rechtzeitig erbringt, aus der GmbH ausge-

---

841 Vgl. Scholz-Emmerich (1993), § 27, Rdnrn. 26 f. u. Hachenburg-Welf Müller (1990), § 27, Rdnr. 55 f. für die Preisgabe aufgrund einer unbeschränkten Nachschußpflicht.

schlossen werden kann. Nach § 21 II GmbHG ist "nach fruchtlosem Ablauf der Frist .. der säumige Gesellschafter seines Geschäftsanteils und der geleisteten Teilzahlungen zugunsten der Gesellschaft verlustig zu erklären. Die Erklärung erfolgt mittels eingeschriebenen Briefes." Der Gesellschafter verliert also mit Zugang dieser Ausschlußerklärung seinen Geschäftsanteil und somit auch seine Gesellschafterstellung.[842] Dadurch enden für ihn auch die Nebenleistungspflichten.[843]

Im Gegensatz zur Einziehung wird der Geschäftsanteil durch die Kaduzierung nicht vernichtet, sondern bleibt bestehen.[844] Umstritten ist allerdings, wer nach der Kaduzierung Inhaber des Anteils ist. Die überwiegende Meinung im Schrifttum ordnet den kaduzierten Geschäftsanteil der GmbH selbst oder der GmbH als Treuhänderin zu.[845] Abzulehnen ist jedoch die Ansicht der Rechtsprechung, wonach der Geschäftsanteil herrenlos wird.[846] Man denke nur einmal an die Einmann-GmbH, die Kaduzierung würde hier zu absurden Folgerungen nötigen.[847] Solange der Geschäftsanteil der GmbH zusteht, ruhen die Nebenleistungspflichten.[848] Die GmbH muß jedoch den Geschäftsanteil gemäß den Bestimmungen der §§ 22 f. GmbHG verwerten. Als Erwerber kommen dabei der Rechtsvorgänger über § 22 IV GmbHG, der Erwerber im Rahmen der öffentlichen Versteigerung gemäß § 23 GmbHG und, wenn sich überhaupt kein Erwerber findet, die GmbH selbst in Betracht.[849] Findet sich ein Erwerber, so gehen die Nebenleistungspflichten mit dem Geschäftsanteil auf den Erwerber über und leben wieder auf, ansonsten ruhen sie, bis die GmbH ihren eigenen Geschäftsanteil veräußert oder einzieht.

---

842 Vgl. z.B. Scholz-Emmerich (1993), § 21, Rdnr. 25.

843 Vgl. Scholz-Emmerich (1993), § 21, Rdnr. 26.

844 Vgl. Lutter/Hommelhoff (1995), § 21, Rdnr. 14.

845 Vgl. Lutter/Hommelhoff (1995), § 21, Rdnr. 15 m.w.N.

846 Vgl. RG (26.3.1920), RGZ 98, 276,278; BGH (13.7.1964), BGHZ 42, 89, 92.

847 Vgl. Scholz-Emmerich (1993), § 21, Rdnr. 29.

848 Vgl. Scholz-Emmerich (1993), § 21, Rdnr. 30.

849 Vgl. Melber (1993), S. 199 f.

6.2.5 Vererbung des Geschäftsanteils

Der Geschäftsanteil einer GmbH ist frei vererblich (§ 15 I GmbHG). Die Nebenleistungspflichten gehen als Bestandteil des Geschäftsanteils im Wege der Gesamtrechtsnachfolge auf den Erben über. Die Wirkung des Übergangs tritt nicht wie bei der Veräußerung durch Anmeldung gegenüber der GmbH ein (§ 16 I GmbHG), sondern der Erbe wird mit dem Erbfall kraft Gesetzes Inhaber des Geschäftsanteils.[850] Dies gilt jedoch nicht für die höchstpersönlichen Nebenleistungspflichten, beispielsweise die Pflicht zur Geschäftsführung, sie gehen nicht auf den Erben über, sondern erlöschen mit dem Tod des Gesellschafters.[851]

Für *Rohrer* kommt es bei der Vererbung eines mit Nebenleistungspflichten höchstpersönlicher Natur belasteten Geschäftsanteils zu dem unbefriedigenden Ergebnis, daß eine bloß kapitalmäßig beteiligte Person Gesellschafter wird.[852] Im Wege der satzungsergänzenden Auslegung kommt *Rohrer* deshalb zu dem Schluß, daß der Erbe verpflichtet ist, entsprechende Nebenleistungspflichten, wie sie dem Erblasser oblagen, zu übernehmen. Durch die Annahme der Erbschaft werde der Erbe nicht nur Inhaber des Geschäftsanteils, sondern stimme damit zugleich konkludent der Neubegründung einer auf seine Person bezogenen höchstpersönlichen Nebenleistungspflicht zu.[853] Eine derartige satzungsergänzende Auslegung ist m.E. jedoch sinnwidrig. Akzeptiert man einerseits die Möglichkeit, höchstpersönliche Nebenleistungspflichten im Gesellschaftsvertrag zu vereinbaren, die dann - und das ist doch schließlich der Sinn der höchstpersönlichen Nebenleistungspflichten - mit dem Tod des Gesellschafters erlöschen, so kann man doch nicht im Wege der ergänzenden Satzungsauslegung aus den höchstpersönlichen Nebenleistungspflichten "normale", d.h. mit dem Geschäftsanteil auf den Erben übergehende Nebenleistungspflichten machen. Genau darauf läuft jedoch die satzungsergänzende Auslegung von *Rohrer* hinaus.

---

850 Vgl. Buchholz (1924), S. 336; Hachenburg-Zutt (1990), Anh. § 15, Rdnr. 99.

851 Vgl. Scholz-Emmerich (1993), § 3, Rdnr. 54; Hachenburg-P. Ulmer (1990), § 3, Rdnr. 104; Baumbach/Hueck (1988), § 3, Rdnr. 50; Buchholz (1924), S. 336.

852 Vgl. Rohrer (1991), S. 135.

853 Vgl. Rohrer (1991), S. 138.

Die nicht höchstpersönlichen Nebenleistungspflichten gehen also mit dem Geschäftsanteil nach den allgemeinen Regeln auf den Erben über, der dann die Nebenleistungen erbringen muß. Nun stellt sich die Frage, ob und inwieweit der Erbe seine Haftung für die aus der Mitgliedschaft resultierenden Nebenleistungspflichten durch erbrechtliche Maßnahmen wie Nachlaßverwaltung oder Nachlaßkonkurs bzw. -vergleich (§§ 1975 BGB) auf den Nachlaß beschränken kann. Diese Haftungsbeschränkung setzt zunächst voraus, daß es sich bei den Nebenleistungspflichten um Nachlaßverbindlichkeiten handelt (§§ 1967 I, 1975 BGB). Dies ist zweifellos bei rückständigen Nebenleistungspflichten zu bejahen, die bereits vor dem Erbfall fällig waren.[854] Aber auch Nebenleistungspflichten, die nach dem Erbfall fällig werden, sind Nachlaßverbindlichkeiten, denn entscheidend ist nicht, wann die Verbindlichkeit fällig wird, sondern wann sie entsteht. Nebenleistungspflichten entstehen mit ihrer Festsetzung im Gesellschaftsvertrag (zu Lebzeiten des Erblassers), sie sind daher Nachlaßverbindlichkeiten, auch wenn sie erst nach dem Erbfall fällig werden.[855] Somit kann der Erbe des Geschäftsanteils seine Haftung für Nachlaßverbindlichkeiten, zu denen auch die Nebenleistungspflichten zählen, nach den erbrechtlichen Vorschriften, d.h. Nachlaßverwaltung oder Nachlaßkonkurs bzw. -vergleich (§§ 1975 BGB), beschränken.[856] Dadurch kann der Erbe verhindern, daß er die Nebenleistungspflicht aus seinem bisherigen Vermögen erbringen muß, schlimmstenfalls verliert er den Nachlaß und damit den hierzu gehörenden Geschäftsanteil.[857]

6.2.6 Auflösung und Beendigung der GmbH

Durch den Eintritt der Auflösung wird der Fortbestand der GmbH als juristische Person grundsätzlich nicht berührt.[858] Durch die Auflösung ändert sich jedoch der Zweck der GmbH, er richtet sich nicht mehr auf die erwerbswirtschaftliche Betätigung der GmbH, sondern auf die Abwicklung (Liquidation) des Gesellschaftsvermögens. Die

---

854 Vgl. Däubler (1965), S. 13 f.
855 Vgl. Rohrer (1991), S. 140.
856 Vgl. Feine (1929), S. 400.
857 Vgl. Rohrer (1991), S. 141.
858 Vgl. z.B. Hachenburg-P. Ulmer (1991), § 60, Rdnr. 74, zu den Ausnahmen hierzu vgl. Rdnrn. 8 ff.

Abwicklung endet mit der Löschung der GmbH im Handelsregister, wodurch zugleich die (Voll-)Beendigung der GmbH eintritt.[859]

Zweifellos erlöschen mit der Beendigung der GmbH auch die Nebenleistungspflichten.[860] Fraglich ist jedoch, ob die Nebenleistungspflichten bereits mit der Auflösung der GmbH enden. Das *RG* und ein Teil des Schrifttums sind der Auffassung, daß die Nebenleistungspflichten mit der Auflösung der Gesellschaft grundsätzlich erlöschen, denn die Nebenleistungspflichten sollen der werbenden Gesellschaft dienen. Nur in Ausnahmefällen, wenn die Nebenleistungspflichten dem Liquidationszweck dienten, würden sie nicht erlöschen.[861]

Dem kann jedoch nicht zugestimmt werden. Zutreffend weist *Rohrer* in diesem Zusammenhang auf die Rechtsnatur der Nebenleistungspflicht hin. Die Nebenleistungspflicht als Bestandteil des Geschäftsanteils teile grundsätzlich dessen Schicksal, somit habe der Gesellschafter auch nach der Auflösung der Gesellschaft weiterhin die sich aus der Gesellschafterstellung ergebenden Verpflichtungen zu tragen; nur wenn sie nicht dem Liquidationszweck dienten, müßten sie nicht erbracht werden. Auch wenn die Nebenleistungspflichten nicht erbracht werden müßten, so bleibe das Stammrecht der Nebenleistungspflicht bestehen, erlösche also nicht.[862] Im Ergebnis geht *Rohrer* also davon aus, daß die Nebenleistungspflichten ruhen, wenn sie ihrem Wesen nach nicht dem Liquidationszweck dienen.

Diese Auffassung entspricht zwar nicht dem Wortlaut, jedoch dem Sinn des § 69 I GmbHG: "Bis zur Beendigung der Liquidation kommen ungeachtet der Auflösung der Gesellschaft in bezug auf die Rechtsverhältnisse derselben und der Gesellschafter die Vorschriften des zweiten und dritten Abschnitts zur Anwendung, soweit sich aus den Bestimmungen des gegenwärtigen Abschnitts und aus dem Wesen der Liquidation nicht ein anderes ergibt." Die h.M. geht davon aus, daß diese Norm weit zu interpretieren ist, so daß sich an

---

859 Vgl. Meyer-Landrut (1987), § 60, Rdnr. 2; Hachenburg-P. Ulmer (1991), § 60, Rdnr. 6.

860 Vgl. Rohrer (1991), S. 110.

861 Vgl. RG (27.10.1909), RGZ 72, 236, 239; RG (17.5.1929), RGZ 125, 114, 119 f.; Geßler-Hefermehl/Bungeroth (1984), § 55, Rdnr. 32; Großkommentar AktG-Barz (1973), § 55, Rdnr. 23.

862 Vgl. Rohrer (1991), S. 111 f.; ähnlich auch Heider (1933), S. 53.

den Rechtsverhältnissen der Gesellschaft und der Gesellschafter durch die Auflösung nichts ändert, sofern sich aus den Bestimmungen des fünften Abschnitts und dem "Wesen der Liquidation" nichts anderes ergibt.[863] Somit sind die Nebenleistungspflichten zu erbringen, sofern sie dem Wesen der Liquidation nicht widersprechen. Ob sie dem Wesen der Liquidation widersprechen, ist im Einzelfall eine Sache der Auslegung des Gesellschaftsvertrags.[864] Widerspricht eine Nebenleistungspflicht dem Wesen der Liquidation, so ruht sie.[865]

Wird beispielsweise der Produktionsbetrieb einer Zuckerfabrik mit dem Eintritt der Auflösung stillgelegt, so ruhen etwaige Zuckerrübenlieferungspflichten. Wird dagegen die Produktion auch nach der Auflösung noch aufrechterhalten, um z.B. die bevorstehende Rübenernte zu verwerten oder um bestehende Lieferverpflichtungen der GmbH zu erfüllen, so bleiben die Gesellschafter weiterhin verpflichtet, ihre Zuckerrüben an die GmbH zu liefern. Es hängt also im Einzelfall davon ab, auf welche Art und Weise die Abwicklung der GmbH durchgeführt wird. Erwerbsvorrechte zur Steuerung der Zusammensetzung des Gesellschafterkreises bleiben dagegen in jedem Fall im Auflösungsstadium bestehen, denn ihr Zweck wird durch die Auflösung der GmbH nicht beeinträchtigt.

Schließlich spricht auch die Möglichkeit, die GmbH nach der Auflösung doch fortzusetzen, dafür, daß die Nebenleistungspflichten grundsätzlich nicht erlöschen, sondern allenfalls ruhen. Im Fall der Fortsetzung der GmbH leben nämlich diese Nebenleistungspflichten wieder auf.

---

863 Vgl. Lutter/Hommelhoff (1995), § 69, Rdnr. 3; Hachenburg-Hohner (1994), § 69, Rdnrn. 1 f.; Rowedder-Rasner (1990), § 69, Rdnr. 1; Scholz-Karsten Schmidt (1988), § 69, Rdnr. 9.

864 Vgl. Lutter/Hommelhoff (1995), § 69, Rdnr. 4; Rowedder-Rasner (1990), § 69, Rdnr. 3; Scholz-Karsten Schmidt (1988), § 69, Rdnr. 12; Hachenburg-Hohner (1994), § 69, Rdnr. 6.

865 So wohl auch Rohrer (1991), S. 111 f.

7. NEBENLEISTUNGSPFLICHTEN UND KONKURS

Sinn und Zweck des Konkursverfahrens ist die "Befriedigung aller vermögensrechtlichen Gläubiger eines Schuldners durch Verwertung des gesamten Schuldnervermögens."[866] Das der Verwertung unterliegende Schuldnervermögen wird Konkursmasse genannt, gemäß § 1 KO umfaßt die Konkursmasse "das gesamte, einer Zwangsvollstreckung unterliegende Vermögen des Gemeinschuldners, welches ihm zur Zeit der Eröffnung des Verfahrens gehört". Durch die Eröffnung des Konkursverfahrens verliert der Gemeinschuldner das Verfügungs- und Verwaltungsrecht über sein zur Konkursmasse gehöriges Vermögen, das sodann durch den Konkursverwalter ausgeübt wird (§ 6 KO). Ob und inwieweit Nebenleistungspflichten durch ein Konkursverfahren berührt werden, soll nun im folgenden dargestellt werden. Dabei sind zwei Fälle zu unterscheiden, zum einen der Konkurs des nebenleistungspflichtigen Gesellschafters und zum andern der Konkurs der GmbH.

7.1 Nebenleistungspflichten im Konkurs des Gesellschafters

Durch den Konkurs des Gesellschafters wird weder der Bestand der GmbH noch die Gesellschafterstellung an sich unmittelbar berührt. Fällt der Gesellschafter der GmbH in Konkurs, so fällt sein Geschäftsanteil in die Konkursmasse.[867] Er bleibt zwar Inhaber des Geschäftsanteils, das Verwaltungs- und Verfügungsrecht wird jedoch aufgrund von § 6 KO vom Konkursverwalter ausgeübt.[868]

Was nun die Nebenleistungspflichten angeht, so stellt sich die Frage, ob die aus dem Nebenleistungsverhältnis resultierenden Ansprüche der GmbH bloße Konkursforderungen der GmbH sind, die zur Tabelle anzumelden sind, oder ob die GmbH aufgrund dieser Ansprüche Massegläubigerin ist. Diese Frage ist von entscheidender

---

866 Jauernig (1990), S. 164.

867 Vgl. Kuhn/Uhlenbruck (1994), § 1, Rdnr. 50; Jaeger-Henckel (1977), § 1, Rdnr. 84; Hachenburg-Zutt (1990), Anh. § 15, Rdnr. 94.

868 Vgl. Scholz-Winter (1993), § 15, Rdnr. 209; Hachenburg-Zutt (1990), Anh. § 15, Rdnr. 94.

Bedeutung, denn Masseschulden sind gemäß § 57 KO vorweg aus der Masse zu berichtigen, d.h. ein Massegläubiger hat eine größere Chance, daß seine Forderung beglichen wird als der Konkursgläubiger, dessen Forderung zuletzt und in aller Regel nur zu einem kleinen Teil befriedigt wird.[869]

Gemäß § 3 KO sind Konkursgläubiger alle persönlichen Gläubiger, welche einen zur Zeit der Eröffnung des Verfahrens begründeten Vermögensanspruch an den Gemeinschuldner haben. Ein Anspruch ist bis zur Zeit der Konkurseröffnung begründet und somit Konkursforderung, wenn das Schuldverhältnis besteht, auch wenn sich erst nach Konkursbeginn eine Forderung ergibt. "Es muß bereits der Tatbestand verwirklicht sein, aus dem der Anspruch fließt; nur der Schuldrechtsorganismus, der die Grundlage des Anspruchs bildet, und nicht schon die Forderung selbst braucht entstanden zu sein."[870] Masseschulden dagegen beruhen auf **während** des Konkursverfahrens durch den Konkursverwalter begründeten Verbindlichkeiten. Die einzelnen Arten der Masseschulden sind in § 59 KO erschöpfend aufgeführt.[871] Allerdings macht § 59 I Nr. 3 KO davon eine Ausnahme und erklärt gewisse Arbeitnehmeransprüche aus der Zeit **vor** Konkurseröffnung systemwidrig und entgegen der grundsätzlichen Regelung in § 3 KO zu Masseschulden.[872]

P. Ulmer ist der Ansicht, daß die GmbH wegen der Ansprüche aus einer Nebenleistungspflicht des Gesellschafters Massegläubigerin ist. Da es sich um satzungsrechtliche Mitgliedschaftspflichten handle, die jeden Inhaber des belasteten Anteils träfen, seien sie uneingeschränkt auch gegenüber der Konkursmasse durchsetzbar; entsprechend § 59 I Nr. 2 (2. Alt.) KO bildeten sie Masseschulden, deren Erfüllung für die Zeit nach der Konkurseröffnung erfolgen müsse.[873]

Der überwiegende Teil des Schrifttums vertritt dagegen die Ansicht, daß die Ansprüche der GmbH aus dem Nebenleistungsverhältnis

---

869 Vgl. Jauernig (1990), S. 232.

870 Kuhn/Uhlenbruck (1994), § 3, Rdnr. 11.

871 Vgl. Baur/Stürner (1983), S. 458, Rdnr. 1097; Hess (1993), § 59, Rdnr. 2.

872 Vgl. Kilger/Karsten Schmidt (1993), § 3 1 c und § 59 5 B; Kuhn/Uhlenbruck (1994), § 59, Rdnr. 1 a.

873 Vgl. Hachenburg-P. Ulmer (1990), § 3, Rdnr. 103.

Konkursforderungen darstellen.[874] Dieser Ansicht ist zuzustimmen, denn als Bestandteil des Gesellschaftsvertrags werden die Nebenleistungspflichten mit Abschluß desselben begründet. Wird dann das Konkursverfahren über das Vermögen des Gesellschafters eröffnet, so stellen die Ansprüche aus diesem Nebenleistungsverhältnis Konkursforderungen der GmbH dar, d.h. die GmbH ist Konkursgläubiger. Gleiches gilt auch für aufschiebend befristete und aufschiebend bedingte Nebenleistungspflichten, sie berechtigen jedoch bis zum Eintritt der Bedingung gemäß § 67 KO nur zu einer Sicherung.[875]

Werden jedoch Nebenleistungspflichten während des Konkursverfahrens durch eine Änderung des Gesellschaftsvertrags eingeführt, so hängt ihre rechtliche Qualität im Konkurs davon ab, ob der Konkursverwalter die Gesellschaftsvertragsänderung verhindern konnte. Enthält der Gesellschaftsvertrag keine Mehrheitsklausel zur Einführung von Nebenleistungspflichten, ist also für eine derartige Gesellschaftsvertragsänderung aufgrund von § 53 III GmbHG die Zustimmung aller beteiligen Gesellschafter notwendig und stimmt der Konkursverwalter[876] für diese Gesellschaftsvertragsänderung, so entsteht eine Masseschuld gemäß § 59 I Nr. 1 KO. Gleiches gilt, wenn aufgrund einer Mehrheitsklausel der Konkursverwalter für die Gesellschaftsvertragsänderung stimmt, er aber auch aufgrund seines Stimmenanteils (Sperrminorität) den Änderungsbeschluß verhindern könnte. In allen anderen Fällen, wenn also die Stimmabgabe des Konkursverwalters ohne Bedeutung für das Zustandekommen der Gesellschaftsvertragsänderung ist, entsteht daraus weder ein Masseanspruch der GmbH noch eine Konkursforderung. Für Ansprüche aus einem derartig begründeten Nebenleistungsverhältnis haftet gegenüber der GmbH nur das konkursfreie Vermögen des Gesellschafters.

---

874 Vgl. Baumbach/Hueck (1988), § 3, Rdnr. 53; Hachenburg-Zutt (1990), Anh. § 15, Rdnr. 94; Rohrer (1991), S. 128 f.; Orel (1961), S. 133; Buchholz (1924), S. 341; Amend (1936), S. 33; Finke (1931), S. 72; Heider (1933), S. 57.

875 Vgl. Jaeger-Henckel (1977), § 3, Rdnr. 37 allgemein für aufschiebend befristete und aufschiebend bedingte Forderungen.

876 Im Konkurs des GmbH-Gesellschafters übt der Konkursverwalter das Stimmrecht des zur Konkursmasse gehörigen Geschäftsanteils aus; vgl. Scholz-Winter (1993), § 15, Rdnr. 209; Hachenburg-Zutt (1990), Anh. § 15, Rdnr. 95.

Freilich können im Konkursverfahren nur solche Ansprüche aus einem Nebenleistungsverhältnis Konkursforderungen sein, die einen Vermögensanspruch darstellen (§ 3 I KO). Unter einem Vermögensanspruch ist das Recht auf eine geldwerte, aus dem Vermögen des Gemeinschuldners beitreibbare Leistung zu verstehen.[877] Dementsprechend sind u.a. Ansprüche auf Vornahme einer unvertretbaren Handlung, wie z.B. auf Unterweisung in einer Kunst oder Wissenschaft, auf Herstellung eines künstlerischen oder wissenschaftlichen Werkes, auf Betätigung als Schauspieler oder Sänger,[878] keine Konkursforderungen, weil sie vom Gemeinschuldner persönlich zu erfüllen sind und keine aus seinem Vermögen beitreibbare Leistungen darstellen.[879] Sie bleiben insofern vom Konkursverfahren unberührt, sind also vom Gesellschafter zu leisten.[880]

Sind Nebenleistungspflichten entgeltlich ausgestaltet, d.h. erhält der Gesellschafter für die Erbringung der Nebenleistungen eine Gegenleistung, so gehört der Anspruch auf die Gegenleistung im Konkurs des Gesellschafters zur Konkursmasse.[881] Dies gilt jedoch nur für vermögenswerte Ansprüche, die auch der Zwangsvollstreckung unterliegen (§ 1 I KO). Hat z.B. die Gegenleistung den Charakter eines Arbeitseinkommens für den Gesellschafter, so gehört die Gegenleistung nur insoweit zur Konkursmasse, als sie nicht nach Maßgabe er §§ 850 ff. ZPO unpfändbar ist.[882]

§ 17 KO gewährt dem Konkursverwalter bei zweiseitigen Verträgen, sofern keiner der Vertragspartner seine Leistung zur Zeit der Eröffnung des Konkursverfahrens vollständig erfüllt hat, das Recht, zwischen Erfüllung und Nichterfüllung der vertraglichen Pflichten zu wählen. Wählt der Konkursverwalter Erfüllung, so wird der Anspruch des anderen Teils Masseanspruch gemäß § 59 I Nr. 2 KO.[883] Lehnt der Konkursverwalter dagegen die Erfüllung ab, so steht dem anderen Vertragsteil Schadensersatz wegen Nichter-

---

877 Vgl. Jaeger-Henckel (1977), § 3, Rdnr. 20.
878 Vgl. Jaeger-Henckel (1977), § 3, Rdnr. 24.
879 Vgl. Kuhn/Uhlenbruck (1994), § 3, Rdnr. 21; Jaeger (1926), S. 157.
880 Vgl. Heider (1933), S. 57.
881 Vgl. Rohrer (1991), S. 131.
882 Vgl. Hess (1993), § 1, Rdnr. 38.
883 Vgl. Kuhn/Uhlenbruck (1994), § 17, Rdnr. 23 b.

füllung zu. Dieser Schadensersatzanspruch ist dann bloße Konkursforderung gemäß § 26 KO.[884]

Es stellt sich nun die Frage, ob § 17 KO - zumindest entsprechend - auch auf gegenseitige Nebenleistungspflichten im Konkurs des Gesellschafters anwendbar ist. Dies wird - ohne nähere Begründung - überwiegend bejaht.[885] Eine Mindermeinung dagegen verneint die (entsprechende) Anwendung des § 17 KO;[886] sie verdient m.E. Zustimmung. Die Nebenleistungspflicht als Bestandteil des Geschäftsanteils bleibt mit diesem fest verbunden. Der Konkursverwalter kann auf den Geschäftsanteil als Verwertungsobjekt nur so zugreifen, wie er ihn im Zeitpunkt des Konkursbeschlags vorfindet,[887] er hat somit auch die Pflichten, die den Geschäftsanteil belasten, zu erfüllen. Ihm steht deshalb das Wahlrecht des § 17 KO nicht zu. Schließlich kann (muß) der Konkursverwalter den Geschäftsanteil ja verwerten, womit er die Erfüllung der Nebenleistungspflicht vermeiden kann. Behält er einstweilen den Geschäftsanteil und verweigert er die Erfüllung der Nebenleistungspflicht, so liegt eine Leistungsstörung (positive Forderungsverletzung) vor. Eventuelle Schadensersatzansprüche sind dann Masseansprüche nach § 59 I Nr. 1 KO.[888] Des weiteren kann, was die Rechtsfolgen anbelangt, auf die Ausführungen zu den Leistungsstörungen bei gegenseitigen Nebenleistungspflichten verwiesen werden.[889] Danach kann der Gesellschafter unter bestimmten Voraussetzungen auch aus wichtigem Grund von der GmbH ausgeschlossen werden.

Die §§ 19-21 KO regeln die Auswirkungen des Konkurses auf Miet- und Pachtverträge. Unter bestimmten Voraussetzungen gewährt § 19 KO dem Konkursverwalter ein Kündigungsrecht. § 20 KO gewährt unter bestimmten Voraussetzungen dem anderen Vertrags-

---

884 Vgl. Jaeger-Henckel (1980), § 17, Rdnr. 170; Kuhn/Uhlenbruck (1994), § 17, Rdnr. 36.

885 Vgl. Geßler-Hefermehl/Bungeroth (1984), § 55, Rdnr. 35; Kölner Kommentar-Lutter (1988), § 55, Rdnr. 25; Heider (1933), S. 58; Rohrer (1991), S. 130; Kuhn/Uhlenbruck (1994), § 17, Rdnr. 9 a; Klaus Müller (1991), § 7, Rdnr. 54; Jaeger-Henckel (1980), § 17, Rdnr. 39.

886 Vgl. Amend (1936), S. 33 f.; Finke (1931), S. 72; Orel (1961), S. 133 f.; Hachenburg-Ulmer (1990), § 3, Rdnr. 103.

887 Vgl. BGH (12.6.1975), BGHZ 65, 22, 24 f.

888 Kuhn/Uhlenbruck (1994), § 59, Rdnr. 2 f. allgemein für Schadensersatzansprüche.

889 Vgl. oben S. 163 ff.

partner ein Rücktrittsrecht. Wie oben schon dargestellt wurde, ist weder ein Kündigungsrecht noch ein Rücktrittsrecht mit der Rechtsnatur der Nebenleistungspflicht vereinbar.[890] Diese konkursrechtlichen Normen können somit auf das Nebenleistungsverhältnis keine Anwendung finden. Das gleiche gilt für § 22 KO, welcher bei einem Dienstverhältnis beiden Teilen ein Kündigungsrecht einräumt. Auch diese Norm findet auf das Nebenleistungsverhältnis keine Anwendung.

7.2 Nebenleistungspflichten im Konkurs der GmbH

Gemäß § 63 I GmbHG findet über das Vermögen der GmbH das Konkursverfahren außer im Falle der Zahlungsunfähigkeit auch im Falle der Überschuldung statt. Durch die Eröffnung des Konkursverfahrens wird die GmbH aufgelöst (§ 60 I Nr. 4 GmbHG). Dies bewirkt jedoch nicht den Untergang des Nebenleistungsverhältnisses. Die GmbH besteht mit dem - allerdings veränderten -Zweck der konkursmäßigen Befriedigung der Gläubiger fort. Als Bestandteil des Geschäftsanteils hat deshalb das Nebenleistungsverhältnis trotz der Konkurseröffnung grundsätzlich Bestand,[891] allerdings werden sich nicht selten durch das Konkursverfahren auch Auswirkungen auf die Nebenleistungspflichten und deren Durchführung ergeben.

Durch die Eröffnung des Konkursverfahrens wird das gesamte Gesellschaftsvermögen zur Konkursmasse. Hierzu gehören neben dem Anlagevermögen und der Firma auch das Umlaufvermögen sowie alle Forderungen der GmbH. Letzteres beinhaltet auch die Ansprüche gegen Gesellschafter aus einem Nebenleistungsverhältnis.[892] Die Ansprüche aus einem Nebenleistungsverhältnis gehören jedoch nur mit der Einschränkung zur Konkursmasse, daß sie einen Vermögenswert haben und der Zwangsvollstreckung unterliegen (§ 1 I KO). Zudem muß bei der näheren Betrachtung hinsichtlich des Fälligkeitszeitpunktes der Nebenleistungspflichten differenziert werden:

---

890 Vgl. oben S. 164 u. S. 173 ff.

891 Vgl. Heider (1933), S. 53; Rohrer (1991), S. 121.

892 Vgl. Kilger/Karsten Schmidt (1993), § 207, 5; Kuhn/Uhlenbruck (1986), Vorb. D zu § 207, Rdnr. 14 g.

Die bis zum Zeitpunkt der Eröffnung des Konkursverfahrens fälligen und noch nicht erbrachten Nebenleistungen gehören zur Konkursmasse und sind vom Konkursverwalter einzuziehen.[893] Handelt es sich dabei um eine gegenseitige Nebenleistungspflicht, so stellt der Anspruch des Gesellschafters auf die Gegenleistung eine Konkursforderung dar.[894] Hat der Gesellschafter vor Eröffnung des Konkursverfahrens eine gegenseitige Nebenleistungspflicht seinerseits erfüllt, so ist sein Anspruch auf das rückständige Entgelt für die Nebenleistungspflicht ebenso eine Konkursforderung.[895] Etwas anderes gilt jedoch dann, wenn es sich bei der rückständigen Gegenleistung um einen Arbeitnehmeranspruch i.S. von § 59 I Nr. 3 KO handelt. In diesem Fall handelt es sich bei dem Gegenleistungsanspruch des Gesellschafters dann um einen Masseanspruch, soweit sich dieser Gegenleistungsanspruch auf den in § 59 I Nr. 3 KO genannten Zeitraum bezieht.

Beschließen die Gesellschafter nach Eröffnung des Konkursverfahrens eine Gesellschaftsvertragsänderung[896] zur Einführung von Nebenleistungspflichten, beispielsweise finanzielle Zuschüsse, um die Fortsetzung der GmbH zu ermöglichen, so sind die daraus resultierenden Ansprüche der GmbH konkursfreier Neuerwerb, sie gehören dann also nicht zur Konkursmasse.[897]

Für die nach der Eröffnung des Konkursverfahrens fälligen Nebenleistungspflichten stellt sich die Frage, ob sie überhaupt noch zu leisten sind. Durch die Eröffnung des Konkursverfahrens und die damit

---

893 Vgl. Geßler-Hefermehl/Bungeroth (1984), § 55, Rdnr. 34; Rohrer (1991), S. 122; Kilger/Karsten Schmidt (1993), § 207, 5.

894 Vgl. Heider (1933), S. 53.

895 Vgl. Finke (1931), S. 73; Kuhn/Uhlenbruck (1994), Vorb. D zu § 207, Rdnr. 30.

896 Eine Gesellschaftsvertragsänderung im Konkurs der GmbH ist zulässig, soweit nicht der Konkurszweck entgegensteht; vgl. Scholz-Karsten Schmidt (1988), § 63, Rdnr. 63; Robrecht (1968), S. 472; a.A. OLG (5.7.1957), GmbHR 1958, S. 180 f. Eine Gesellschaftsvertragsänderung, die der Vorbereitung der Fortsetzung der Gesellschaft nach Konkursende dient, ist deshalb zulässig; vgl. Hachenburg-P. Ulmer (1991), § 63, Rdnr. 95; für den speziellen Fall der Kapitalerhöhung vgl. Winnefeld (1976), S. 1203 f.

897 Vgl. Jaeger-Weber (1973), §§ 207, 208, Rdnr. 54; Feine (1929), S. 670; a.A. Karsten Schmidt (1982), S. 1016 ff., der jegliches konkursfreies Vermögen bei Handelsgesellschaften ablehnt; auch der Hinzuerwerb nach Konkurseröffnung gehöre zur Konkursmasse.

verbundene Auflösung der GmbH hat sich nämlich der Gesellschaftszweck geändert. Dieser besteht nun darin, das zur Konkursmasse gehörende Vermögen an die Gläubiger zu verteilen. Die Nebenleistungspflichten dienen im Gegensatz zur Stammeinlage nicht dem Schutz der Gläubigerinteressen,[898] sondern grundsätzlich der Gesellschaft. Die obigen allgemeinen Ausführungen[899] zum Schicksal der Nebenleistungspflichten im Falle der Auflösung der GmbH lassen sich auf den speziellen Fall der Auflösung aufgrund der Eröffnung des Konkursverfahrens übertragen: Die Nebenleistungspflichten sind grundsätzlich zu erfüllen, es sei denn, daß sie ihrem Sinn und ihrer Funktion nach mit dem Konkurszweck nicht vereinbar sind. Dies festzustellen ist wie bei der Auflösung eine Sache der Auslegung des Gesellschaftsvertrags. Ist die Erfüllung der Nebenleistungspflichten mit dem Konkurszweck nicht vereinbar, so ruhen sie, ansonsten sind sie Bestandteil der Konkursmasse.

Sind die Gesellschafter beispielsweise dazu verpflichtet, der GmbH Rohstoffe für die Produktion zu liefern, so ruhen diese Lieferpflichten im Konkurs der GmbH, wenn der Konkursverwalter mit Eröffnung des Konkursverfahrens den Produktionsbetrieb der GmbH einstellt. Entschließt sich der Konkursverwalter dagegen zur Fortführung des Unternehmens, so bleiben diese Lieferpflichten bestehen. Es ist aber auch denkbar, daß Nebenleistungspflichten vereinbart werden, die gerade im Falle der Eröffnung des Konkursverfahrens die Gesellschafter zur Zahlung einer bestimmten Geldsumme verpflichten, um so beispielsweise einen Zwangsvergleich zu ermöglichen. Eine solche Nebenleistungspflicht ruht im Konkursverfahren freilich nicht, denn ihrer Funktion nach ist sie ja gerade für diesen Fall vereinbart worden.

Wird das Konkursverfahren nach Abschluß eines Zwangsvergleichs aufgehoben oder auf Antrag des Gemeinschuldners eingestellt und beschließen die Gesellschafter die Fortsetzung der Gesellschaft (§ 60 I Nr. 4 GmbHG), so leben die ruhenden Nebenleistungspflichten wieder auf.

Andererseits gibt es auch Nebenleistungspflichten, deren Fortbestehen durch die Eröffnung des Konkursverfahrens nicht beeinträchtigt wird, man denke beispielsweise an die Erwerbsvorrechte, die auch

---

898 Vgl. Hachenburg-P. Ulmer (1990), § 3, Rdnr. 73.
899 Vgl. S. 182 f.

während des Konkursverfahrens die Steuerung der Zusammensetzung des Gesellschafterkreises sicherstellen. Derartige Pflichten muß der Gesellschafter auch im Konkurs der GmbH erfüllen.

Die §§ 17, 19-22 KO finden im Konkursverfahren über das Vermögen der GmbH keine Anwendung. Das Recht des Konkursverwalters, bei gegenseitigen Nebenleistungspflichten eventuell eine Weiterleistung zu verlangen, ergibt sich aus der Körperschaftsautonomie[900] sowie aus dem Sinn und Zweck der Nebenleistungspflicht selbst. Bei gegenseitigen Nebenleistungspflichten kommt deshalb auch kein Schadensersatzanspruch des Gesellschafters wegen Nichterfüllung in Betracht, wenn der Konkursverwalter eine Weiterleistung nicht verlangt. Verlangt der Konkursverwalter dagegen die Weiterleistung einer gegenseitigen Nebenleistungspflicht, weil er das Unternehmen vorübergehend weiterführt, so begründet er damit eine Masseschuld gemäß § 59 I Nr. 2 KO.[901]

900 Vgl. Orel (1961), S. 141.
901 Vgl. Orel (1961), S. 141.

8. FORMULIERUNGSVORSCHLÄGE

Nachdem die Nebenleistungspflichten unter verschiedenen Aspekten betrachtet wurden, sollen nun zum Schluß dieser Arbeit einige aus den Nebenleistungspflichten resultierende Gestaltungsmöglichkeiten durch Formulierungsvorschläge "in die Praxis" umgesetzt werden. Dies erfolgt anhand zweier verschiedener GmbH-Modelle, nämlich einer Familien-GmbH und einer GmbH zur Vermarktung landwirtschaftlicher Erzeugnisse. Die Formulierungsvorschläge beschränken sich dabei auf die Klauseln des Gesellschaftsvertrages, die Nebenleistungspflichten beinhalten.

8.1 Die Familien-GmbH

§ 1

Nebenleistungspflichten

Den Gesellschaftern werden im Sinne von § 3 II GmbHG folgende Verpflichtungen gegenüber der GmbH (sog. Nebenleistungspflichten) auferlegt:

1. Die Gesellschafter A und B sind verpflichtet, solange sie dieser GmbH angehören und das 60. Lebensjahr noch nicht vollendet haben, als Geschäftsführer der GmbH tätig zu sein und ihre ganze Arbeitskraft in den Dienst der Gesellschaft zu stellen. Die Geschäftsführervergütung und weitere Einzelheiten werden in gesonderten Dienstverträgen geregelt. Der Inhalt dieser Dienstverträge wird durch den Beirat bestimmt. Ist ein solcher nicht vorhanden, so beschließt über den Inhalt der Dienstverträge die Gesellschafterversammlung mit einfacher Mehrheit der abgegebenen Stimmen.

2. Allen Gesellschaftern ist es untersagt, mittelbar oder unmittelbar mit der GmbH in Wettbewerb zu treten.

3. Verheiratete Gesellschafter sind verpflichtet, entweder durch Ehevertrag Gütertrennung zu vereinbaren oder, falls sie Gütergemeinschaft vereinbart haben, die Beteiligung an der Gesell-

schaft im Ehevertrag zum Vorbehaltsgut des Gesellschafters zu erklären und dies im Güterrechtsregister eintragen zu lassen oder, falls sie im Stande der Zugewinngemeinschaft leben, durch Ehevertrag zu vereinbaren, daß der Gesellschafter den Beschränkungen des § 1365 BGB nicht unterliegt.[902]

4. Die Gesellschafterversammlung kann, sofern die GmbH finanzielle Mittel benötigt, mit einfacher Mehrheit beschließen, daß alle Gesellschafter entsprechend ihrem Geschäftsanteil verpflichtet sind, der GmbH Darlehen bis zu einem Betrag in Höhe ihres Geschäftsanteils zu gewähren. Die Darlehen werden nicht verzinst. Die Laufzeit wird durch die Gesellschafterversammlung entsprechend den Bedürfnissen der GmbH festgesetzt.

5. Über die Verwendung des Jahresergebnisses (Jahresüberschuß zuzüglich Gewinnvortrag abzüglich Verlustvortrag) beschließt die Gesellschafterversammlung mit einfacher Mehrheit.

   Beschließt die Gesellschafterversammlung eine Ausschüttung des Jahresergebnisses, so kann sie diesen Ausschüttungsbetrag ganz oder teilweise als wiedereinlagepflichtig kennzeichnen. In diesem Fall sind die Gesellschafter dann verpflichtet, die als wiedereinlagepflichtig gekennzeichneten Beträge der GmbH zur Bildung einer offenen Rücklage zurückzugewähren, wenn sich aus diesem Verfahren ein Steuervorteil für die Gesellschaft ergibt.[903] Die Gesellschafter sind verpflichtet, der GmbH alle Auskünfte zu erteilen, die für eine Beurteilung der Vorteilhaftigkeit dieses Verfahrens notwendig sind.

6. Wird ein Gesellschafter nicht ausschließlich von seinen leiblichen Abkömmlingen, Mitgesellschaftern oder seinem Ehegatten beerbt, so sind die Erben des Geschäftsanteils verpflichtet, entsprechend einem mit einfacher Mehrheit gefaßten Gesellschafterbeschluß, bei dem das Stimmrecht der Erben ruht, den Geschäftsanteil an die GmbH, an einen oder mehrere Mitgesellschafter oder an Dritte zu übertragen. Hierfür erhalten die Erben ein Entgelt in Höhe von 90% des Verkehrswertes des Geschäftsanteils.

---

902 Münchener Vertragshandbuch (1992), S. 410.
903 Vgl. Ehlke (1987), S. 677.

7. Jeder Gesellschafter kann seinen Geschäftsanteil oder Teile davon an seine leiblichen Abkömmlinge, Mitgesellschafter oder seinen Ehegatten abtreten. Beabsichtigt ein Gesellschafter, seinen Geschäftsanteil oder Teile davon an Personen zu veräußern, die nicht dem soeben genannten Personenkreis angehören, so ist er verpflichtet, den Geschäftsanteil zu einem Preis von 90% des Verkehrswertes seinen Mitgesellschaftern schriftlich zum Kauf anzubieten. Hierbei muß der Gesellschafter den Mitgesellschaftern eine Annahmefrist von drei Monaten gewähren.

   Den Mitgesellschaftern steht das Erwerbsrecht in dem Verhältnis zu, in welchem die Nennbeträge der von ihnen gehaltenen Geschäftsanteile zueinander stehen.[904] Macht ein Mitgesellschafter von seinem Erwerbsrecht keinen Gebrauch, so muß der veräußerungswillige Gesellschafter dies den Mitgesellschaftern unverzüglich mitteilen und ihnen diesen Teil des Geschäftsanteils zu den gleichen Bedingungen anbieten, allerdings mit einer Annahmefrist von einem Monat.

   Die vollständige oder teilweise Abtretung des Geschäftsanteils oder Teilen davon an Personen, die weder leibliche Abkömmlinge, Mitgesellschafter noch Ehepartner des Gesellschafters sind, ist nur wirksam, wenn der veräußerungswillige Gesellschafter seine Anbietungspflicht gemäß Gesellschaftsvertrag erfüllt hat und alle übrigen Gesellschafter der Abtretung zugestimmt haben.

8. Wird über das Vermögen eines Gesellschafters das Konkurs- oder Vergleichsverfahren eröffnet bzw. die Eröffnung mangels Masse abgelehnt oder in seinen Geschäftsanteil die Zwangsvollstreckung betrieben, so ist der Gesellschafter verpflichtet, entsprechend einem mit einfacher Mehrheit gefaßten Gesellschafterbeschluß, bei dem sein Stimmrecht ruht, seinen Geschäftsanteil an die GmbH, an einen oder mehrere Mitgesellschafter oder an Dritte zu übertragen. Hierfür erhält er ein Entgelt in Höhe von 90% des Verkehrswertes des Geschäftsanteils.

904 Münchener Vertragshandbuch (1992), S. 386.

8.2 GmbH zur Vermarktung landwirtschaftlicher Erzeugnisse

§ 1

Nebenleistungspflichten

Den Gesellschaftern werden im Sinne von § 3 II GmbHG folgende Verpflichtungen gegenüber der GmbH (sog. Nebenleistungspflichten) auferlegt:

1. Die Gesellschafter sind verpflichtet, pro 1 000 DM Geschäftsanteil einen Hektar Land mit den Obstsorten A, B oder C zu bepflanzen und die daraus resultierende Ernte ausschließlich der GmbH zu liefern. Als Gegenleistung erhalten die Gesellschafter ein Entgelt, das sich an den Marktpreisen für derartige Lieferungen orientiert und durch die Geschäftsführung am Ende des Kalenderjahres bestimmt wird. Dieses Entgelt wird jährlich im März ohne Verzinsung ausbezahlt.

2. Die Gesellschafter sind verpflichtet, zu Beginn eines jeden Kalenderjahres ihre auf die jeweilige Obstsorte entfallende Anbaufläche der Gesellschaft mitzuteilen. Die Gesellschafterversammlung beschießt mit einfacher Mehrheit "Richtlinien für den Obstanbau". Darin werden u.a. die Obstsorten und Insektenbekämpfungsmittel, die verwendet werden dürfen bzw. müssen, aufgezählt. Alle Gesellschafter sind verpflichtet, diese Richtlinien einzuhalten. Die Gesellschafter sind ferner verpflichtet, die Besichtigung ihres Betriebes durch die Geschäftsführung zwecks Überprüfung der Einhaltung der Richtlinien zu dulden. Die Geschäftsführung muß die Besichtigung beim betreffenden Gesellschafter nicht anmelden.

3. Zuwiderhandlungen können mit einer Vertragsstrafe im Einzelfall bis zu 20 000 DM belegt werden. Die Höhe der Vertragsstrafe richtet sich nach der Schwere des Vergehens und wird durch die Geschäftsführung festgelegt.

4. Ist ein Gesellschafter nicht in der Lage, pro 1 000 DM Geschäftsanteil einen Hektar Land mit den Obstsorten A, B oder C zu bepflanzen und die daraus resultierende Ernte ausschließlich der GmbH zu liefern, so ist er verpflichtet, seinen Geschäftsanteil

an diejenige Person zu einem Preis von 90% des Verkehrswertes zu übertragen, die durch einen Beschluß der Gesellschafterversammlung mit einfacher Mehrheit bestimmt wird. Diese Person muß in der Lage sein, pro 1 000 DM Geschäftsanteil einen Hektar Land mit den Obstsorten A, B oder C zu bepflanzen. Eine Abtretung des Geschäftsanteils an eine Person, die diese Anbaupflicht nicht erfüllen kann, ist unwirksam.

Findet sich keine geeignete Person, die diesen Geschäftsanteil übernimmt, so wird dieser Geschäftsanteil von der GmbH eingezogen. Der Gesellschafter erhält eine Abfindung in Höhe von 90% des Verkehrswertes. Ist die Einziehung wegen § 30 I GmbHG nicht möglich, so stellt das, ohne daß es eines Gesellschafterbeschlusses bedarf, einen Grund für die Auflösung der GmbH im Sinne des § 60 II GmbHG dar und sie ist zu liquidieren.

5. Jeder Gesellschafter kann die Gesellschaft zum 31.12 eines jeden Jahres schriftlich kündigen. Die Kündigungsfrist beträgt 6 Monate. Die Kündigung ist erst wirksam, wenn sie jedem Mitgesellschafter und der Geschäftsführung ordnungsgemäß durch Einschreiben zugegangen ist. Durch die wirksame Kündigung wird der Gesellschafter verpflichtet, seinen Geschäftsanteil an diejenige Person zu einem Preis von 90% des Verkehrswertes zu übertragen, die durch einen Beschluß der Gesellschafterversammlung mit einfacher Mehrheit bestimmt wird. Diese Person muß in der Lage sein, pro 1 000 DM Geschäftsanteil einen Hektar Land mit den Obstsorten A, B, oder C zu bepflanzen. Eine Abtretung des Geschäftsanteils an eine Person, die diese Bepflanzungspflicht nicht erfüllen kann, ist unwirksam.

   Findet sich keine geeignete Person, die diesen Geschäftsanteil übernimmt, so wird dieser Geschäftsanteil von der GmbH eingezogen. Der Gesellschafter erhält eine Abfindung in Höhe von 90% des Verkehrswertes. Ist die Einziehung wegen § 30 I GmbHG nicht möglich, so stellt das, ohne daß es eines Gesellschafterbeschlusses bedarf, einen Grund für die Auflösung der GmbH im Sinne des § 60 II GmbHG dar und sie ist zu liquidieren.

9. ZUSAMMENFASSUNG

Der bis heute unveränderte § 3 II GmbHG ermöglicht es, daß den Gesellschaftern einer GmbH im Gesellschaftsvertrag neben der Stammeinlagepflicht weitere Mitgliederpflichten, sogenannte Nebenleistungspflichten, auferlegt werden können. Diese Art von Mitgliederpflichten, insbesondere die Zuckerrübenlieferungspflichten, waren für die Entstehung der GmbH von Bedeutung, denn der damals wichtigen Zuckerindustrie fehlte eine geeignete Gesellschaftsform. Des weiteren sind die Nebenleistungspflichten ein wesentliches Kennzeichen des individualistischen Prinzips, dessen Verbindung mit der "beschränkten Haftbarkeit" der Mitglieder in der Diskussion um die Einführung einer neuen Gesellschaftsform gefordert wurde.

Als Nebenleistungspflichten können grundsätzlich Pflichten beliebiger Art festgelegt werden, es besteht Gestaltungsfreiheit wie im Schuldrecht. So ist es auch möglich, daß die Nebenleistungspflichten die Stammeinlagepflicht hinsichtlich ihrer wirtschaftlichen Bedeutung übertreffen und somit die eigentlichen Hauptpflichten der Gesellschafter darstellen.

Den Gesellschaftern können sowohl positive Leistungs- als auch (negative) Unterlassungspflichten auferlegt werden. Hinsichtlich ihres Gegenstandes lassen sich die Nebenleistungspflichten in Geldleistungs-, Sachleistungs- und Dienstleistungspflichten sowie in Pflichten zur Übertragung von Rechten und sonstige Nebenleistungspflichten strukturieren. Als Alternative dazu bietet sich eine an den (betriebswirtschaftlichen) Funktionen orientierte Strukturierung der Nebenleistungspflichten an.

Nebenleistungspflichten mit Finanzierungsfunktion sind beispielsweise Zuschüsse, Agio, Verlustausgleichspflicht, Gesellschafterdarlehen und Kreditsicherungspflichten. Der betriebswirtschaftlichen Funktion "Beschaffung" können sämtliche einmaligen und wiederkehrenden Lieferpflichten zugeordnet werden: Die Pflicht, an die GmbH bestimmte Sachen (Produktionsanlagen, Fahrzeuge, Immobilien, etc.) und Rechte (Patente, Lizenzen, etc.) zu leisten sowie wiederkehrende bzw. dauernde Lieferpflichten (Rohstoffe, Vorprodukte, etc.). Ebenso wie gesellschaftsvertraglich die Beschaffungswege der GmbH vorherbestimmt werden können, ist es auch möglich, die Absatz- bzw. Vertriebswege gesellschaftsvertraglich zu fixieren. Ein Beispiel hierfür ist die gemeinsame Einkaufs-GmbH mit Abnahmepflichten der Gesellschafter. Als Nebenleistungspflichten können den Gesellschaftern auch beliebige Mitarbeitspflichten auferlegt werden. Bekanntestes Beispiel hierfür ist die Pflicht, als Geschäftsführer für die GmbH tätig zu sein. Diese Nebenleistungspflichten können dem Bereich "Personal" zugeordnet werden.

Ein wichtiger Anwendungsbereich der Nebenleistungspflichten ist die Steuerung der Zusammensetzung des Gesellschafterkreises der GmbH. Durch die Pflicht der Gesellschafter, ihren Geschäftsanteil z.B. der GmbH, einem von ihr zu bestimmenden Dritten oder den Mitgesellschaftern zu übertragen oder zum Kauf anzubieten, wenn bestimmte Ereignisse (Erbfall, Verkaufsabsicht, Insolvenz, etc.) eintreten, kann der Kreis von Gesellschaftern vor unerwünschten "Eindringlingen" geschützt werden.

Als weitere Nebenleistungspflichten seien das Wettbewerbsverbot, Vertragsstrafen und die Duldungspflichten (z.B. Duldung nachbarlichen Lärms oder Rauchs) genannt.

Die Nebenleistungspflichten können entgeltlich oder unentgeltlich ausgestaltet werden, auch ist es möglich, den Gesellschaftern für die Übernahme der Pflichten korrespondierende Gesellschafterrechte einzuräumen. Des weiteren können die Nebenleistungspflichten auch bedingt oder befristet ausgestaltet werden, so daß das Entstehen oder das Erlöschen einer Nebenleistungspflicht von bestimmten Ereignissen oder Fristen abhängig ist.

Was die Bedeutung der Nebenleistungspflichten in der Praxis anbelangt, so belegen rechtstatsächliche Untersuchungen einen Anteil von Gesellschaftsverträgen mit Nebenleistungspflichten, der zwischen 39 % und 82 % lag, wobei die Erwerbsvorrechte eindeutig die dominierende Rolle spielten, während Sach-, Geld- und Dienstleistungspflichten nur selten in den Gesellschaftsverträgen zu finden waren.

Im Gegensatz zur Stammeinlage handelt es sich bei den Nebenleistungspflichten um einen fakultativen Bestandteil des Gesellschaftsvertrags. Für sie gelten nicht die strengen Grundsätze, die dem Bestandsschutz der GmbH und der Kapitalerhaltung dienen. Hinsichtlich des Gegenstandes handelt es sich bei der Nachschußpflicht im

Gegensatz zur Nebenleistungspflicht immer um eine Geldzahlung. Hinsichtlich der Rückzahlung von eingezahlten Nachschüssen gelten zudem die erschwerenden Bestimmungen des § 30 II GmbHG. Nebenleistungspflichten unterscheiden sich von schuldrechtlichen Vereinbarungen vor allem darin, daß sie an den Geschäftsanteil gebunden und somit Bestandteil der Mitgliedschaft sind und dessen Schicksal teilen. Die Gesellschafter sind in ihrer Entscheidung, ob sie Verpflichtungen gegenüber der GmbH auf rein schuldrechtlicher Basis vereinbaren oder sie als Nebenleistungspflichten in den Gesellschaftsvertrag aufnehmen, frei. Diese Wahlfreiheit gilt grundsätzlich unabhängig vom Umfang und Gegenstand der Nebenleistungspflichten.

In zwei sehr bedenklichen Entscheidungen hob der *BGH* jedoch die Trennung beider Rechtssphären auf und stellte den Grundsatz auf, daß ein Verstoß gegen eine von allen Gesellschaftern außerhalb der Satzung eingegangene schuldrechtliche Bindung die Anfechtung des betreffenden, im Widerspruch zur schuldrechtlichen Bindung stehenden Gesellschafterbeschlusses rechtfertigt. Übertrieben formuliert führt diese Ansicht letzten Endes dazu, daß es gleichgültig ist, ob die auf die Gesellschaft bezogenen Vereinbarungen der Gesellschafter im Gesellschaftsvertrag oder auf rein schuldrechtlicher Ebene abgeschlossen werden, denn auch letzteres unterliegt den gesellschaftsrechtlichen Regeln. Folglich würden beispielsweise die **gesellschafts**rechtlichen Rechtsbehelfe (Auflösung, Austritt und Ausschluß aus wichtigem Grund, Zustimmungspflicht kraft Treuepflicht) auch dann zur Anwendung gelangen, wenn ein Gesellschafter seine **schuld**rechtlichen Verpflichtungen gegenüber der GmbH nicht erfüllt hat. Diese Ansicht des *BGH* ist deshalb strikt abzulehnen. Die Beteiligten können im jeweiligen Einzelfall selbst entscheiden, auf welcher Ebene sie welche Vereinbarungen treffen. Sie müssen dann aber auch die entsprechenden Vorteile (z.B. keine Publizität der schuldrechtlichen Vereinbarung) und Nachteile (z.B. umständlicher Klageweg bei Durchsetzung der Vereinbarung) in Kauf nehmen. Dieser Konsequenz ist der *BGH* nicht gefolgt.

Das GmbHG äußert sich bezüglich der Nebenleistungspflichten nur kurz in § 3 II und schreibt dort vor, daß sie der Aufnahme in den Gesellschaftsvertrag bedürfen. Die rechtliche Behandlung der Nebenleistungspflichten und die Gestaltungsgrenzen bei ihrer Statuierung ergeben sich deshalb aus allgemeinen Rechtsgrundsätzen.

Für eine rechtswirksame Statuierung von Nebenleistungspflichten ist es notwendig, daß sie hinreichend bestimmt oder zumindest aus objektiv gegebenen und nachprüfbaren Umständen bestimmbar sind. Die §§ 315 ff. BGB sind auf sie grundsätzlich entsprechend anwendbar. Auch ist es erforderlich, daß der Umfang der Nebenleistungspflichten aus dem Gesellschaftsvertrag ersichtlich ist, denn nur durch diesen kann sich ein Gesellschafter bzw. Geschäftsanteilserwerber über seine gesellschaftsrechtlichen Pflichten und Rechte informieren. Entgegen der h.M. kann dem Gesellschafter m.E. auch eine unbeschränkte, dennoch aber bestimmbare Nebenleistungspflicht auferlegt werden. Aufgrund entsprechender Anwendung des § 27 GmbHG steht ihm dann das Abandonrecht zu.

Der Grundsatz der Gleichbehandlung besagt im Gesellschaftsrecht, daß die Gesellschafter unter gleichen Voraussetzungen prinzipiell gleich zu behandeln sind. Dieser Grundsatz kann jedoch im Gesellschaftsvertrag abbedungen werden. Er spielt somit bei Gründung der GmbH keine Rolle, denn durch Abschluß des Gesellschaftsvertrags billigen die Gesellschafter ihre etwaige Ungleichbehandlung. Die Gesellschafter können infolgedessen unterschiedlich mit Nebenleistungspflichten belastet werden.

Eine weitere Gestaltungsgrenze ergibt sich aus dem Kartellrecht. § 1 I GWB erklärt Verträge für unwirksam, die Unternehmen zu einem gemeinsamen Zweck schließen, soweit sie geeignet sind, die Erzeugung oder die Marktverhältnisse für den Verkehr mit Waren oder gewerblichen Leistungen durch Beschränkung des Wettbewerbs zu beeinflussen. Dieses Kartellverbot kann auch die Nebenleistungspflichten betreffen. So beispielsweise Gemeinschaftsunternehmen (z.B. Einkaufs-, Verkaufs-, Produktionsgemeinschaft), bei denen die Bindungen zwischen GmbH und Gesellschafter durch Nebenleistungspflichten in Form von Abnahme- oder Lieferpflichten verfestigt sind. Das Wettbewerbsverbot bei Gesellschaftern einer personalistisch ausgestalteten GmbH dürfte i.d.R. kartellrechtlich unproblematisch sein. Durch die §§ 2 bis 8 GWB schuf der Gesetzgeber einige Ausnahmetatbestände zum Kartellverbot, nämlich Konditionen-, Rabatt-, Strukturkrisen-, Normen- und Typen-, Rationalisierungs-, Spezialisierungs-, Kooperations-, Ausfuhr- und Einfuhrsowie Sonderkartelle. Des weiteren schränkte der Gesetzgeber durch die Bereichsausnahmen der §§ 99 bis 103a GWB das Kartellverbot für Beförderungsunternehmen, Erzeugervereinigungen,

Kreditinstitute und Versicherungsunternehmen, Verwertungsgesellschaften sowie Versorgungsunternehmen ein.

Um nachträglich den Gesellschaftern Nebenleistungspflichten aufzuerlegen bzw. bestehende Nebenleistungspflichten zu erhöhen, bedarf es einer Gesellschaftsvertragsänderung. Diese Art der Gesellschaftsvertragsänderung stellt eine Leistungsvermehrung dar, deshalb ist an sich die Zustimmung sämtlicher beteiligter Gesellschafter notwendig. Die Zustimmung der beteiligten Gesellschafter ist jedoch entbehrlich, wenn die Gesellschafter aufgrund der Treuepflicht verpflichtet sind, der Leistungsvermehrung zuzustimmen. Dies ist grundsätzlich der Fall, wenn ein besonders gelagerter Ausnahmefall vorliegt, die in Frage stehende Leistungsvermehrung mit Rücksicht auf das bestehende Gesellschaftsverhältnis oder mit Rücksicht auf die Rechtsbeziehungen der Gesellschafter zueinander erforderlich ist und wenn die Leistungsvermehrung dem widerstrebenden Gesellschafter unter Berücksichtigung seiner eigenen Belange zumutbar ist. Ist der Gesellschafter aufgrund der Treuepflicht verpflichtet, einer Leistungsvermehrung zuzustimmen, so steht ihm kein Austrittsrecht aus wichtigem Grund zu.

Als Grundlage einer Zustimmungspflicht kommt an sich auch die Lehre vom Wegfall der Geschäftsgrundlage in Betracht. Da dieses Rechtsinstitut aber subsidiär wirkt, wird sie von der Zustimmungspflicht kraft Treuepflicht vollständig verdrängt, denn der Anwendungsbereich der Lehre vom Wegfall der Geschäftsgrundlage ist, bezogen auf die Zustimmungspflicht zu einer Leistungsvermehrung, enger als der der Treuepflicht.

§ 53 III GmbHG, wonach eine Leistungsvermehrung (also auch eine Erhöhung bzw. Neueinführung von Nebenleistungspflichten) nur mit Zustimmung sämtlicher beteiligter Gesellschafter beschlossen werden kann, ist abdingbar. Im Gesellschaftsvertrag kann also eine Mehrheitsklausel statuiert werden, wonach es der Zustimmung aller betroffenen Gesellschafter gemäß § 53 III GmbHG nicht bedarf, wenn es um die Neueinführung bzw. Erhöhung von Nebenleistungspflichten geht, sondern daß dafür z.B. die für eine "normale" Änderung des Gesellschaftsvertrags erforderliche Mehrheit ausreichend ist. Eine Obergrenze ist für die Nebenleistungspflichten nicht anzugeben. Da es sich bei der Unterwerfung unter eine derartige Mehrheitsklausel ähnlich einer unbeschränkten Nachschußpflicht praktisch um eine unbeschränkte Unterwerfung handelt, steht den

Gesellschaftern entsprechend § 27 I GmbHG ein Austrittsrecht zu. Um die Tragweite der Unterwerfung unter eine solche Mehrheitsklausel zu verdeutlichen, muß dieses Abandonrecht ausdrücklich in den Gesellschaftsvertrag aufgenommen werden. Soll eine solche Mehrheitsklausel verändert werden, so ist in jedem Falle die Zustimmung aller Gesellschafter der GmbH erforderlich.

Wie bei schuldrechtlichen Rechtsverhältnissen so können auch bei den Nebenleistungspflichten Leistungsstörungen auftreten. Aufgrund deren gesellschaftsrechtlicher Natur sind die schuldrechtlichen Bestimmungen des BGB nur entsprechend und unter Berücksichtigung der Besonderheiten des Gesellschaftsverhältnisses anwendbar. Wegen der Rechtsnatur der Nebenleistungspflicht, d.h. ihrer festen Verbindung mit dem Geschäftsanteil, ist das bei schuldrechtlichen Verträgen unter bestimmten Voraussetzungen entstehende Rücktrittsrecht auf das Nebenleistungsverhältnis nicht übertragbar. Des weiteren ist bei Leistungsstörungen eines Nebenleistungsverhältnisses stets zu untersuchen, ob und inwieweit davon das Gesellschaftsverhältnis betroffen wird. Folgende vier Auswirkungen auf das Gesellschaftsverhältnis sind dabei möglich:

- die Leistungsstörung stellt einen wichtigen Grund für die Auflösung der GmbH dar (§ 61 GmbHG)
- die Leistungsstörung berechtigt den betroffenen Gesellschafter zum Austritt aus wichtigem Grund
- aufgrund der Leistungsstörung kann der betroffene Gesellschafter aus der GmbH ausgeschlossen werden
- die Leistungsstörung verpflichtet den betroffenen Gesellschafter zur Zustimmung kraft Treuepflicht zu einer Gesellschaftsvertragsänderung, die die neuen Umstände berücksichtigt.

Bei den Tatbeständen, die zu einer Befreiung von den Nebenleistungspflichten führen, ist zu unterscheiden, ob die Gesellschafterstellung beibehalten wird oder ob der Gesellschafter seine Gesellschafterstellung verliert und somit "zwangsläufig" von seinen Nebenleistungspflichten befreit wird.

Der erste Fall ist dann gegeben, wenn der Gesellschafter seine Nebenleistungspflicht erfüllt hat, die Bedingung für das Bestehen der Nebenleistungspflicht fortfällt oder wenn die Nebenleistungspflicht im Wege der Gesellschaftsvertragsänderung aufgehoben wird. Eine

Kündigung oder Anfechtung der Nebenleistungspflicht unter Beibehaltung der Gesellschafterstellung ist nicht zulässig.

Durch die Abtretung, Preisgabe, Kaduzierung, Einziehung und Vererbung des Geschäftsanteils verliert der Gesellschafter seine Gesellschafterstellung und somit auch seine Nebenleistungspflicht. Wird die GmbH aufgelöst, so bestehen die Nebenleistungspflichten fort, es sei denn, daß sie dem Wesen der Liquidation widersprechen; ist letzteres gegeben, dann ruhen sie. Wird die GmbH fortgesetzt, so leben die Nebenleistungspflichten wieder auf. Selbstverständlich erlöschen die Nebenleistungspflichten mit der Löschung der GmbH im Handelsregister.

Wird über das Vermögen eines Gesellschafters das Konkursverfahren eröffnet, so stellen die Ansprüche der GmbH aus dem Nebenleistungsverhältnis Konkursforderungen dar. Bei entgeltlichen Nebenleistungspflichten gehört der Anspruch auf die Gegenleistung zur Konkursmasse des Gesellschafters. Die §§ 17 und 19-22 KO finden auf das Nebenleistungsverhältnis im Konkurs des Gesellschafters keine Anwendung.

Beim Konkursverfahren über das Vermögen der GmbH gehören die bis zum Zeitpunkt der Eröffnung des Konkursverfahrens fälligen und noch rückständigen Nebenleistungen zur Konkursmasse und sind vom Konkursverwalter einzuziehen. Ein etwaiger Gegenleistungsanspruch des Gesellschafters ist Konkursforderung. Nach Eröffnung des Konkursverfahrens fällige Nebenleistungspflichten sind grundsätzlich zu leisten und gehören zur Konkursmasse, es sei denn, daß sie ihrem Sinn und ihrer Funktion nach mit dem Konkurszweck nicht vereinbar sind; ist letzteres der Fall, so ruhen sie. Bei gegenseitigen Nebenleistungspflichten steht dem Konkursverwalter je nach Sinn und Zweck der Nebenleistungspflicht das Recht zu, die (Weiter-) Leistung zu verlangen. Tut er dies, so begründet er hinsichtlich des Gegenleistungsanspruches des Gesellschafters eine Masseschuld gemäß § 59 I Nr. 2 KO. Die §§ 17, 19-22 KO sind im Konkurs der GmbH nicht anwendbar.

Literaturverzeichnis

Achterrath, Oscar Fritz (1937), Die Nebenleistungspflichten bei der GmbH, Dissertation, Köln 1937.

Alternativkommentar-Bearbeiter (1979 ff.), Kommentar zum BGB, Reihe Alternativkommentare, herausgegeben von Wassermann, Rudolf, Darmstadt 1979 ff.

Amend, Hans-Joachim (1936), Das Nebenleistungsverhältnis bei der GmbH, Dissertation, Erlangen 1936.

Baumbach, Adolf/Hueck, Götz (1988), GmbH-Gesetz, 15. Auflage, München 1988.

Baur, Fritz/Stürner, Rolf (1983), Zwangsvollstreckungs-, Konkurs- und Vergleichsrecht, 11. Auflage, Heidelberg 1983.

Bendel-Reuter (1970), Kommentar zum Marktstrukturgesetz, Bonn 1970.

Benkendorff, G. (1962), Was ist unter "Beeinflussung der Marktverhältnisse" in § 1 des Gesetzes gegen Wettbewerbsbeschränkungen zu verstehen?, WRP 1962, 146-150.

Beuthien, Volker (1978), Gesellschaftsrecht und Kartellrecht, ZHR 1978, S. 259-300.

Binz, Mark K. (1992), Die GmbH & Co., 8. Auflage, München 1992.

Bötticher, Eduard (1964), Gestaltungsrecht und Unterwerfung im Privatrecht, Berlin 1964.

Brox, Hans (1995), Allgemeines Schuldrecht, 22. Auflage, München 1995.

Buchholz, Heinrich (1924), Die Nebenleistungspflichten bei der GmbH, Jherings Jahrbücher für die Dogmatik des bürgerlichen Rechts, 74. Band, Jena 1924, S. 260-357.

Bundesministerium der Justiz (Hrsg., 1969), Referentenentwurf eines Gesetzes über Gesellschaften mit beschränkter Haftung, Köln 1969.

Burkert, Manfred (1981), Die GmbH: Recht, Steuer, Betriebswirtschaft, Bielefeld 1981.

Crezelius, Georg (1991), Zivilrechtliche Aspekte des Schütt-aus-holzurück-Verfahrens, ZIP 1991, S. 499-503.

Däubler, Wolfgang (1965), Die Vererbung des Geschäftsanteils bei der GmbH, Köln 1965.

Dürr, Martin (1994), Nebenabreden im Gesellschaftsrecht, Frankfurt u.a. 1994.

Ebert, Erich (1904), Die Nebenleistungsaktiengesellschaft, Dissertation, Leipzig 1904.

Ehlke, Michael (1987), Ergebnisverwendungsregelungen in der GmbH nach dem BiRiLiG, DB 1987, S. 671-679.

Einem, Christoph von (1988), Kartellcharakter von Einkaufskooperationen, München 1988.

Emmerich, Volker (1994), Kartellrecht, 7. Auflage, München 1994.

Erman, Walter-Bearbeiter (1993), Handkommentar zum BGB, 9. Auflage, Band I, Münster 1993.

Esch, Günter (1978), Die gesellschaftsvertragliche Rückgewähr ausgeschütteter Gewinne der GmbH, NJW 1978, S. 2529-2566.

Esser, Robert II (1886), Die Gesellschaft mit beschränkter Haftbarkeit. Eine gesetzgeberische Studie, Berlin 1886.

Feine, Hans Erich (1929), Die Gesellschaft mit beschränkter Haftung, in: Ehrenbergs Handbuch des gesamten Handelsrechts, 3. Band, III. Abteilung, Leipzig 1929.

Fikentscher, Wolfgang (1992), Schuldrecht, 8. Auflage, Berlin u. New York 1992.

Finke, Hans (1931), Die Sonderleistungspflichten bei der GmbH, Dissertation, Gießen 1931.

Fischer, Robert (1953), Das Recht der oHG als ergänzende Rechtsquelle zum GmbH-Gesetz, GmbHR 1953, S. 131-137.

Fischer, Robert (1954), Fragen aus dem Recht der GmbH, JZ 1954, S. 426-428.

Fischer, Robert (1974), Gedanken über einen Minderheitenschutz bei den Personengesellschaften, in: Fischer, Robert u.a. (Hrsg.), Festschrift für Carl Hans Barz, Berlin u. New York 1974, S. 33-48.

Flechtheim, J. (1923), Die rechtliche Organisation der Kartelle, 2. Auflage, Mannheim, Berlin u. Leipzig 1923.

Flume, Werner (1977), Allgemeiner Teil des Bürgerlichen Rechts, 1. Bd., 1. Teil: Die Personengesellschaft, Berlin u.a. 1977.

Flume, Werner (1983), Allgemeiner Teil des Bürgerlichen Rechts, 1. Bd., 2. Teil: Die juristische Person, Berlin u.a. 1983.

Fränkel, Franz (1915), Die GmbH. Eine volkswirtschaftliche Studie, Tübingen 1915.

Frankfurter Kommentar-Bearbeiter (1993), Gesetz gegen Wettbewerbsbeschränkungen, 3. Auflage, Köln 1993.

Gansweid, Wolfgang (1976), Gemeinsame Tochtergesellschaften im deutschen Konzern- und Wettbewerbsrecht, Baden-Baden 1976.

Gasteyer, Thomas (1983), Probleme der Verlustübernahme bei der GmbH, BB 1983, S. 934-936.

Gemeinschaftskommentar-Bearbeiter (1980 ff.), Gesetz gegen Wettbewerbsbeschränkungen und Europäisches Kartellrecht, herausgegeben von Werner Benisch, 4. Auflage, Köln u.a. 1980 ff.

Geßler-Bearbeiter (1974 ff.), Aktiengesetz, Kommentar, herausgegeben von Geßler, Ernst/Hefermehl, Wolfgang/Eckardt, Ulrich/Kropff, Bruno, München 1974 ff.

Gleiss, Alfred/Hirsch, Martin (1993), Kommentar zum EG-Kartellrecht, 4. Auflage, Heidelberg 1993.

Göbel, Reinhard (1992), Mehrheitsentscheidungen in Personengesellschaften: Bestimmtheitsgrundsatz, materielle Beschlußkontrolle und Kernbereich der Mitgliedschaft, Baden-Baden 1992.

Gottschling, Helmut (1953), Schutz der GmbH vor Überfremdung - Die Gestaltung des Gesellschaftsvertrages, GmbHR 1953, S. 20-23.

Gramlich, Kunibert (1938), Die Mitgliedschaft und die Rechte und Pflichten der Genossen bei den Erwerbs- und Wirtschaftsgenossenschaften unter besonderer Berücksichtigung der Betriebsrechte und Betriebspflichten im Vergleich zu § 212 HGB und § 3 II GmbHG (Nebenleistungsverhältnis), Dissertation, Heidelberg 1938.

Großkommentar AktG-Bearbeiter (1973 ff.), Aktiengesetz, Großkommentar, 3. Auflage, Berlin u. New York 1973 ff.

Haarmann, Wilhelm (1979), Wegfall der Geschäftsgrundlage bei Dauerrechtsverhältnissen, Berlin 1979.

Hachenburg, Max-Bearbeiter (1990 ff.), GmbH-Gesetz, Großkommentar, 8. Auflage, Berlin 1990 ff.

Hadding, Walther (1979), Mehrheitsbeschlüsse in der Publikums-Kommanditgesellschaft, ZGR 1979, S. 636-647.

Hahn, C./Mugdan, B. (Hrsg., 1897), Die gesammten Materialien zu den Reichsjustizgesetzen, Band 6, Materialien zum Handelsgesetzbuch, Berlin 1897.

Heider, Gerhard (1933), Die Anwendbarkeit von individualrechtlichen Bestimmungen auf das Nebenleistungsverhältnis bei der GmbH, Dissertation, Rostock 1933.

Hennerkes, Brun-Hagen/Binz, Mark K. (1983), Abschied vom Bestimmtheitsgrundsatz, BB 1983, S. 713-717.

Henrich, Dieter (1965), Vorvertrag, Optionsvertrag, Vorrechtsvertrag, Berlin u. Tübingen 1965.

Herb, Sybille (1993), Rechtstatsachen zum Unternehmens- und Gesellschaftsrecht auf der Grundlage des Handelsregisters beim Amtsgericht Göppingen, unveröffentlichte Diplomarbeit, Stuttgart 1993.

Hess, Harald (1993), Kommentar zur Konkursordnung, 4. Auflage, Neuwied u.a. 1993.

Hey, Christian (1990), Ergänzende Vertragsauslegung und Geschäftsgrundlagenstörung im Gesellschaftsrecht, Ammersbek bei Hamburg 1990.

Hoffmann-Becking, Michael (1994), Der Einfluß schuldrechtlicher Gesellschaftervereinbarungen auf die Rechtsbeziehungen in der Kapitalgesellschaft, ZGR 1994, S. 442-464.

Hueck, Alfred (1947), Der Treuegedanke im modernen Privatrecht, München 1947.

Hueck, Alfred (1971), Das Recht der offenen Handelsgesellschaft, 4. Auflage, Berlin u. New York 1971.

Hueck, Götz (1958), Der Grundsatz der gleichmäßigen Behandlung im Privatrecht, München, Berlin 1958.

Hueck, Götz (1973), Erwerbsvorrechte im Gesellschaftsrecht, in: Canaris, Claus-Wilhelm u.a. (Hrsg.), Festschrift für Karl Larenz zum 70. Geburtstag, München 1973, S. 749-767.

Hüffer, Uwe (1987), 100 Bände BGHZ: Personengesellschaftsrecht, ZHR 1987, S. 396-421.

Hüffer, Uwe (1995), Aktiengesetz, München 1995.

Immenga, Ulrich (1970), Die personalistische Kapitalgesellschaft, Bad Homburg 1970.

Immenga, Ulrich (1974), Die Minderheitsrechte des Kommanditisten, ZGR 1974, S. 385-426.

Immenga, Ulrich/Mestmäcker, Ernst-Joachim (1992), Gesetz gegen Wettbewerbsbeschränkungen, Kommentar, 2. Auflage, München 1992.

Ivens, Michael (1987), Das Konkurrenzverbot des GmbH-Gesellschafters, Hamburg 1987.

Ivens, Michael (1988), Das Konkurrenzverbot der GmbH-Gesellschafter und § 1 GWB, DB 1988, S. 215-220.

Jaeger, Ernst (1926), Aus der Praxis des Konkursrechts, ZZP 1926, S. 157-172.

Jaeger, Ernst-Bearbeiter (1973), Konkursordnung, Großkommentar, Bd. II, 2. Halbband, §§ 207-244, 8. Auflage, Berlin, New York 1973

Jaeger, Ernst-Bearbeiter (1977 ff.), Konkursordnung, Großkommentar, 9. Auflage, Berlin, New York 1977 ff.

Janke, Raimund (1992), Rechtstatsachen zum Unternehmens- und Gesellschaftsrecht auf der Grundlage des Handelsregisters beim Amtsgericht Ravensburg, unveröffentlichte Diplomarbeit, Stuttgart 1992.

Jauernig, Othmar (1990), Zwangsvollstreckungs- und Konkursrecht, 19. Auflage, München 1990.

Jung-Senssfelder, Ottheinz (1970), Die Erforderlichkeit einer Gesellschaftsvertragsänderung gem. § 53 GmbHG, Dissertation, Köln 1970.

Kaufmann (1912), Verkaufssyndikate in der Form der GmbH. Kündigung der Lieferungspflicht, Sächsisches Archiv für Rechtspflege 1912, S. 409-420.

Kilger, Joachim/Schmidt, Karsten (1993), Konkursordnung, 16. Auflage, München 1993.

Kleim, Hans-Helmut (1966), Gemeinschaftsunternehmen und Funktionsgemeinschaften im Verhältnis zum Gesetz gegen Wettbewerbsbeschränkungen, Köln u.a. 1966.

Koberg, Peter (1992), Die Entstehung der GmbH in Deutschland und in Frankreich, Köln 1992.

Köhler, Helmut (1979), Grundprobleme der Lehre von der Geschäftsgrundlage, JA 1979, S. 498-506.

Köhler, Helmut (1987), Gemeinschaftsunternehmen und Kartellverbot, ZGR 1987, S. 271-284.

Kollhosser, Helmut (1974), Zustimmungspflicht zur Abänderung von Gesellschaftsverträgen bei Personenhandelsgesellschaften, in: Hefermehl, Wolfgang u.a. (Hrsg.), Festschrift für Harry Westermann, Karlsruhe 1974, S. 275-290.

Kölner Kommentar-Bearbeiter (1986 ff.), Kommentar zum AktG, 2. Auflage, Köln u.a. 1986 ff.

Konzen, Horst (1972), Gesellschafterpflicht und Abgeordnetenmandat, AcP 172, 1972, S. 317-341.

Kornblum, Udo (1968), Die Rechtsnatur der Bestimmung der Leistung in den §§ 315-319 BGB, AcP 168, 1968, S. 450-469.

Kornblum, Udo (1994 b), Rechtstatsachen zur GmbH aus Württemberg und aus den neuen Bundesländern, GmbHR 1994, S. 505-524.

Kornblum, Udo, u. a. (1985), Neue Rechtstatsachen zum Unternehmens- und Gesellschaftsrecht (II), GmbHR 1985, S. 42-51.

Kornblum, Udo, u. a. (1994 a), Neue Württembergische Rechtstatsachen zum Unternehmens- und Gesellschaftsrecht, Schriftenreihe des Instituts für Sozialforschung der Universität Stuttgart, No. 3, Stuttgart 1994.

Kronke, Herbert (1983), Zu Funktion und Dogmatik der Leistungsbestimmung nach § 315 BGB, AcP 183, 1983, S. 113-144.

Kruschwitz, Lutz (1983), Kritische Einkommensteuersätze für die Schütt-aus-hol-zurück-Politik nach dem Körperschaftsteuergesetz 1977, DB 1983, S. 683-686.

Kuhn, Georg/Uhlenbruck, Wilhelm (1986), Konkursordnung, Kommentar, 10. Auflage, München 1986.

Kuhn, Georg/Uhlenbruck, Wilhelm (1994), Konkursordnung, Kommentar, 11. Auflage, München 1994.

Kulenkampff, Hans-Heinrich (1927), Die Nebenleistungs-Aktiengesellschaft, Dissertation, Kiel 1927.

Larenz, Karl (1955), Die rechtliche Bedeutung von Optionsvereinbarungen, DB 1955, S. 209-211.

Leenen, Detlef (1983), "Bestimmtheitsgrundsatz" und Vertragsänderungen durch Mehrheitsbeschluß im Recht der Personengesellschaften, in: Canaris, Claus-Wilhelm u.a. (Hrsg.), Festschrift für Karl Larenz zum 80. Geburtstag, München 1983, S. 371-393.

Limbach, Jutta (1966), Theorie und Wirklichkeit der GmbH, Berlin 1966.

Loewenheim/Belke (1977 ff.), Gesetz gegen Wettbewerbsbeschränkungen, Kommentar, 4. Auflage, 1977 ff.

Löffler, Joachim (1989), Der Kernbereich der Mitgliedschaft als Schranke für Mehrheitsbeschlüsse bei Personengesellschaften, NJW 1989, S. 2656-2662.

Lutter, Marcus (1978), Bilanzierung, Reservenbildung und Ausschüttung in der GmbH, DB 1978, S. 1965-1970.

Lutter, Marcus (1980), Theorie der Mitgliedschaft, AcP 180, 1980, S. 84-159.

Lutter, Marcus/Hommelhoff, Peter (1995), GmbH-Gesetz, 14. Auflage, Köln 1995.

Marburger, Peter (1984), Abschied vom Bestimmtheitsgrundsatz im Recht der Personengesellschaften?, NJW 1984, S. 2252-2258.

Marburger, Peter (1989), Zum "Verzicht" auf den Bestimmtheitsgrundsatz in einer Personenhandelsgesellschaft, ZGR 1989, S. 146-155.

Martens, Klaus-Peter (1973), Bestimmtheitsgrundsatz und Mehrheitskompetenzen im Recht der Personengesellschaften, DB 1973, S. 413-420.

Martens, Klaus-Peter (1992), Grundlagen und Entwicklung des Minderheitsschutzes in der GmbH, in: Lutter, Marcus u.a. (Hrsg.), Festschrift 100 Jahre GmbH-Gesetz, Köln 1992, S. 607-630.

Mecke, Thomas (1988), Vertragsändernde Mehrheitsbeschlüsse in der oHG und KG, BB 1988, S. 2258-2265.

Melber, Oliver (1993), Die Kaduzierung in der GmbH, Köln u.a. 1993.

Meyer-Landrut, Joachim (1987), GmbH-Gesetz einschließlich Rechnungslegung, Berlin und New York 1987.

Möschel, Wernhard (1983), Recht der Wettbewerbsbeschränkungen, Köln u.a. 1983.

Müller, Klaus (1991 ff.), Kommentar zum GenG, Bielefeld 1991.

Münchener Kommentar-Bearbeiter (1984 ff.), Kommentar zum BGB, 2. Auflage, München 1984 ff.

Münchener Kommentar-Bearbeiter (1993 f.), Kommentar zum BGB, Bd. 1: Allgemeiner Teil (§§ 1-240), AGB-Gesetz, Bd. 2: Schuldrecht, Allgemeiner Teil (§§ 241-432), 3. Auflage, München 1993 f.

Münchener Vertragshandbuch (1992), Band 1, Gesellschaftsrecht, herausgegeben von Heidenhain, Martin/Meister, Burkhardt W., 3. Auflage, München 1992.

Neukamp, Ernst, Das Reichsgesetz betreffend die Gesellschaften mit beschränkter Haftung, 4. Auflage, Berlin 1907.

Niemeier, Wilhelm Günther (1982), Rechtstatsachen und Rechtsfragen der Einziehung von GmbH-Anteilen, Heidelberg u. Hamburg 1982.

Noack, Ulrich (1994), Gesellschaftervereinbarungen bei Kapitalgesellschaften, Tübingen 1994.

Ochsenfarth, Albert (1931), Die Rübenlieferungspflicht der Gesellschafter von deutschen Zuckerfabriken, Jena 1931.

Orel, Gerhard (1961), Die Nebenleistungspflichten bei der eingetragenen Genossenschaft, Göttingen 1961.

Paasche, H. (1911), Zuckerindustrie und Zuckersteuer, in: Conrad, J. u. a. (Hrsg., 1911), Handwörterbuch der Staatswissenschaften, Jena 1911, S. 1065-1084.

Pabst, Günter (1976), Die Mitwirkungspflicht bei der Abänderung der Grundlagen von Personengesellschaften, Frankfurt/Bern 1976.

Palandt, Otto-Bearbeiter (1994), Bürgerliches Gesetzbuch, 53. Auflage, München 1994.

Parisius, Ludolf (1876), Die Genossenschaftsgesetze im Deutschen Reiche, Berlin 1876.

Petry, Horst (1974), Die Wettbewerbsbeschränkung in der Landwirtschaft nach nationalem und europäischem Wettbewerbsrecht, Dissertation, Hohenheim 1974.

Priester, Hans-Joachim (1979), Nichtkorporative Satzungsbestimmungen bei Kapitalgesellschaften, DB 1979, S. 681-687.

Priester, Hans-Joachim (1988), Buchbesprechung zu Fischer/Lutter/Hommelhoff, GmbH-Gesetz, GmbHR 1988, S. 167-168.

Raiser, Ludwig (1948), Der Gleichheitsgrundsatz im Privatrecht, ZHR 111, 1948, S. 75-101.

Raiser, Thomas (1981), Die neuen Gründungs- und Kapitalerhöhungsvorschriften für die GmbH, in: Centrale für GmbH Dr. Otto Schmidt (Hrsg.), Das neue GmbH-Recht in der Diskussion, Köln 1981, S. 21-42.

Raiser, Thomas (1987), 100 Bände BGHZ: GmbH-Recht, Die Treuepflichten im GmbH-Recht als Beispiel der Rechtsfortbildung, ZHR 151, 1987, S. 422-443.

Raiser, Thomas (1992), Recht der Kapitalgesellschaften, 2. Auflage, München 1992.

Reichert, Jochem (1984), Das Zustimmungserfordernis zur Abtretung von Geschäftsanteilen in der GmbH, Heidelberg 1984.

Reichert, Jochem (1985), Zulässigkeit der nachträglichen Einführung oder Aufhebung von Vinkulierungsklauseln in der Satzung der GmbH, BB 1985, S. 1496-1502.

Reichsjustizamt (1891), Entwurf eines Gesetzes betreffend die Gesellschaften mit beschränkter Haftung nebst Begründung und Anlagen, Amtliche Ausgabe, Berlin 1891.

Reuss, Franz (1929), Die Nebenleistungspflichten der Mitglieder eingetragener Genossenschaften, Dissertation, Berlin 1929.

RGRK-Bearbeiter (1974 ff.), Das Bürgerliche Gesetzbuch mit besonderer Berücksichtigung der Rechtsprechung des Reichsgerichts und des Bundesgerichtshofes, herausgegeben von Mitgliedern des Bundesgerichtshofes, 12. Auflage, Berlin, New York 1974 ff.

Rieß, Alfons (1922), Die Erwerbs- und Wirtschaftsgenossenschaft, in: Ehrenbergs Handbuch des gesamten Handelsrechts, 3. Band, II. Abteilung, Leipzig 1922.

Rießer, Jacob (1889), Zur Revision des Handelsgesetzbuches, Stuttgart 1889.

Ring, Viktor (1887), Deutsche Kolonialgesellschaften. Betrachtungen und Vorschläge, Berlin 1887.

Rittner, Fritz (1987), Wirtschaftsrecht, 2. Auflage, Heidelberg 1987.

Robrecht, Friedrich H. (1968), Die Rechtsposition der Organe der GmbH, der Personengesellschaften und eingetragenen Genossenschaften nach Eröffnung des Konkursverfahrens über das Gesellschaftsvermögen, DB 1968, S. 471-476.

Rohrer, Andreas (1991), Die Nebenleistungspflichten des GmbH-Gesellschafters, Freiburg (Breisgau) 1991.

Röhricht, Volker (1991), Zum Austritt des Gesellschafters aus der GmbH, in: Goerdeler, Reinhard u.a. (Hrsg.), Festschrift für Alfred Kellermann, Berlin u. New York 1991, S. 361-388.

Röttger, Robert (1989), Die Kernbereichslehre im Recht der Personenhandelsgesellschaften, Heidelberg 1989.

Rowedder, Heinz-Bearbeiter (1990), GmbH-Gesetz, 2. Auflage, München 1990.

Schilling, Wolfgang/Winter, Martin (1987), Einseitige Leistungsbestimmungsrechte in Gesellschaftsverträgen, in: Lutter, Marcus u.a. (Hrsg.), Festschrift für Ernst C. Stiefel zum 80. Geburtstag, München 1987, S. 665-681.

Schlegelberger, Franz-Bearbeiter (1973 ff.), Handelsgesetzbuch, 5. Auflage, München 1973 ff.

Schmidt, Karsten (1982), Konkursfreies Vermögen insolventer Handelsgesellschaften, ZIP 1982, S. 1015-1022.

Schmidt, Karsten (1985), Vertragliche Wettbewerbsverbote im deutschen Kartellrecht, ZHR 1985, S. 1-27.

Schmidt, Karsten (1991), Gesellschaftsrecht, 2. Auflage, Köln u.a. 1991.

Schmiedel, Burkhard (1970), Rezension von Herbert Wohlman, Die Treuepflicht des Aktionärs, ZHR 1970, 173-183.

Schmieder, Klaus (1981), Die kartellrechtliche Beurteilung von Forschungskooperationen, GRUR 1981, S. 241-252.

Scholz, Franz-Bearbeiter (1988), Kommentar zum GmbH-Gesetz, Bd. II, §§ 41-85, 7. Auflage, Köln 1988.

Scholz, Franz-Bearbeiter (1993), Kommentar zum GmbH-Gesetz, Bd. I, §§ 1-44, 8. Auflage, Köln 1993.

Schubert, Werner (1982/83), Die Gesellschaft mit beschränkter Haftung. - Eine neue juristische Person, Quaderni Fiorentini, Milano 1982/83, 11/12, S. 589-629.

Schubert, Werner (1992), Das GmbH-Gesetz von 1892 - "eine Zierde unserer Reichsgesetzsammlung", in: Lutter, Marcus u.a. (Hrsg.), Festschrift 100 Jahre GmbH-Gesetz, Köln 1992, S. 1-47.

Schubert, Werner (Hrsg., 1985), Entwurf des Reichsjustizministeriums zu einem Gesetz über Gesellschaften mit beschränkter Haftung von 1939, Heidelberg 1985.

Schulte, Hans (1976), Besprechung der Entscheidung BGHZ 64, 238, ZGR 1976, S. 97-104.

Schulze-Hagen, Bernhard (1977), Die landwirtschaftlichen Zusammenschlüsse nach deutschem und europäischem Wettbewerbsrecht, Köln u.a. 1977.

Schütt, Karl (1928), Die Nebenleistungsaktiengesellschaft, Dissertation, Köln u. Bergisch Gladbach 1928.

Schwarz, Günter Christian (1984), Kartellvertrag und sonstige wettbewerbsbeschränkende Verträge, Köln u.a. 1984.

Simon, Hermann Veit (1888), Deutsche Kolonialaktiengesellschaften. Rechtliche Erörterungen und Vorschläge, ZHR 34, 1888, S. 85-161.

Soergel, Hans Theodor-Bearbeiter (1988 ff.), Kommentar zum BGB, 12. Auflage, Stuttgart u.a. 1988 ff.

Spörlein, Hans (1986), Handbuch für den Geschäftsführer der GmbH, 13. Auflage, Stuttgart u.a. 1986.

Statistisches Bundesamt (Hrsg., 1994), Statistisches Jahrbuch 1994 für die Bundesrepublik Deutschland, Wiesbaden 1994.

Staub, Hermann-Bearbeiter (1988 ff), Handelsgesetzbuch, Großkommentar, 4. Auflage, Berlin 1988 ff.

Staudinger, Julius von-Bearbeiter (1978 ff.), Kommentar zum BGB, 12. Auflage, Berlin 1978 ff.

Stein, Ursula (1990), Beschlußabhängige Nebenleistungspflichten nach § 3 Abs. 2 GmbHG - eine nutzlose Konstruktion?, ZGR 1990, S. 357-369.

Steindorff, Ernst (1983), Kartellrechtliche Praxis bei Verkaufs- und Einkaufsgemeinschaften, in: Schwerpunkte des Kartellrechts 1981/82, FIW-Schriftenreihe 103, Köln u.a. 1983, S. 1-18.

Stenographische Berichte über die Verhandlungen des Reichstages, V. Legislaturperiode, IV. Session 1884, zitiert nach: Rießer (1889), S. 291 f.

Sudhoff, Heinrich (1992), Der Gesellschaftsvertrag der GmbH, 8. Auflage, München 1992.

Teichmann, Arndt (1970), Gestaltungsfreiheit in Gesellschaftsverträgen, München 1970.

Timm, Wolfram (1980), Das neue GmbH-Recht in der Diskussion, GmbHR 1980, S. 286-295.

Timm, Wolfram (1981), Wettbewerbsverbot und "Geschäftschancen"-Lehre im Recht der GmbH, GmbHR 1981, S. 177-186.

Ullrich, Hanns (1985), Formzwang und Gestaltungsgrenzen bei Sonderrechten und Nebenleistungspflichten in der GmbH, ZGR 1985, S. 235-264.

Ulmer, Peter (1976), Anmerkung zum BGH-Urteil vom 10.5.1976, BB 1976, S. 948-951.

Ulmer, Peter (1984), Begründung von Rechten für Dritte in der Satzung einer GmbH?, in: Hadding, Walter u.a. (Hrsg.), Festschrift für Winfried Werner, Berlin u. New York 1984, S. 911-931.

Ulmer, Peter (1985), Die Sicherung der GmbH gegen das Überfremdungsrisiko in der Insolvenz eines Gesellschafters, ZHR 149, 1985, S. 28-41.

Weipert, Lutz (1990), Vorsorgliche Anpassung von Personengesellschaftsverträgen als Bestandteil der Pflicht zur verantwortungsbewußten Unternehmensführung, ZGR 1990, S. 142-154.

Wendler, Dietrich (1977), Die wirtschaftliche Bedeutung der Bereichsausnahme für die Landwirtschaft im GWB, Berlin 1977.

Westermann, Harm Peter (1976), Die Anpassung von Gesellschaftsverträgen an veränderte Umstände, in: Fischer, Robert u.a. (Hrsg.), Festschrift für Wolfgang Hefermehl, München 1976, S. 225-242.

Westermann, Harry (1960), Die Anpassung der GmbH an den Zweck des Unternehmens, in: Institut für Steuerrecht der Rechtsanwaltschaft e.V. (Hrsg., 1960), Aktuelle Gesellschaftsprobleme und Grundfragen der EWG, Herne 1960, S. 57-75.

Wiedemann, Herbert (1965), Die Übertragung und Vererbung von Mitgliedschaftsrechten bei Handelsgesellschaften, München u. Berlin 1965.

Wiedemann, Herbert (1977), Kapitalerhöhung in der Publikums-KG, ZGR 1977, S. 690-697.

Wiedemann, Herbert (1980), Gesellschaftsrecht, Band I, München 1980.

Winnefeld, Robert (1976), Kapitalerhöhung im Konkurs einer GmbH, BB 1976, S. 1202-1204.

Winter, Heinz (1969a), Übersicht über die Ergebnisse der Umfrage zur rechtstatsächlichen Struktur der GmbH, GmbHR 1969, S. 119-123.

Winter, Heinz (1969b), Übersicht über die Ergebnisse der Umfrage zur rechtstatsächlichen Struktur der GmbH (Teil II), GmbHR 1969, S. 145-149.

Winter, Martin (1988), Mitgliedschaftliche Treubindungen im GmbH-Recht, München 1988.

Wolany, Josef (1964), Rechte und Pflichten des Gesellschafters einer GmbH, Köln 1964.

Zöllner, Wolfgang (1963), Die Schranken mitgliedschaftlicher Stimmrechtsmacht bei den privatrechtlichen Personenverbänden, München, Berlin 1963.

Zöllner, Wolfgang (1979), Die Anpassung von Personengesellschaftsverträgen an veränderte Umstände, Heidelberg, Karlsruhe 1979.

Printed by
CPI books GmbH, Leck

Kolibri 360 GmbH
Ferdinand-Jühlke-Straße 7
99095 Erfurt, Deutschland
produktsicherheit@kolibri360.de